Mandy Kopp
*Die Zeit des Schweigens
ist vorbei*

Mandy Kopp

mit Heike Gronemeier

Die Zeit des
Schweigens
ist vorbei

Marion von Schröder

Marion von Schröder ist ein Verlag der Ullstein Buchverlage GmbH
ISBN 978-3-547-71192-9
© 2013 by Ullstein Buchverlage GmbH, Berlin
Alle Rechte vorbehalten
Satz: Pinkuin Satz und Datentechnik, Berlin
Druck und Bindearbeiten: GGP Media GmbH, Pößneck
Printed in Germany

Gewidmet meinen beiden Söhnen und meiner Pflege-
tochter S., die mein Leben bereichern und ihm einen tiefen
Sinn geben. Trixi, auch dir ist dieses Buch gewidmet, ich
danke dir für deinen Mut und deine Kraft. Und dafür, dass
du nach all den Jahren wieder in mein Leben getreten bist,
auch wenn die Umstände hätten besser sein können. Und
natürlich Pierre Dassbach – für deine unbändige Liebe
und dafür, dass du der Mann bist, der jeden Schritt mit mir
geht. Dafür, dass du an manchen Tagen mein Navi bist auf
unserer Lebensautofahrt. Und dafür, dass ich durch dich
erfahren durfte, dass tiefes Vertrauen und Verbundenheit
auch für mich möglich sind.

> Jeder Schritt, den man im Leben geht
> Jeder Stein, der auf dem Wege liegt
> Hilft, stärker zu stehen im Sturm, der weht,
> bis eine Seele gelöst und frei fliegt
>
> Die Hoffnung ist, was jeden hält
> Nach jeder Nacht die Sonne strahlt
> Im Rad der Zeit und in der Welt
> Die Blüte mit der Schönheit prahlt
>
> So sei die Sonne an jedem Morgen
> Sei die Achse, um die sich das Rad dreht
> Sei die Hoffnung ohne Wut und Sorgen
> Und die Blüte, die am Ende noch steht.

Zum Schutz von Personen wurden Namen, Biographien und Orte zum Teil verändert und Handlungen, Ereignisse und Situationen an manchen Stellen abgewandelt.

Inhalt

Prolog

Hoffnung und Glaube ließen mich versteinert stehen
Die Angst und Sicherheit, sie mit mir untergehen

Ich weiß nicht, wie lange ich schon hier draußen stand. Irgendwann spürt man die Kälte nicht mehr, man spürt gar nichts mehr, alles ist klamm. Die Geräusche um einen herum verschwimmen, das Rattern der Straßenbahn vermischt sich mit dem Rauschen vorbeifahrender Autos. White noise, wie früher beim Testbild im Fernsehen. Die meisten, die hier durchfahren, nehmen für einen Moment den Fuß vom Gas. Damit sie besser glotzen können durch die Scheiben ihrer spießigen Familienkutschen. Heute brausen sie weiter, kein Wetter für eine schnelle Nummer.

Schneematsch spritzt gegen meine Stiefel.

Du Idiot!

Ich starre dem Wagen hinterher, froh, dass er nicht gehalten hat. Ich bücke mich, um mit dem Ärmel meiner Jacke über das Leder zu wischen. *Mist.* Die Salzränder fressen sich langsam nach oben.

Mit klammen Fingern fische ich nach einer Zigarette. »Keine Kippen im Job«, sagt Kugler immer, »sonst stinkst du aus dem Hals, und das mögen die Kunden nicht.«

Sollen seine Aufpasser doch petzen. Meine Finger ratschen mehrmals über das Feuerzeug, bis die Flamme endlich brennt.

Seht ihr? Ich rauche! Und ihr könnt nichts dagegen tun.

Da drüben sitzen sie in ihrem dunklen Wagen, lassen uns nicht aus den Augen. Mich nicht und Lea auch nicht. Demonstrativ blicke ich zu ihnen hinüber, stoße den Rauch in die kalte Luft. Beinahe muss ich husten.

Als ich mich abwende, sehe ich, dass sich der Wagen langsam in Bewegung setzt. *Feierabend wegen des schlechten Wetters? Na, wenigstens was.*

Ich trete die Kippe aus und warte darauf, dass sie wenden, um mich und Lea einzuladen. Ludwig stoppt, er stößt die Beifahrertür auf und herrscht mich an: »Los, steig ein, mach schon.«

Was soll die Eile? Lea, die gut zwanzig Meter von mir entfernt an der Backsteinmauer unter der alten Eisenbahnbrücke lehnt, gestikuliert in meine Richtung.

Was macht sie denn da? Und wieso dreht sie sich jetzt um und geht?

»Mandy, verdammt noch mal, steig jetzt ein!« Der Motor heult auf. Ich habe den Türgriff schon fast in der Hand, als ich das Polizeiauto sehe.

In meinem Kopf wirbelt alles durcheinander. Polizei. Rettung. Befreiung. Endlich.

Wie angewurzelt bleibe ich stehen, lasse meine Hand sinken.

»Scheiße, du dumme Kuh!« Ludwig gibt Gas, ich sehe, wie er Lea einlädt und dann davonbraust.

Ich kann mich immer noch nicht rühren, mein Herz rast, ich starre auf den Streifenwagen, der vor mir hält.

»Na, Kleine? Wie alt sind wir denn? Zeig uns mal deinen Ausweis.«

»Wird's bald?«

Dieser Ton. Herablassend. Demütigend. Passend für eine, die aussieht wie eine Nutte, mit der entsprechenden Kleidung an und am entsprechenden Bordstein stehend.

Babystrich. Lütznerstraße in Leipzig, gleich unter der

alten Brücke mit ihren mattgrünen Schrauben und Muttern.

Die müssen doch sehen, dass ich hier nicht freiwillig stehe.

Und was, wenn nicht?

Ich muss daran denken, dass Kugler immer damit prahlt, beste Beziehungen zu haben. Nach ganz oben.

Die werden mich hier nicht rausholen. Die wollen mir gar nicht helfen, sondern sich nur einen Spaß mit mir machen.

»Ich kann mich nicht ausweisen«, höre ich mich sagen. Wie sollte ich auch. Niemand von uns hat Papiere. Wer welche dabeihatte, musste sie an Kugler abgeben. »Ihr gehört jetzt mir«, hat er gesagt.

Die Polizisten fordern mich auf mitzukommen. »Auf der Wache werden wir schon herausfinden, wer du bist.«

Ich habe plötzlich Angst. Warum bloß war ich nicht in Ludwigs Wagen eingestiegen? Dumm und naiv.

Auf der Polizeistation muss ich meine Taschen leeren. Eine zerknautschte Packung Zigaretten, ein Feuerzeug, Kondome. Vielsagende Blicke, wissendes Grinsen unter den Kollegen. Ich recke trotzig das Kinn nach vorne. *Mir doch egal, was ihr denkt.*

»Und jetzt noch die Stiefel ausziehen.«

Wenn ich mich bücke, werden sie sehen, dass ich unter dem Rock nichts anhabe. Mit zitternden Fingern nestele ich am Reißverschluss herum.

»Geht das auch etwas schneller?«

Wortlos lege ich die Stiefel auf den Schreibtisch und sehe den Beamten an.

Was soll das werden? Sieht der Typ nicht, wie alt ich bin?

Eine Beamtin betritt den Raum, fordert mich auf, ihr zu folgen. Zur Leibesvisitation. Nackt und mit gespreizten Beinen stehe ich in einem eiskalten Raum, während sie mich gründlich inspiziert. *Zähl einfach, so wie immer, dann geht auch das vorbei. Eins, zwei, drei … Auch sie hält mich für eine Nutte. Ob sie Kinder hat? Eine Tochter, so alt wie ich?*

»Du kannst dich wieder anziehen.«

Schweigend klaube ich meine Klamotten zusammen.

Draußen, zurück im Verhörzimmer, bringe ich keinen Ton heraus. Was hätte ich auch sagen sollen? Da werden noch andere Mädchen festgehalten, bitte helfen Sie uns? Sie würden mir ja doch nicht glauben. Ich kaue auf meinen Lippen herum und starre an die Wand. *Ob Kugler schon mitbekommen hat, dass ich weg bin? Was war mit Lea? Rainer und Ludwig hatten sie sicher längst aufgegriffen und zurück ins Jasmin gebracht. Scheiße. Und ich war schuld, wenn Kugler sie jetzt durch die ganze Wohnung prügelte. Alles wegen den Bullen.*

Ich hätte mich freuen sollen, raus zu sein, in Sicherheit. Die Polizei, dein Freund und Helfer. Vielleicht sollte ich doch reden. Sagen, was passiert ist, was da vor sich geht. Und dann? Wohin dann? Zurück nach Hause? Ich weiß nicht mehr, wohin ich gehöre. Aus der alten Welt gefallen, abgehauen, abgestempelt als Ausreißerin, als eine, die Schwierigkeiten macht. Eine, über die's wahrscheinlich schon 'ne Akte gibt.

Ein Beamter betritt den Raum und legt ein Schreiben vor mir auf den Tisch. Eine Vermisstenanzeige, ein paar Wochen alt, geschaltet von meiner Mutter.

»Das hättest du uns doch sagen können! Eine kleine Ausreißerin also. Da werden deine Eltern aber froh sein, dass sie dich wiederhaben!«

Das werden sie, ganz sicher.

Ich besteige den Polizeiwagen, der mich nach Hause bringt. Bilder aus meiner Kindheit ziehen an mir vorbei. Meine Geschwister, der kleine Hof auf dem Dorf, die Schaukel im Garten. Die Mutter, lachend über uns, wenn wir mit einer Decke die gebohnerten Treppenstufen hinuntersausten. Bis ihr der Lärm zu viel wurde. Bis ihr alles zu viel wurde und sie uns betrunken anschrie, wir sollten ihr aus den Augen gehen. Meine Schwester ist auch immer wieder abgehauen. Die hatte mehr Glück als ich.

Aber jetzt wird alles gut werden. Sie haben dich vermisst, sie warten auf dich. Gleich, gleich sind wir da und dann ist alles wie früher, wie ganz früher, als der Vater noch lebte.

Die beiden Beamten gehen vor mir die Treppe hinauf. Sie klingeln, man hört Schritte näher kommen.

»Ja, bitte?«

»Wir haben hier Ihre Tochter …«

Unsicher luge ich hinter den Polizisten hervor. Unsere Blicke treffen sich, die Augen meiner Mutter sind weit aufgerissen.

Als die Tür hinter mir ins Schloss fällt, schreit sie mich an: »Wie siehst du denn aus? Siehst ja aus wie eine Hure! Hast es also schon nötig, auf den Strich zu gehen!«

In diesem Moment geht etwas in mir kaputt. Ich fühle mich klein, erniedrigt und schmutzig.

»Natürlich! Sieht man doch, dass ich auf den Strich gehe, oder?«

Ich weiß selbst nicht, warum ich in diesem Moment so reagiere. Ich bin so verletzt und enttäuscht, dass ihr nichts anderes eingefallen ist als dieser eine Satz. Da ist nicht die Mutter, die froh ist, die verlorene Tochter endlich wieder in den Arm nehmen zu können, die besorgt fragt: Kind, was ist dir geschehen? Was haben sie dir angetan? Da sind nur Kälte und Schweigen. Und dieser Blick: *Sieh dich doch an, du bist Sünde. Gott wird dich strafen dafür, dass du deinen Körper verkaufst.*

Ohne ein weiteres Wort gehe ich an ihr vorbei in den Flur.

Am Abend sitze ich gemeinsam mit meinem Stiefvater im Wohnzimmer. Ich fühle mich fremd und verloren. Jakob fragt mich immer wieder, was passiert sei: »Was ist los, Mandy, rede doch mit mir!« Meine Kehle ist wie zugeschnürt. Die Tränen laufen mir über die Wangen, aber ich bleibe stumm. Aus Angst und aus Scham über das, was ich getan habe. Als hätte ich diese Entscheidung selbst getroffen.

Männer, auf mir liegend, ihre Finger überall, ihr Atem in meinem Gesicht. Eins, zwei, drei … Ausblenden, abspalten, lächeln. Du bist toll, ja, du bist der Größte. Mein Blick krallt sich an die beiden Fächer hinter mir an der Wand. Einer orange, einer grün, Sonnenuntergang und Wälder. Neben mir auf dem Nachttisch Stofftiere, bunt und grell und süß mit ihren Kulleraugen. Auf der anderen Seite die Ablage mit den Kondomen und der Gleitcreme. Großpackung. Und jetzt sitze ich hier vor der Schrankwand auf dem Sofa und soll davon erzählen? Ich muss hier raus, ich halte das nicht aus. Nicht seinen Blick, nicht seine Anwesenheit. Obwohl er mir nichts Böses will, mir vielleicht wirklich nur helfen möchte.

»Ich bin müde, ich gehe jetzt ins Bett.« Jakob nickt nur und sagt nichts.

Das Zimmer, das ich mir mit meiner Schwester Sandra teile, ist unverändert. Mein Bettsofa auf der rechten Seite, am Kopfende ein Regal mit Büchern und Kassetten. An der Wand ein altes Foto von meinem Vater und knallig-bunte Poster. Depeche Mode, Michael Jackson und Roxette.

Ich schiebe die Decke zur Seite und lasse mich aufs Bett fallen. Zu Hause. Ruhe. Vorbei.

Vorbei? Nichts ist vorbei. Ich fühle mich wie ein Fremdkörper in meinem eigenen Zimmer. Meine Gedanken kreisen, kehren zurück ins Jasmin. *Die Strafe für meine »Flucht« müssen alle ausbaden! Du bist schuld, du allein, wenn er sie halb totschlägt. Und hinterher sagen wird: Wasch dir die Scheiße aus dem Gesicht. Das sagt er gern. Wenn sie dann aus dem Bad kommen, mit aufgesprungenen Lippen und blau unterlaufenen Augen, zieht er sie auf seinen Schoß und sagt: Hey, Süße, das*

16

hab ich nicht so gemeint. Du bist doch mein Liebling, ich will dich nicht verlieren, wär' schade um dich.

Ich muss weg hier, raus.

Raus und wieder zurück.

Ich habe keinen anderen Gedanken mehr als diesen. Ich kann die anderen Mädchen nicht im Stich lassen! Kugler wollte uns ja nichts Böses. Eigentlich. *Eigentlich.* Das Unwort des Jahrhunderts.

Wenn wir uns danebenbenahmen, nicht an die Regeln hielten, konnte er ja gar nicht anders, er musste uns bestrafen. Wir, ganz allein wir, sind dafür verantwortlich. Alles hat Konsequenzen, da ist sich Kugler sogar mit meiner Mutter einig. Eins führt zum anderen. Ich habe Scheiße gebaut, indem ich nicht zu Ludwig in den Wagen gestiegen bin. Und jetzt drücke ich mich feige vor den Konsequenzen, indem ich mich in meinem Kinderzimmer verkrieche.

Ich habe das Gefühl, keine Luft mehr zu bekommen, als würden die Wände immer näher rücken. Ich muss hier raus. Ich will nicht schuld daran sein, wenn einem der anderen Mädchen etwas passiert. Schon gar nicht Lea, das würde ich nicht packen.

Wie in Trance stehe ich auf, öffne das Fenster und klettere hinaus in den Hof. *Wie bescheuert bist du eigentlich?*

Denk an Lea, renn weiter!

Ich steige über eine kleine Mauer und stolpere durch dunkle Hinterhöfe, als sei der Teufel hinter mir her.

Das Gefühl, dass ich womöglich nie mehr hierher zurückkehren werde, macht meine Beine schwer. Ich bin in Tränen aufgelöst, als ich die Straßenbahnhaltestelle erreiche. *Das ist Wahnsinn, der größte Fehler deines Lebens.*

Die Türen der Bahn schließen sich, mit einem Ruck setzt sich das gelbe Gefährt in Bewegung. In der Scheibe sehe ich mein Gesicht. Die Schminke verschmiert, Tränen und Rotz haben Spuren über meine Wangen gezogen. Ich ertrage die Blicke der anderen Fahrgäste nicht, fühle mich nackt und hilflos. *Ich muss aussteigen. Zurück. Nach Hause. Noch einmal von vorn anfangen. Vor Gott sind alle Menschen gleich, er liebt uns, nimmt uns an, hatten sie das nicht immer im Gottesdienst gesagt?* »*Du sollst sauber und anständig leben und deine Familie achten.*« *Das habe auf dem Schild gestanden, im Treppenhaus des Gemeindesaals, in dem meine Eltern damals zum zweiten Mal geheiratet haben. Sauber und anständig. Das war ich nicht mehr. Und die Achtung vor meiner Familie habe ich lange schon verloren. Dabei gab es Zeiten, da bin ich glücklich gewesen. Lange her.*

Die Straßenbahn hält direkt vor dem Haus in der Merseburger Straße 115. Ein grauer, unsanierter Altbau, ein Bürgerhaus, das schon bessere Zeiten gesehen hat. Die Treppe hoch in den ersten Stock knarrt bei jedem Schritt. Dann stehe ich vor der dunkel lackierten Haustür mit dem Schild »Jasmin«. Ich ziehe die Hand aus der Jackentasche und drücke mit dem Finger auf die Klingel.

Trügerisches Idyll

Ohne Zügel auf einem wilden Pferd
Vom Leben gesandt auf unklare Reisen
Von Wegweisern betrogen, stets unbelehrt
Ein entfesselter Zug auf unsichtbaren Gleisen

Meine Mutter öffnete die Tür. Draußen standen zwei Männer in gleich aussehenden Mänteln. Wie geklont. Selbst wir Kinder wussten, wer sie waren. »Horch und Guck«. Das waren die, die manchmal Pakete vorbeibrachten, die unsere Verwandtschaft aus dem Westen geschickt hatte. Meine Eltern mussten diese seltenen Päckchen im Beisein der Herren öffnen, selbst wenn die zerrupfte Verpackung längst anzeigte, dass ein anderer bereits seine Nase hineingesteckt hatte.

Sandra und ich waren sofort zur Treppe geeilt, als es geschellt hatte. Gemeinsam spähten wir durch das Geländer nach unten.

Da standen sie, die beiden, wie aus dem Ei gepellt, mit verkniffenem Blick. Der eine redete irgendetwas, was ich nicht verstehen konnte, dann zog er einen Brief aus der Tasche.

»Was hat der denn da?«, fragte ich.

»Psst«, machte Sandra und drückte mir ihren Finger an den Mund.

Mein Vater, der inzwischen auch an die Haustür gekommen war, nahm den Brief entgegen, wechselte ein paar

Worte mit den Herren – und umarmte spontan meine Mutter. Es musste eine gute Nachricht sein.

Papa riss den Umschlag auf und überflog die Zeilen. Sein Gesichtsausdruck änderte sich schlagartig, dann hörten wir ihn fluchen und zogen instinktiv den Kopf ein.

Die Männer zuckten mit den Schultern, wünschten meinem Vater laut und deutlich »alles Gute«, zogen den Hut und verschwanden.

Papa ließ den Brief sinken, sah meine Mutter erst mit ausdruckslosem Gesicht an, dann stiegen ihm die Tränen in die Augen. Ich hatte ihn bis dahin noch nie weinen gesehen. *Was hatte das alles zu bedeuten?*

Sandra und ich tapsten zögernd die Stufen hinunter.

Jetzt, Jahre später, halte ich jenen Brief in Händen. Das Schreiben zerstörte einen Traum, den viele DDR-Bürger damals geträumt haben. Es ging um eine Ausreisegenehmigung in den Westen. Aber im Unterschied zu anderen DDR-Bürgern wollte mein Vater nicht weg in das andere, vermeintlich bessere Deutschland, er wollte schlicht nach Hause. Mein Vater hatte sich jahrelang darum bemüht, zurück zu seiner Familie im Westen zu können, nun war seinem Wunsch stattgegeben worden. Mit dem zynischen Zusatz, dass man ihm und seiner Familie die Ausreise bewilligen würde, sofern er in der Lage sei, die bis dahin erhaltenen staatlichen Zuwendungen für seine fünf Kinder zurückzuzahlen. Außerdem sollte der gesamte Besitz der Familie mit dem Zeitpunkt der Ausreise an die Deutsche Demokratische Republik fallen.

Das war es dann auch schon gewesen. Nie hätte er diesen Forderungen nachkommen können.

Umsonst die Zeit, die er wegen eines Versuchs der Republikflucht abgesessen hatte, zweieinhalb Jahre wegen Widerstands gegen die Staatsgewalt. Er hatte erfahren, dass seine Mutter schwer erkrankt war, wollte zu ihr, un-

bedingt, zurück in den Westen. An der Grenze hatten sie
ihn erwischt. Wegen guter Führung kam er nach einem
Jahr wieder raus. Danach sei er gebrochen gewesen, hörten
wir manchmal, und habe unermüdlich darum gekämpft,
diesem Land den Rücken kehren zu dürfen. Bis 1982, bis zu
dem Tag, an dem jener Brief überbracht wurde.

Die Vorfälle, die das alles ausgelöst hatten, lagen lange
zurück.

Mein Vater war gerade siebzehn Jahre alt gewesen, als die
Stasi seine Mutter verhaftete. Sie stand angeblich unter
Spionageverdacht. Ohne großes Aufhebens wurde sie in
einer Nacht-und-Nebel-Aktion an die innerdeutsche Grenze verschleppt, mit der Aufforderung, nie wieder zurück-
zukehren. Die Sorge um ihren Sohn muss sie in den Jahren
danach fast wahnsinnig gemacht haben.

Mein Vater Hans wurde 1944 in Wuppertal-Elberfeld in
eine wohlhabende Familie hineingeboren. Die Eltern hatten jung geheiratet, eine eilige Kriegsheirat, er in Uniform,
wie bei so vielen Paaren damals. Hans sah seinen Vater nur
ein einziges Mal, im Alter von sechs Monaten; der Soldat
auf Fronturlaub hielt in jenen Tagen zum ersten und zum
letzten Mal seinen Sohn auf dem Arm. Er fiel wenige Wochen später. Meine Großmutter musste die schwere Zeit
bis Kriegsende und danach, als alles in Trümmern lag, allein
durchstehen.

Kurz nach dem Tod seines Vaters erkrankte Hans schwer,
die Mutter war in heller Aufregung, da die Ärzte in Wuppertal kaum noch Hoffnung hatten. Nur der Aufenthalt in
einem speziellen Sanatorium in Jena könne ihn möglicherweise retten. Meine Großmutter war bereit, nach jedem
Strohhalm zu greifen, packte den Kleinen und machte sich
auf eine abenteuerliche Fahrt in den Osten. In Jena bezog
sie ein kleines Zimmer in einer Pension, tagsüber war sie

bei meinem Vater in der Klinik. Ihre Kriegswitwenrente war bescheiden und reichte kaum zum Leben, geschweige denn für den teuren Sanatoriumsaufenthalt. Die Kosten für die Behandlung waren immens, ihre Rücklagen schmolzen. Ganze sechs Jahre lang wurde mein Vater in Jena behandelt.

Als klar war, dass der Aufenthalt länger dauern würde, löste meine Großmutter die Wohnung in Wuppertal auf und suchte sich in Jena ein neues Zuhause. Da sie dort später auch ihren zweiten Mann kennenlernte, entschied sie sich zu bleiben. Deutschland war noch nicht geteilt, niemand rechnete damit, dass das jemals geschehen könnte. 1961 kam die Mauer, der Weg in die alte Heimat war verbaut und damit auch der Zugriff auf das Vermögen der Familie. Es war von einem Tag auf den anderen unerreichbar. Im gleichen Jahr wurde meine Großmutter ausgewiesen. Was die Staatsführung gegen sie in der Hand hatte, warum sie der Spionage verdächtigt wurde, werde ich wohl erst erfahren, wenn ich die Stasi-Unterlagen eingesehen habe. Den Antrag dazu habe ich schon vor zwei Jahren ausgefüllt, seitdem liegen die Unterlagen in einer Schublade. Ich habe noch nicht den Mut dazu gefunden, sie mir anzusehen. Das Einzige, was ich habe, sind einige Briefe, die die Zensur passiert haben und aus denen ich versuche, das Geschehen von damals zu rekonstruieren. Sie sind so voller Sehnsucht und Schmerz, dass mir beim Lesen manchmal die Tränen kommen. Wir Kinder sind mit diesem Gefühl aufgewachsen, obwohl mein Vater sich bemühte, alles vor uns zu verbergen.

Meine Großmutter ging nach ihrer Ausweisung zurück zur Familie ihres Vaters nach Korbach-Waldeck und versuchte von dort aus vergeblich, ihren Sohn nachzuholen. Hans begann eine Ausbildung als Landwirt, lernte seine erste Frau kennen, zog mit ihr nach Leipzig und wurde Vater einer Tochter. Das Mädchen kam behindert zur Welt, ein Schlag für die jungen Eltern, die beide berufstätig waren. Der nächste Schlag kam, als mein Vater in den Bau wanderte – wegen versuchter Republikflucht. Die Ehe überstand die Haftzeit nicht. Nach seiner Entlassung fand er eine Anstellung bei der Straßenbahn, wo er meine Mutter kennenlernte. Die beiden heirateten 1974.

Meine Mutter Eva wurde 1948 im oberfränkischen Hof im Flüchtlingslager Moschendorf A/IV geboren. Die Barackensiedlung existierte seit 1941, zunächst als Lager für Zwangsarbeiter, von 1944 an war sie Außenstelle des Konzentrationslagers Flossenbürg. Nach Kriegsende wurde das Lager ausgebaut und bis 1957 zur Durchgangsstation für Heimatvertriebene und Kriegsheimkehrer. Für meine Mutter war Moschendorf der Ort, an dem sie ihre Kindheit verbrachte.

Im Alter von drei Jahren erkrankte sie schwer an Tuberkulose und wurde im Dezember 1951 in die Heilstätte Kutzenberg eingeliefert. Bis April 1953 musste sie in der oberfränkischen Klinik bleiben. Schon zu dieser Zeit versuchte ihr Großvater Alfred, seine Tochter Harriette und die kleine Eva nach Dresden zu holen. Von dort war Harriette am 13. Februar 1945 nach einem schweren Bombenangriff geflohen. Sie war damals 19 Jahre alt und Trapezkünstlerin im Zirkus Sarrasani. Eine Berufswahl, die Alfred, einen Journalisten und Weltenbummler, sicher verwundert hatte, aber nach dem frühen Tod seiner Frau bot der befreundete Hans Stoch-Sarrasani einen Halt, während Alfred auf Reisen war.

Die Anträge auf einen Zuzug nach Dresden wurden jahrelang abgelehnt, die zu großen Teilen zerstörte Stadt war Sperrgebiet. Erst 1965 fand die Familie wieder zusammen, in Leipzig, wo sie vorübergehend im Hotel Ernst unterkam. Dort begann meine Mutter später eine Ausbildung zur Hotelfachfrau. Mit 18 heiratete sie, aber diese Ehe hielt nicht lange, ebenso wenig wie die zweite. Als mein Vater in ihr

Leben trat, hatte sie drei Kinder, die sie mit einem Job bei der Straßenbahn durchbringen musste. Hans adoptierte die beiden Jungen und das Mädchen, die Familie zog in die Balkuner Straße, später dann in die Simsonstraße. Hier kamen Sandra und ich zur Welt. Ich war 1976 das fünfte von insgesamt sechs Kindern.

Zwei Jahre später kam es zu einem Einschnitt, der unsere Familie veränderte. Meine Eltern, die inzwischen beide bei einer Brauerei arbeiteten, hatten massive Alkoholprobleme, stritten sich nur noch und entschieden sich zu einer Scheidung. Richtig voneinander los kamen sie nicht, sie hielten weiterhin Kontakt. Wenige Wochen nachdem mein Vater ausgezogen war, stellte meine Mutter fest, dass sie erneut schwanger war. Bei einer Routineuntersuchung wurde ihr mitgeteilt, dass sie besser abtreiben solle. Gebärmutterhalskrebs, zu groß die Gefahr für das Kind. Meine Mutter lehnte ab. Erst nach Matthias' Geburt unterzog sie sich einer Totaloperation und einer anschließenden Krebstherapie. Wir Geschwister bekamen vom all dem nur die Auswirkungen zu spüren. Geredet hat keiner mit uns. Von einem Tag auf den anderen wurden wir in verschiedene Kinderheime verfrachtet, auseinandergerissen, ohne dass wir gewusst hätten, warum. Die Behörden erklärten unserer Mutter, dass dies das Beste sei, der geschiedene Vater könne das Sorgerecht auch nicht erfüllen, würde schließlich im Schichtbetrieb arbeiten und bla, bla, bla. Es war ein Schock. Erst als unsere Mutter entlassen wurde, kamen wir alle wieder zusammen.

Matthias war von Anfang an ein kränkliches Kind; er wollte nicht trinken, meine Mutter musste abpumpen, vor allem während ihrer Krebstherapie ein enormer Aufwand, weil die Milch von einer Klinik zur anderen transportiert werden musste. Zu Hause dann versuchte sie, ihn mit »Moro-Brei« aufzupäppeln, einer Mischung aus Milch,

Butter, Zucker und etwas Mehl. Dazu fünf weitere Kinder im Alter von drei bis dreizehn Jahren. Vom Alkohol war sie weg, ebenso mein Vater; beide hatten lose Kontakt zu einer christlichen Gemeinde aufgenommen, die sie in ihrem Weg bestärkte und ermutigte, es noch einmal miteinander zu versuchen.

Am 22. Juni 1979 heirateten meine Eltern zum zweiten Mal. Alles sollte nun anders werden, besser, friedlicher. Das Datum, das eigentlich ein freudiges sein sollte, ist für uns alle mit einem schrecklichen Schicksalsschlag verbunden.

Es war der Abend nach der feierlichen Zeremonie im Saal der Adventisten-Gemeinde, meine Eltern saßen noch mit einigen Bekannten im Wohnzimmer zusammen. Ich hörte Matthias weinen, krabbelte aus dem Bett und tappte nach nebenan. Ich weiß noch, dass ich einen Schlafanzug mit blauen und gelben Figuren anhatte und in einer Art Sack steckte, mit dem ich mehr über den Boden rutschte, als dass ich lief. Die Tür zu seinem Zimmer stand offen, ein feiner Lichtstrahl aus dem Wohnzimmer fiel wie ein heller Pinselstrich auf sein Gitterbett. Durch die Stäbe sah ich ihn unruhig mit den Armen strampeln, er wimmerte. *Vielleicht der Nucki?* Ich strich ihm über die Wange, dann tastete ich nach dem Schnuller. Das Nächste, an das ich mich erinnere, ist ein furchtbares Geräusch, ein Gurgeln, dann eine lähmende Stille. Reglos lag Matthias in seinem Bettchen, aus Nase und Ohren lief eine dunkle Flüssigkeit, seine Augen waren weit aufgerissen.

Ich muss gebrüllt haben wie am Spieß, meine Eltern kamen sofort ins Zimmer gestürzt und machten das Licht an. Matthias' Augen waren rot, genau wie die Flüssigkeit, die ihm über das Gesicht lief. Ich stand starr vor dem Bett, konnte mich nicht rühren. Meine Mutter packte mich, riss mich am Arm nach oben, schüttelte mich und schrie immer wieder: »Was hast du getan! Mein Gott, was hast du getan?«

Ich hatte gar nichts getan, hatte nur seinen Schnuller aufgehoben. Ich war drei Jahre alt und gerade trocken. Von diesem Tag an machte ich wieder ins Bett. Bis ich zwölf war, passierte mir das immer wieder, ohne dass ich es mir erklären konnte. Meine Mutter verachtete mich dafür; geredet über das, was damals geschehen war, haben wir erst zwanzig Jahre später.

Ich erzählte einem Psychologen von einem Traum, der mich regelmäßig quälte. In diesem Traum trug ich einen Schlafanzug mit blauen und gelben Figuren. Ich konnte mich so genau an Details erinnern, dass er mich bei einer Sitzung fragte, ob ich diese Szene vielleicht irgendwann einmal erlebt habe. Ich verneinte. Am Abend rief ich meine Mutter an. Als ich ihr von diesem Traum erzählte, brach sie in Tränen aus. Es dauerte eine Weile, bis ich begriff, was sie mir da alles sagte: dass Matthias damals nicht geweint hatte, weil er seinen Schnuller verloren hatte, sondern wegen der unerträglichen Schmerzen. Dass in seinem kleinen Gehirn ein Tumor gewachsen war und er nie eine echte Chance gehabt habe. Und dass ich ihn habe sterben sehen. Kein böser Traum, sondern eine Realität, die ich einfach verdrängt hatte. Ein Muster, das sich durch viele Episoden in meinem Leben zieht.

Nach Matthias' Tod – er wurde nur ein Jahr alt – hielten es meine Eltern nicht länger in unserer Wohnung in der Simsonstraße aus. Für uns Kinder war der Wechsel nicht einfach. Die Älteren steckten am Anfang der Pubertät, und wir Jüngeren hingen an dem Altbau mit den hohen Wänden und den großen Fenstern, durch die man in die Bäume vor dem Haus sehen konnte. Auf dem langen Flur konnte man fangen spielen und über die Holzdielen schlittern. Und in dem neuen Kachelofen im Wohnzimmer gab es eine kleine Luke, in die Mutter manchmal ein Blech mit Äpfeln schob.

In dem Zimmer, das ich mir mit Sandra teilte, hatte sie bunte Figuren an die Wand gemalt. Pumuckl und einen blauen Schlumpf. Beim Spielen hatten wir einmal festgestellt, dass sich die Farbe mit etwas Spucke und Wasser lösen ließ, und die Figuren »umgestaltet«. Hinterher gab es Tränen. Fürs Malen, was ich bis heute sehr gerne tue, war ich damals definitiv zu klein.

Vom Zentrum zogen wir ein paar Kilometer hinaus ins Grüne, nach Lausen, einen kleinen Ort westlich von Leipzig, der 1995 eingemeindet wurde. Ende der Siebziger entstand auf einer Fläche des Gemeindegebiets ein Teil der Neubausiedlung Grünau, einer der größten Plattenbaukomplexe der DDR.

Über die Gemeinde, die für meine Eltern nach Matthias' Tod immer wichtiger wurde, bekamen sie ein Haus angeboten, das sie kaufen konnten. Auch einen Job vermittelten die Schwestern und Brüder im Glauben, bei einer LPG am Ort.

Den größten Teil meiner Kindheit verbrachte ich also in einer ländlichen Gegend – mit allen positiven Aspekten, wenn man klein ist, und all den negativen, wenn man in die Pubertät kommt. Das Haus, das wir bezogen, war weniger weitläufig als die Wohnung in Leipzig. Die Decken waren niedriger, die Zimmer kleiner. Die Kinder wurden nach Geschlechtern aufgeteilt: Es gab ein Jungenzimmer und eins für die drei Mädchen. Von der Stube im Erdgeschoss führte eine dunkle Holztreppe nach oben, jene Stiege, die regelmäßig gebohnert wurde und auf der man so gut nach unten rutschen konnte. Ans Haus angrenzend war ein kleiner Stall, in dem ein paar Tiere »für den Hausgebrauch« untergebracht waren. Zwei Schweine, zwei Kühe, zwei Ziegen, etwas Federvieh. Wenn geschlachtet wurde, versteckte ich mich im hintersten Eck des Gartens. Und abends brachte ich keinen Bissen herunter, egal, ob von der Wurstsuppe oder dem Kesselfleisch. Sandra und ich hockten mit verschränkten Armen vor den Tellern und warfen den Erwachsenen böse Blicke zu. An normalen Tagen hingegen drückte ich mich gerne im Stall oder in der angrenzenden Scheune herum; ich mochte die Wärme, außerdem tummelten sich dort immer die Katzen im Heu.

Zwischen Stall und Haupthaus war die Waschküche untergebracht, in der wir jeden Freitag in eine große Zinkwanne gesteckt wurden; ein Badezimmer wurde erst später eingebaut. Bis Sandra und ich an der Reihe waren, war das Wasser meist nur noch lauwarm. Den Letzten beißen die Hunde, aber der Letzte hatte auch den größten Spaß. Nach dem Ausgießen des Wassers war der Betonboden rund um den Abfluss mit einem seifigen Film überzogen; eine perfekte Rutschbahn, auf der man von Wand zu Wand sausen konnte, sofern man vorher den Abfluss mit einem Fetzen zugestopft hatte.

Für mich endete diese eher unbeschwerte Zeit, in der kein Obstbaum vor mir sicher war, mit dem Tag, in dem ich in den Kindergarten kam. Ich wurde gehänselt, weil ich mich manchmal während des Mittagsschlafs einnässte, und traute mich kaum noch auf die Liege im Schlafsaal. Wenn ich mich weigerte, schimpften die Kindergärtnerinnen, die anderen feixten. Wenn ich dann aufstand mit einem Fleck auf der Hose oder dem Rock, wurde ich vor allen anderen bloßgestellt. Mit der Zeit wurde ich schon beim Mittagessen so panisch, dass ich anfing zu heulen. Was die Sache nicht besser machte. »Die Mandy wieder, guckt mal, die Heulsuse!«

Endgültig zum Außenseiter wurde ich, als wir eines Tages ein Bild malen sollten. Die Kindergärtnerinnen verteilten Papier und Stifte, und ich war froh, dass ich endlich einmal zeigen konnte, was in mir steckte. Malen, das mochte ich, und das konnte ich. Bis sie mir den Stift aus der Hand rissen. »Man malt nicht mit links! Weißt du das denn nicht? Schau doch mal zu den anderen, die machen es richtig!« Mit der rechten Hand war ich motorisch so ungeschickt, dass ich kaum den Stift halten, geschweige denn, etwas zu Papier bringen konnte. Ein Linkshänder, das war damals gleichbedeutend mit »nicht ganz richtig im Kopf«, irgendwie verkehrt rum, etwas, das mir »ausgetrieben« werden musste. Wieder ein Anlass, mich zu hänseln. Ich war jeden Tag froh, wenn mich jemand – meist eines meiner älteren Geschwister – abholte. Kaum etwas war schlimmer, als wenn ich das letzte Kind war.

Dann dachte ich jedes Mal, meine Eltern hätten mich vergessen. Wenn mein Vater mich abholte, stürzte ich mich regelrecht auf ihn und wollte hochgehoben werden. Endlich wieder in Sicherheit.

Mein Unbehagen legte sich nicht, auch nicht die Hänseleien, als ich eingeschult wurde. Mandy, der Strohkopf, mit den spillerigen Haaren.

1983 zogen wir von Lausen nach Rathendorf, ein Ort, ebenfalls auf dem platten Land. Der Einzige, der nicht mitkam, war mein ältester Bruder Marco, der in Leipzig eine Lehre in einer Gießerei angefangen hatte. Wieder mit Hilfe der Gemeinde konnte mein Vater ein Haus erwerben, in der Dorfstraße 14. Auf dem gleichen Grundstück befand sich das Gemeindezentrum der Adventisten, denen meine Eltern inzwischen fest angehörten. Arbeit fanden sie in der örtlichen LPG, wieder im Schichtbetrieb, weshalb die älteren Geschwister in die Pflicht genommen wurden. Sie sollten auf uns aufpassen, was manchmal ganz gut ging, dann aber auch wieder voll in die Hosen.

Ich fand die Zeit auf dem Land klasse. Zumindest für ein paar Jahre. Wenn wir freihatten, stromerten wir durch die Wälder und suchten Pilze und Beeren oder liefen zu Fuß nach Geithain ins Schwimmbad oder an den See im Hegewald. Wenn wir nicht draußen unterwegs waren, zog ich mich schon damals gerne zurück, um zu malen oder zu lesen. Außerdem wurde regelmäßig eine Musikstunde abgehalten. Jedes von uns Kindern erlernte ein Instrument, die Jungs spielten Posaune, die Mädchen Trompete. Weil ich unter Asthma litt, war das nur ein kurzes Intermezzo, die Trompete wurde durch ein Klavier ausgetauscht. Einmal pro Woche kam Herr Kaufmann, um mich zu unterrichten. Jedes Mal aufs Neue kritisierte er meine Haltung – »Du hängst wie ein Kartoffelsack auf dem Stuhl« – und meckerte, wenn ich auf die Finger sah und nicht auf das Notenblatt. Noten kann ich bis heute nicht wirklich gut lesen, aber ich spiele gern.

In der Grundschule in Rathendorf und später in der weiterführenden Schule in Obergräfenhain setzte sich mein Außenseitertum fort. Ich war so zurückhaltend und schüchtern, dass ich meine Freunde an einer Hand abzählen konnte. Auch dort war ich die kleine Dünne mit den strohblonden, fransigen Haaren und der krakeligen Schrift, über die sich alle Lehrer immer ausließen. Meine Punkte auf dem »i« waren »Fliegenschisse«, das Geschmier nicht lesbar, ratsch und raus mit der Seite, das Ganze noch mal. Ich konnte die Zeilen nicht richtig halten, wegen des Wechsels von links auf rechts, und wurde mit Vorliebe an die große Tafel gerufen, wo ich überhaupt keine Chance hatte, mich zu orientieren.

Hinzu kam, dass ich schon allein aufgrund meiner Familie zum Außenseiter gestempelt wurde. Meine Eltern waren gläubige Christen in einem Staat, der Religion generell nicht gut fand. Wir standen unter Stasi-Beobachtung wegen der Großmutter, wir Kinder wurden nicht in die Jugendorganisationen der Partei aufgenommen. Warum, das wussten wir nicht. Immer wieder wurde ich aus dem

Unterricht geholt und musste beim Direktor antanzen, um »Fragen« zu beantworten. Fragen, auf die ich keine Antwort hatte. Aber ich war stinkwütend, dass ich bei den Schülerspartakiaden nie eine Medaille bekam, weil ich nicht bei den Pionieren war. Und dass ich meinen Eltern bittere Vorwürfe gemacht habe, dass ich nicht auf die Sportschule gehen durfte, obwohl ich in Leichtathletik die Beste in der Klasse war. Das war eine Demütigung, die ziemlich an mir nagte. Die Gründe dafür konnte ich mir nicht erklären. Die Stasi war ebenso abstrakt wie der Glaube meiner Eltern. Für uns gehörte das zum Alltag, wir freuten uns auf den Kindergottesdienst, und zu Hause malten wir mit Buntstiften Heftchen aus, in denen Geschichten aus der Bibel erzählt wurden. Abends beteten wir gemeinsam, und wenn wir nicht spurten, mussten wir schon mal eine Passage aus der Bibel auswendig lernen. Auch dass wir Freitag Badetag hatten, hing mit dem Glauben der Eltern zusammen. In anderen Familien war der Samstag dafür vorgesehen, aber da begehen die Adventisten den Sabbat.

Meine Eltern begegneten kritischen Blicken im Ort selbstbewusst. Sie hatten in der Gemeinde Halt gefunden, einen Alkoholentzug gemacht und ein zweites Mal geheiratet, nach den Grundsätzen des neuen Glaubens. Ich selbst merkte zum ersten Mal im Sachkundeunterricht, dass die Grundsätze, die daheim selbstverständlich waren, auf andere seltsam wirkten. In den Kindergottesdiensten hatte ich gelernt, dass Gott der Schöpfer von allem war und die Welt in sieben Tagen erschaffen hatte. Meine Lehrerin sah das anders, sprach von Evolution und erzählte, dass der Mensch vom Affen abstamme. Ich war schockiert und nannte sie eine Lügnerin. Worauf sie mich des Klassenzimmers verwies und ich anschließend zum Direktor zitiert wurde.

Auch für meine älteren Geschwister war diese Zeit sicher

nicht leicht. Seit die Eltern den Glauben gefunden hatten, waren die Vorschriften streng. Kein Alkohol, kein Herum-knutschen mit Gleichaltrigen, keine Zigaretten. Noch in Lausen hatte mein Bruder beinahe mal unseren Hof abge-fackelt. Er kokelte mit Freunden am Misthaufen herum, der weniger aus Dung als aus Einstreu, Küchenabfällen und Papier bestand. Das Zeug wollte nicht recht brennen, die Jungs gaben auf und trollten sich. In der Nacht wurden wir von einer lauten Sirene geweckt, Nachbarn hatten den bren-nenden Haufen entdeckt und die Feuerwehr gerufen. Es gab Hausarrest und ziemlichen Ärger für die »Brandstifter«. Als Maik 1986 auszog, um eine Lehre zu beginnen, waren Sandy und ich die letzten zwei, die noch zu Hause wohnten.

*

Als ich zwölf war, erkrankte mein Vater schwer. Krebs. Er war meine wichtigste Bezugsperson, in meiner Erinnerung ist er ein sehr liebevoller, ruhiger Mann gewesen, der es so-gar schaffte, mich zum Lachen zu bringen, wenn ich trau-rig war. Und das war ich oft. Wir alberten viel herum, und ich weiß noch, wie wir immer Boxkämpfe veranstalteten, bei denen ich ihn mit meinen dürren Armen schwungvoll zu Boden streckte. Wenn Sandra und ich nachts heimlich aus dem Bett krabbelten und – wahrscheinlich für alle hör-bar – leise die knarrende Holztreppe hinunterschlichen, um durch einen Spalt in der Wohnzimmertür einen Blick auf den Fernseher zu erhaschen, zwinkerte er uns zu und ließ uns eine Weile gucken, bevor wir »offiziell« erwischt und wieder ins Bett gesteckt wurden.

Ansonsten sind mir nur wenige Dinge heute noch lebhaft in Erinnerung. Dass er gern Elvis hörte zum Beispiel und immer ganz aufgeregt war, wenn ein Song im Radio lief. Dass ich nachts, wenn ich nicht schlafen konnte, zu ihm ins Bett kriechen durfte. Und dass er einmal unsere Dogge mit meiner Mutter verwechselte. Der Hund kam manchmal nachts ins Schlafzimmer der Eltern und quetschte sich dann auf die Ritze im Ehebett. Als mein Vater den Arm um seine Frau legen wollte, wurde er mit einem lauten Knurren bedacht. Über solche Geschichten konnten wir uns kringelig lachen.

Die Zeit seiner Krankheit war für uns alle hart. Meine Mutter pflegte ihn ein Jahr lang zu Hause, wir bekamen Tag für Tag mit, wie er weniger wurde.

Der Tag, an dem mein Vater starb, ist mir heute noch so deutlich im Kopf, als sei es erst gestern geschehen.

An diesem Tag schien alles schiefzugehen, was ich anpackte. Sandra und ich sollten für ein paar Tage bei einer Freundin unserer Mutter übernachten; wir hatten lange an sie hingeredet, bis sie ihre Erlaubnis dazu gegeben hatte. Während meine Schwester schon am Packen war, kämpfte ich mit der Steckdose in unserem Zimmer. Ich war über das Kabel der Nachttischlampe gestolpert, nun hing die ganze Konstruktion aus der Wand. Ich wollte nicht, dass es deswegen Stress gab, und mühte mich nach Kräften, die Steckdose zurück in die Wand zu drücken.

Sandy maulte: »Jetzt pack endlich deine Tasche, ich will los!«

»Reg dich ab, ich hab's ja gleich!«

Im nächsten Moment bekam ich einen Schlag auf die Finger, der mich richtig umhaute. Ich dachte, der Kopf fliegt mir weg, alles kribbelte.

Sandy starrte mich entgeistert an: »Was ist denn mit dir los?«

»Ich glaub, ich hab 'nen Stromschlag gekriegt«, sagte ich etwas benommen.

»Ach, du spinnst ja!« Sie rollte genervt die Augen und packte weiter.

Ich entschied mich, nun doch die Finger von der Steckdose zu lassen und meinen Kram für die Übernachtung in die Tasche zu stopfen. Meine Schwester, die längst fertig war, beobachtete mich skeptisch von ihrem Bett aus. »Du wirst ja doch wieder die Hälfte vergessen«, murmelte sie, als plötzlich die Tür aufging.

Meine Mutter und Karli, ein Freund der Familie, kamen ins Zimmer. Das war ungewöhnlich. Seit sich der Zustand meines Vaters rapide verschlechtert hatte, war sie auch über Nacht immer im Krankenhaus geblieben. Karli, der sich in den letzten Wochen, als mein Vater schon nicht mehr in der Lage gewesen war aufzustehen, bei der Pflege mit meiner Mutter abgewechselt hatte, war inzwischen fast bei uns eingezogen. Auch damit er einmal wieder daheim schlafen konnte, war unsere Übernachtung bei der Freundin arrangiert worden. Dass sie nun beide da waren, konnte nichts Gutes bedeuten.

Ich hielt beim Packen inne und blickte zur Tür. Ich sah in ihre Gesichter, in ihre Augen. Niemand sagte etwas, niemand rührte sich. Für einen Moment stand die Zeit still. Ich musste würgen. *Konzentrier dich. Pack weiter. Das geht vorbei. Es ist nichts passiert, sie sind einfach nur so da, alles ist gut.* Mein Herz klopfte bis zum Hals, das Blut pochte in meinem Kopf. *Wenn du jetzt diese Hose in die Tasche packst, wird nichts passiert sein. Los, du Scheißding, geh rein, verdammt noch mal.* Der Reißverschluss klemmte. Das Ratschen zerschnitt die Stille. *Gleich, gleich würde das Schwert auf mich niedersausen. Die Gewissheit, dass es vorbei war.* Ich spürte, wie meine Augen anfingen zu brennen.

Dann sauste das Schwert durch die Luft.

»Hör auf zu packen!«

Ich hatte genau gehört, was Karli gesagt hatte, und konnte dennoch nicht aufhören.

Meine Schwester hockte wie versteinert auf dem Bett

und verzog keine Miene. Meine Mutter bat sie, mit nach draußen zu kommen. Als die Tür hinter ihnen zufiel, schrie Karli mich an: »Hast du mich nicht verstanden? Hör endlich auf zu packen!«

Ich zuckte zusammen, drehte mich um und schaute ihn an.

Diese Stille, diese gottverdammte Stille. Sie tat so weh.

Von draußen drang ein leises Weinen und Wimmern durch die Tür.

Nein, es kann nicht sein, Sandy hat bestimmt etwas ausgefressen, deshalb hatte sie auch mit rausgehen müssen, ist ja klar. Muss etwas Schlimmes gewesen sein, sonst würden sie ja nicht zu zweit hier Strafgericht halten. Genau.

Karli sagte mit zitternder Stimme: »Es tut mir so leid.«

Und das Schwert schlug eine tiefe Furche durch mein Herz.

Ich sah ihn an und fing an, unkontrolliert zu schreien. Ich schlug auf ihn ein, hämmerte ihm auf die Brust, schlug um mich, bis ich heulend zu Boden sank. Karli kniete sich hin und drückte mich fest an sich. Dann weinten wir gemeinsam.

Ich hatte geglaubt, ich wäre auf diesen Moment vorbereitet. Seit sie Papa zum letzten Mal abgeholt hatten, war klar gewesen, dass er vielleicht nicht mehr nach Hause kommen würde. Wir hatten tschüs gesagt, wie man halt so tschüs sagt, wenn man überfordert ist mit der Situation. *Bis gleich, mach's gut. Ja, nach der Schule dann, hm. Wird schon.* Scheiße. Ich hatte keine Ahnung, wie viel Schmerz man empfinden kann. Und ich hatte keine Ahnung, wohin damit.

Karli sagte immer wieder: »Es tut mir so leid, es tut mir so leid.«

Ich konnte überhaupt nichts sagen. Ich zitterte am ganzen Körper und hatte gleichzeitig das Gefühl, ich hätte Blei in mir und könnte nie wieder aufstehen.

Nach einer Weile nahm Karli mein Gesicht in seine Hände, sah mich an und wischte mir hilflos die Tränen mit dem Ärmel weg.

»Ich bin doch erst zwölf«, stammelte ich. »Wieso?«

Karli drückte mich fest an sich und sagte: »Er muss jetzt nicht mehr leiden und diese verdammten Schmerzen ertragen.«

Ich weiß, dass mich diese Worte trösten sollten, aber irgendwie machten sie alles nur noch endgültiger. Ich vermisse meinen Vater heute noch, fast 25 Jahre später, manchmal sogar mehr als früher.

Alles anders

Veränderung ward an der Zeit
Und forderte schmerzlich ihren Tribut
Verloren, was ich am meisten brauchte
Die Hölle dunkel und der Himmel zu weit

Nach dem Tod meines Vaters im April 1989 waren wir nur
noch zu dritt. Sandy, meine Mutter und ich. Ein halbes Jahr
später fiel die Mauer. Unsere kleine Familienwelt war ohnehin in Auflösung, nun kam auch noch die Welt drum herum
dazu. Ich war dreizehn Jahre, als ich im Fernsehen sah, wie
Menschen in Berlin auf die Mauer kletterten, euphorisch
und unsicher zugleich, was der nächste Tag bringen würde.
Ob die neue Freiheit, ob die endlosen Trabi-Kolonnen von
Ost nach West von Dauer sein würden. Was danach tatsächlich passierte, davon hatte ohnehin keiner eine Vorstellung.
Auch wir drei hielten uns in den Armen, überwältigt von
Freude und Trauer. Trauer darüber, dass der Mensch, der
sich diesen Augenblick jahrzehntelang herbeigesehnt hatte,
die Grenzöffnung nicht mehr erleben konnte. Auch meine
Großmutter nicht, Harriette starb 1987, ohne ihren Sohn
jemals wiedergesehen zu haben.

Für uns bedeutete der Mauerfall bei aller Freude in erster
Linie Veränderung. Viele LPG-Betriebe auf dem Land wurden in den Jahren nach dem Mauerfall geschlossen, auch
meine Mutter verlor ihre Arbeit. In der Hoffnung, dass in
der Stadt die Chancen besser stünden, zogen wir zurück

nach Leipzig. Ich erinnere mich noch gut daran, dass meine Mutter uns die Entscheidung ganz gut verkaufte. Wir alle bräuchten Abstand von dem, was geschehen war, und hätten doch als »Weiberhaushalt« die besten Möglichkeiten, in der »Großstadt« wieder Fuß zu fassen.

Sandra und ich waren uns ausnahmsweise einmal einig. Normalerweise waren wir wie Hund und Katze, den Umzug aber fanden wir gut. Vorbei die Zeit des Landlebens, wir waren jung und wollten die Stadt erobern. Der Abschied von meiner Schule in Obergräfenhain fiel mir sowieso nicht besonders schwer. Der Einzige, den ich vermissen würde, war mein Geschichts- und Russischlehrer, Herr Pfefferkorn. Ich freute mich immer auf den Unterricht bei ihm, weniger wegen des Fachs, sondern weil er immer so vor der Tafel herumhampelte, dass ich lachen musste. Und den Bäckerladen würde ich vermissen, da gab es für ein paar Groschen das beste Milchbrot, das ich je gegessen habe. Schokostreusel gab es in dem kleinen Laden auch, tütenweise habe ich das Zeug in mich hineingestopft. Aber sonst? Meinen Freund Sven würde ich vielleicht noch vermissen, mit ihm habe ich das erste Mal die Schule geschwänzt. Wir sind einfach im Zug sitzen geblieben, so lange, bis uns der Schaffner an die Luft gesetzt hat. Aber das war lange her, Kinderkram, vorbei. Leipzig konnte kommen, *bright lights, big city.*

Die Wohnung, die meine Mutter in der Baumannstraße 6 für uns fand, gefiel uns. Obwohl es kein Badezimmer gab und Sandra und ich uns ein Zimmer teilen mussten, schien uns alles besser, als in Rathendorf zu versauern. Wir krempelten die Ärmel hoch, tapezierten und strichen die Wohnung gemeinsam. Ich glaube, das war die Zeit, in der wir am meisten zusammen gelacht – und geheult haben. Die Zeit, in der wir drei uns am nächsten waren.

Die ersten Wochen und Monate in Leipzig waren aufregend. Alles war neu! Statt mit dem Fahrrad oder zu Fuß ging es nun mit der Straßenbahn zur Schule. Nach dem Tod meines Vaters waren meine schulischen Leistungen in den Keller gerasselt – eine Bestätigung, dass die Mandy ja eh nichts auf die Reihe kriegte. Hier war ich ein unbeschriebenes Blatt, Strohkopf ade. Ich fing mich schulisch tatsächlich einigermaßen, fand Anschluss und bekam sogar die üblichen Zettelchen während des Unterrichts zugeschoben. Einige von ihnen habe ich bis heute aufbewahrt: »Willst du mit mir gehen? Kreuze an: ja, nein, vielleicht.« Harmlos, aber meiner Mutter war selbst das schon ein Dorn im Auge. Die ersten Verabredungen nach der Schule, das ging ja gar nicht. Kind, wir sind hier in der Stadt! Als dann auch noch das Schminken hinzukam, bekamen wir regelmäßig Streit. Das ist Sünde! Dein Vater hätte das nicht durchgehen lassen. Gott sieht alles!

Mir war das inzwischen egal. Für mich war Gott mit meinem Vater gestorben.

Als ich klein war, kniete ich fast jeden Abend brav vor meinem Bettchen und betete. Dafür, dass es uns allen gutging, dass wir gesund blieben und dass es auch im nächsten Herbst genug Kirschen geben würde, mit deren Kernen man so schön weit spucken konnte. Ich glaubte daran, dass Gott mich erhörte, wenn ich nur von Herzen darum bat, wenn ich es ehrlich meinte. Als mein Vater krank wurde, war ich in meinen Gebeten so ehrlich wie noch nie. Aber ER hat mich trotzdem im Stich gelassen.

Manchmal habe ich mir in dieser Zeit gewünscht, dass anstelle meines Vaters meine Mutter gestorben wäre. Ich wünschte ihr in manchen Momenten tatsächlich den Tod, auch wenn ich das nicht gepackt hätte. Aber ich hasste sie einfach für alles. Dafür, dass sie während unserer Kindheit manchmal so hart gewesen war. Dass sie Regeln setzte, wo mein Vater nachsichtig gewesen war. Ohne Regeln geht es nicht, das weiß ich heute, als Kind habe ich das nicht verstanden. Sie weckte uns jeden Morgen, wir hatten fünf Minuten Zeit, dann mussten wir angezogen sein und »antreten«, wie meine älteren Geschwister das nannten. Bettenkontrolle. Wenn das Laken nicht glatt gezogen war, musste das Bett noch mal gemacht werden. Und wenn der Schrank nicht ordentlich war, riss sie alles aus den Fächern und schmiss es auf den Boden. Äußerer Halt, weil ihr selbst der innere fehlte.

Ich weiß noch, wie sie eines Tages wütend durch das Haus brüllte und uns alle antanzen ließ. Wie die Orgelpfeifen standen wir vor ihr in der Küche. »Wer hat den Pudding gegessen?« Ihre Blicke durchbohrten uns. Das hohe Gericht hatte zur Vernehmung bezüglich des perfiden Süßspeisediebstahls einberufen. Wir waren Staatsfeinde, hatten ein Puddingkomplott geschmiedet.

Meine Geschwister bestanden darauf, es nicht gewesen zu sein, ich sagte nichts, hätte es ohnehin nie gewagt, den Pudding zu klauen. Meine Mutter musterte uns mit kaltem Blick, dann ging sie aus der Küche. Jeder wusste, was das zu bedeuten hatte. Die Tür zur Besenkammer wurde aufgezogen, energische Schritte hallten zurück durch den Flur. Kathi, die Älteste, die nie etwas anstellte, war die Einzige, die verschont blieb. Wir anderen mussten uns nebeneinander auf die beiden Besen knien, die sie auf den Boden gelegt hatte. Wer zuckte, einknickte oder sonst irgendwie herumturnte, offenbarte sich als Täter. Ich war damals sieben. Das Holz bohrte sich zwischen meine Kniescheibe, ich dachte, ich müsste auf der Stelle sterben. »Ihr werdet so lange hier knien, bis ich weiß, wer den Pudding gegessen hat!«

Ich hielt die Schmerzen nicht mehr länger aus, wollte nur noch, dass es aufhört. Mit leiser Stimme sagte ich: »Mama, ich war's, ich hab den Pudding gegessen!«

Während die anderen aufstehen durften, musste ich knien bleiben. Ich heulte, verzweifelt über diese Ungerechtigkeit.

Nach einer gefühlten Ewigkeit ließ mich meine Mutter aufstehen. »Das war dafür, dass du so lange gewartet hast. Du bist schuld daran, dass die anderen so lange auf den Besen ausharren mussten. Merk dir das, alles hat Konsequenzen!«

Als ich aufstehen wollte, kam ich nicht hoch. Es gelang mir nicht, die Beine auszustrecken. Kathi hakte mich unter und brachte mich ins Kinderzimmer, wo ich mich schniefend und mit höllisch schmerzenden Knien im Bett verkroch. Nach einer Weile kam Maik nach oben und strich mir über den Kopf. »Es tut mir leid, das hab ich nicht gewollt. Ich war einfach zu feige.« Ich habe ihn nicht verraten.

Und wie ich meine Mutter manchmal hasste. Vor allem in der Zeit, als ich in die Pubertät kam. Wenn mich, ohne dass ich es kontrollieren konnte, Gefühle von Wut und Traurigkeit überrollten. Ich sehnte mich nach Vertrautheit und Geborgenheit und hätte doch keines von beidem ertragen. Nicht Fisch, nicht Fleisch. Ich fühlte mich nicht geliebt, unverstanden, einfach nutzlos. Ich stellte alles in Frage, hatte überhaupt keinen Blick dafür, was unsere Mutter alles auf sich nahm, um uns überhaupt ein Leben zu ermöglichen. *Leben? Was für ein Scheißleben sollte das schon sein?* Ein hartes war es, vor allem für meine Mutter. Sie hatte ein ganzes Jahr lang einen kranken Mann gepflegt, war trotzdem arbeiten gegangen und hatte mehrere Kinder auf den Weg bringen müssen, die jüngsten zwölf und dreizehn. Ein Scheißleben, aber dafür hatten wir keinen Blick. Für uns war sie nur der Feldwebel, kalt und streng. Je größer das Durcheinander in meinem Inneren wurde, umso mehr begehrte ich gegen dieses Regiment auf. Keine Ahnung von nichts, nur die Gewissheit, dass alles so wahnsinnig un-

gerecht ist. Die Forderungen so überzogen, alles eine Einengung, aus Fleiß, nicht aus Sorge. Und sie war diejenige,
die uns das Leben verbaute, so wie Sandy und ich das wollten. Mit ihrem Glauben, mit ihrem Pflichtgefühl, mit ihrer
Strenge. Ich wollte frei sein oder tot. Da konnte ich mich
nicht so recht entscheiden.

Als sie nach dem Umzug nach Leipzig eine Zeitlang
wieder zu trinken anfing, war es ganz aus. Vorbei die kurze
Phase, in der wir uns angenähert hatten, von jetzt an standen die Zeichen auf Sturm. Wer war sie denn, uns Vorschriften zu machen? Sie konnte an manchen Tagen kaum
stehen, Feldwebel in Schräglage, haha. Ich weiß noch, wie
sie mich an einem Nachmittag, als ich mit gefärbten Haaren
aus der Stadt kam, am Genick packte und unter den Wasserhahn drückte. Immer wieder, so lange, bis dieser sünd-
hafte Farbton rausgewaschen war, bis ich meine Kopfhaut
nicht mehr spürte. Kalt, kalt, alles war kalt. Die Achtung, all
die schönen Momente mit ihr, die wir auch gehabt hatten,
als wir noch eine intakte Familie gewesen waren – wegge-
waschen, im Ausguss verschwunden.

Von da an war Kampf, wir fanden keinen gemeinsamen
Nenner mehr.

Sandy und ich suchten nach Schlupflöchern, nach kleinen Fluchtmöglichkeiten. Anfangs waren das nur kleine
Sachen, der übliche Pubertätskram. Wir hatten zunächst
unser gemeinsames Schlafzimmer zur Straße hinaus, die
Wohnung lag im Erdgeschoss. Weil wir immer die Ersten
waren, die nach Hause mussten, verabredeten wir uns
kurzerhand unter unserem Fenster. Wenn unsere Mutter
anrollte, konnten wir immer noch sagen: »Was willst du
eigentlich, wir sind doch zu Hause?« Es dauerte eine ganze Weile, bis sie von dem Spektakel überhaupt etwas mitbekam. Zur Strafe mussten wir innerhalb der Wohnung
umziehen, in ein Zimmer mit Fenster zum Innenhof.

Unsere nächsten »Ausbruchsversuche« waren schon etwas massiver. Sandra, mit der ich mich in dieser Zeit immer heftiger stritt, haute 1991 zum ersten Mal ab. Über mehrere Wochen hinweg verschwand sie immer wieder, auch über Nacht. Ich bekam den ganzen Ärger ab, es war ja sonst keiner da. Die Situation zu Hause verschlimmerte sich so sehr, dass ich mich nach der Schule bei Freunden oder auf der Straße herumdrückte. Ich wollte nicht zurück in die Wohnung, ertrug die Vorwürfe und Schreiereien nicht mehr. Gleichzeitig hatte ich ein wahnsinnig schlechtes Gewissen. Ich fühlte mich verantwortlich für meine Mutter, die nun wieder regelmäßiger trank. Ich wollte nicht, dass andere sie so sahen, vor allem nicht ihr neuer Bekannter. Allein oder zusammen mit Sandy versuchte ich, sie wieder nüchtern zu bekommen, bevor Jakob nach der Arbeit bei uns zu Hause vorbeischaute. Sie hatte ihn ein paar Monate nach unserem Umzug in der Gemeinde kennengelernt.

Er war gläubig, aber nicht so spießig und streng. Ich mochte ihn und freute mich anfangs, wenn er zu Besuch kam. Das änderte sich, als ich bemerkte, dass die beiden sich verliebt hatten. Damit konnte ich überhaupt nicht umgehen.

Ich hatte den Verlust meines Vaters noch lange nicht verarbeitet, er fehlte mir an allen Ecken und Enden. Ich verstand nicht, wie sie in ihrem Herzen nach so kurzer Zeit schon wieder Platz haben konnte für einen neuen Mann. Für mich war er von diesem Moment an nur noch ein Eindringling, einer, der unseren »Weiberhaushalt« kaputtmachen würde. Natürlich war unsere Dreisamkeit längst am Bröckeln, aber an ihm konnte ich all das festmachen, was schlecht lief. Sie scheuchte uns herum? Klar, damit sie ihm zeigen konnte, dass sie uns pubertierende Gören im Griff hatte. Sie trank? Klar, er hat sie zu schnell in eine neue Beziehung gedrängt. Ich war blind vor Wut und konnte nicht fassen, dass dieser Mann nun die Rolle meines Vaters übernehmen sollte. Für meine Mutter mochte er ein Ersatz gewesen sein, für mich hätte niemand diese Lücke füllen können. Es tat weh, dass das Leben einfach so weiterging. In klaren Momenten wusste ich, dass ich mich für sie hätte freuen sollen. Sie lachte wieder mehr, und in den letzten pflegeintensiven Monaten vor Vaters Tod war sie körperlich und psychisch sicher über ihre Grenzen gegangen. Zeit für Gefühle, Zeit für sich hatte sie nicht. Sie war oft gereizt, manchmal wischte sie eilig, fast ärgerlich Tränen aus dem Gesicht, wenn jemand hereinkam. Nach außen tat sie so, als sei alles in bester Ordnung. Ein Opfer der Umstände.

Jakob bemühte sich um uns, aber je mehr er sich kümmern wollte, umso ablehnender reagierte ich. Ich stellte alles, was er sagte, in Frage, ich provozierte ihn, wo ich nur konnte, und wenn er dann darauf einstieg, triumphierte ich. Wir hätten reden sollen. Versuchen, zu verstehen, was den anderen bewegte. Aber ich wusste ja selbst nicht, was mit mir los war. Dass ich mit dem Tod meines Vaters nicht klarkam und dass das mit Jakob überhaupt nichts zu tun hatte, verstand ich erst später. Ich glaube auch nicht, dass ich mich auf ein Gespräch eingelassen hätte. Ich war so voller Trotz und so verletzt, so bemüht, die Fassade zu wahren, dass mir das völlig die Füße weggezogen hätte. Bloß keine Gefühle zeigen, bloß nicht schwach sein.

Alles um mich herum löste sich auf. Die Familie, das Land meiner Kindheit, nirgends Struktur, nirgends ein Halt. Ich zog mich immer mehr zurück in meine düstere Gedankenwelt. Wenn ich meine Wut und Verzweiflung nicht auf Jakob oder meine Mutter richten konnte, richtete ich sie gegen mich. Ich machte mich für alles, was schlecht lief, verantwortlich. *Ich bin schuld. Ich bin nutzlos, wertlos, ein Nichts.* Allein auf der Welt, unverstanden, ungeliebt. Was man halt so denkt mit vierzehn. Ich hockte in meinem

Zimmer, hörte dröhnend laut Musik und dachte, wenn ich mich jetzt umbringe, wird das keinen jucken. Ein Problem weniger. Denn ich war ja das Problem, ohne mich hätten sie sicher viel mehr Spaß, alles wäre einfacher. Aber ich traute mich nicht.

Stattdessen haute ich immer wieder ab, blieb auch schon mal über Nacht weg. Vor allem freitags ging ich nach der Schule nur ungern nach Hause. Ich wusste, dass meine Mutter auf mich wartete, damit wir gemeinsam aufs Land fahren konnten. In unser altes Haus in Rathendorf, das sie seit unserem Umzug als Wochenendhäuschen nutzte. Ich fand allein schon den Gedanken unerträglich, dass sie mit ihrem Partner in das Haus fuhr, in dem für mich die Welt noch in Ordnung gewesen war. Das Haus meiner Kindheit, das Haus meines Vaters. In meinem Schwarz-Weiß-Denken beschmutzte sie damit das Andenken an ihn.

Anfangs hatten Sandra und ich noch offiziell um Erlaubnis gefragt, ob wir über das Wochenende in der Stadt bleiben dürften. Nachdem wir aber einmal in Jakobs Wohnung eine heftige Party gefeiert hatten, hatte sich diese Frage schnell erübrigt. Aber wir mussten nur lange genug warten, irgendwann verloren die beiden die Geduld – und fuhren ohne uns. Ich schwankte zwischen der Freude über die sturmfreie Bude und dem Entsetzen darüber, dass die beiden ihr Ding einfach durchzogen. Wieder ein Beleg dafür, dass ich nicht wichtig war, dass es egal war, ob es mich gab oder nicht.

Jakob zog einige Monate später bei uns ein, meine Mutter und er heirateten im Sommer 1992.

Ich war fünfzehn damals und seit einem halben Jahr mit meiner ersten großen Liebe zusammen. Thorsten war vierundzwanzig, er arbeitete im Schlachthof und jobbte nebenher im Flex. Mit dem Besitzer der Kneipe war er eng befreundet. Ich war über beide Ohren verliebt und fühlte mich wahnsinnig erwachsen. Ich mochte seine Nähe, seinen Geruch, seine Stimme, einfach alles. Er gab mir das Gefühl, toll und etwas wert zu sein. Kennengelernt hatten wir uns Ende 1991 im Admira Center in Leipzig – an einem jener Wochenenden, an denen ich allein in der Stadt geblieben und abends in die Disko gegangen war. Bevor er mich nach Hause fuhr, hockten wir stundenlang bei McDonald's und redeten. Von da an trafen wir uns regelmäßig. Thorsten hatte eine eigene Wohnung in Grünau, jener Plattenbausiedlung am Rande Leipzigs. Immer sturmfreie Bude, keiner, der einem vorschrieb, wann man ins Bett oder mit welchen Klamotten man aus dem Haus zu gehen hatte. Das war es, was für mich zählte, es war mir egal, dass die Einraumwohnung winzig war. Ein Badezimmer mit Wanne, eine kleine Küchenzeile im Wohnzimmer und eine fensterlose Nische, in der ein Doppelbett stand. Die großen Fenster ließen so viel Licht herein, dass der Wohnraum größer wirkte, nur die Wände, fand ich, wirkten sehr kahl. Kein Bild, kein Poster, kein Foto, das für etwas Farbe gesorgt hätte. Sandy und ich dagegen hatten jeden Zentimeter Wand in unserem Zimmer ausgenutzt, selbst innen an die Tür des Kleiderschranks hatte ich ein Poster geklebt: Jean-Claude Van Damme mit nacktem Oberkörper, den fand ich damals richtig gut.

Wenn ich nicht bei Thorsten war, verbrachte ich meine Zeit meistens mit Lea. Sandra hatte mich einmal mitgenommen und ihrer Clique vorgestellt; Lea war mir sofort aufgefallen. Sie war jünger als die anderen, gerade mal dreizehn Jahre alt, schlank, etwas kleiner als ich und hatte wunderschöne, dichte und leicht gewellte Haare. Kein Vergleich zu meinen dünnen Flusen, die so fein waren, dass mir jeder Haargummi herunterrutschte. Während ich eher schüchtern war, wirkte sie sehr selbstbewusst, sie war witzig, manchmal auch vorlaut und frech. Wir ergänzten uns ganz gut, vom ersten Moment an war eine tiefe Vertrautheit da.

Weil wir nicht auf die gleiche Schule gingen, verabredeten wir uns zum Schwänzen. Wir trafen uns in der Stadt, hin und wieder auch zu Hause, wenn die Eltern in der Arbeit waren. Ich weiß noch, dass ich einmal extra zwei Flaschen Sekt beim Kiosk in der Nachbarschaft gekauft habe, dazu eine Flasche Ananassaft. Diesen »Cocktail« wollten Lea und ich gemeinsam mit ein paar anderen Freundinnen bei uns zu Hause trinken. Kaum, dass ich den Schlüssel ins Schloss gesteckt hatte, kam Sandra auf mich zu.

»Hast du den Sekt gekauft?«

»Das geht dich gar nichts an.« Wollte sie mir jetzt Vorhaltungen machen, oder was sollte die Frage?

»War 'ne blöde Idee von dir … Komm mal mit.«

In der Küche saß unsere Mutter, völlig hinüber. Auf dem Tisch vor ihr standen die Sektflaschen. Meine Sektflaschen. Gemeinsam zerrten wir sie zum Waschbecken, hielten ihren Kopf unter den Hahn und drehten das Wasser auf. Eiskalt. So, wie sie das auch schon mit mir gemacht hatte. Ich ärgerte mich zwar über den geplatzten Nachmittag mit meinen Freundinnen, empfand aber auch eine gewisse Genugtuung.

*

Zu Hause war mal wieder dicke Luft, meine Mutter und ich schrien uns nur noch an. Die Situation eskalierte völlig, als sich Jakob einmischte, um zu schlichten. Das brauchte ich jetzt grade noch! Ich wollte nur noch raus, weg, zu Thorsten oder irgendwohin, wo man mir zuhörte und mich ernst nahm. Wütend griff ich meine Jacke von der Garderobe und stürmte zur Wohnungstür. Jakob stellte sich mir in den

Weg. »Was soll das denn jetzt? Spinnst du?« Als er mich am Arm packte, rastete ich aus. »Lass mich los, du hast hier gar nichts zu sagen!«

Ich weiß nicht mehr, was ich ihm alles an den Kopf warf, jedenfalls knallte er mir plötzlich eine. Der Schlag traf mich so unvermittelt, dass ich mit dem Kopf gegen den Türrahmen schlug. Jakob war so erschrocken, dass er sofort eine ganze Entschuldigungstirade losließ. »Es tut mir so leid, das wollte ich nicht, das musst du mir glauben, Mist, ich weiß auch nicht …«

Triumph! Du hast die Kontrolle verloren, du bist ein Wurm.

Ich starrte ihn minutenlang an, dann zischte ich: »Du bist nicht mein Vater, und wenn du mich noch einmal schlägst, zeig ich dich an!«

Ein schaler Triumph.

Draußen, auf der Straße, wusste ich nicht, wohin. Warum konnten wir nicht mehr normal miteinander reden, warum mussten wir immer gleich rumschreien? Und dann auch noch Jakob, der den Erziehungsberechtigten herauskehren musste.

Ich sah auf die Uhr. Hm. Thorsten war wohl noch auf Schicht. Aber ich hatte einen Schlüssel und entschied mich, in seiner Wohnung auf ihn zu warten.

Mit der Straßenbahn fuhr ich nach Grünau. Als Thorsten um zehn immer noch nicht da war, beschloss ich, ins Admira Center zu fahren.

Der Türsteher dort kannte mich. Ich war in den letzten Monaten regelmäßig mit Lea dort gewesen, Thorsten hatte uns vorgestellt. Wenn am Eingang nicht viel los war, alberten wir manchmal ein bisschen mit ihm herum, und wenn er einen guten Tag hatte, kamen wir schon mal ohne Eintritt hinein. Wer weiß, vielleicht hatte ich Glück, und Lea war auch da?

Erwartungsvoll steuerte ich auf Erik zu.

»Hey, alles klar? Ist Lea da? Und Thorsten?«

Komisch. Er sah nur betreten nach unten. Von drinnen hörte ich den Bass wummern.

»Was'n los? Willste mich nicht reinlassen?«

»Mandy, also ich … Jetzt wart erst mal.«

Damit ließ er mich stehen. Kurz darauf kam er mit einem Freund von Thorsten zurück. Der sagte ohne Umschweife zu mir: »Wenn du da jetzt reingehst, darfst du das nicht falsch verstehen … Also dein Kerl, der hat da grade was am …«

Was hatte der? Hatten die jetzt alle einen Knall?

Ich schob mich an den beiden vorbei durch die Tür.

Es dauerte einen Moment, bis meine Augen sich an das Licht gewöhnt hatten. Aber wenn es sein musste, fand ich den Weg zur Bar mittlerweile auch im Schlaf. Ich quetschte mich durch die Menge – und das Nächste, was ich sah, war Thorsten. Um den Hals geschlungen hatte er die Arme einer jungen Frau, die mit gespreizten Beinen auf einem Barhocker saß. Er stand genau zwischen ihren Oberschenkeln und grinste sie blöd an.

Das konnte nicht sein! Thorsten war doch mit mir zusammen! Ich war seine Freundin, mich liebte er, sonst niemanden!

Das Einzige, was er zu mir sagte, war: »Mach jetzt kein Theater und zieh Leine.«

Sein Ton war so fremd, so anders, dass ich mich fügte. Meine rosarote Teeniewelt geriet ins Wanken. Aber ich wollte doch so gerne daran festhalten. *Guck die dir mal bei Licht an, die ist viel zu alt. Die hat schon Falten. Ha. Nein, die ist keine Gefahr für uns, nicht für mich. Ist sie doch! Nein, ist sie nicht! Die Leggings, das geht gar nicht. Und diese Haare. Arschloch. Ey, du kannst doch jetzt nicht ernsthaft …*

Ich gab mir die volle Packung, setzte mich ein paar Meter entfernt an die Bar und starrte unverwandt zu den beiden hinüber. Ich traute mich nicht, ihn zur Rede zu stellen, fühlte mich machtlos und hatte Angst. Angst, ihn zu verlieren. *Ist wahrscheinlich wirklich nicht weiter schlimm, die hat sich bestimmt aufgedrängt, morgen ist alles wieder in Ordnung.* Während meine Gedanken mit mir Achterbahn fuhren, ließ ich mich volllaufen. Ich nahm wahllos jedes Getränk an, das mir der Barkeeper vor die Nase stellte. Es gab immer irgendjemanden, der einem was ausgab. Prost, danke, ich bin schon vergeben, weg damit.

Irgendwann kam Erik mit Daniela im Schlepptau an die Theke. Die brauchte ich grade noch. Aufpasser! Daniela hatte immer ein Auge auf die »Minderjährigen«, sie war mit Erik und dem DJ befreundet, der gute Geist des Ladens. Sie redeten auf mich ein, dass es jetzt genug sei und dass ich nach Hause sollte. Ich kriegte sie nicht mehr von der Hacke, egal, was ich sagte.

Haha, aber nicht mit mir. Ich bin doch kein kleines Kind mehr, dem man sagt, wann es ins Bett muss.

»Is gut, is gut. Nur noch aufs Klo, dann geh ich.«

Ich rutschte vom Barhocker, konzentrierte mich und bewältigte den Weg Richtung Toilette meisterhaft, wie ich fand.

Dort beging ich eine ziemliche Dummheit.

Als ich am nächsten Morgen die Augen öffnete, sah ich Neonleuchten an der Decke über mir hängen. Ein stechend weiß gestrichener Raum mit einer Glastür, auf die ein paar Buchstaben geklebt waren. Spiegelverkehrt. V-I-S-N-E-T-N-I. Was war das denn jetzt? Wo war ich überhaupt? Und was sollte diese blöde Kanüle, die in meiner Armbeuge hing und bei jeder Bewegung piekste? Aha. Da hing was dran, ein Tropf. Und wieso war mein rechtes Handgelenk verbunden?

Nur langsam kamen die Erinnerungen an den vergangenen Abend zurück.

50

Auf dem Klo hatte ich versucht, mir mit einem zerbrochenen Glas die Pulsadern aufzuschneiden. Hatte meine Jacke an der Garderobe abgeholt und war an Erik vorbei ins Freie getaumelt. Er hatte mir noch irgendetwas hinterhergerufen. Ein paar Meter weiter war ich gestolpert, eine Baustelle, die ich im Dunkeln nicht gesehen hatte. Ich fiel auf einen Sandhaufen und blieb liegen. Was danach geschah, weiß ich nur aus Erzählungen. Erik musste meinen Sturz gesehen haben; gemeinsam mit einem Kollegen hatte er mich in den Vorraum zurückgetragen und den Rettungswagen gerufen. So war ich hier gelandet.

Ich wandte den Blick von den Neonröhren an der Decke ab und sah mich um. Ein Klinikbett mit hellgelber Bettwäsche. Ein kleiner Tisch mit Stuhl, an der Wand zwei Haken. In der Luft hing der typische Krankenhausgeruch, eine Mischung aus Urin und Desinfektionsmittel. Links neben meinem stand ein zweites Bett, in dem ein Mädchen lag. Als ich sie ansah, fing sie an zu schreien. Die Augen weit aufgerissen, die Augäpfel merkwürdig nach oben verdreht, brüllte sie und wollte überhaupt nicht mehr aufhören. Wieso kam denn keine Schwester? *Kann die dumme Kuh nicht endlich den Mund halten! Völlig irre ist die doch.* Erst jetzt sah ich, dass die Arme des Mädchens mit Riemen am Bett festgeschnallt waren. Wo verdammt noch mal war ich hier? Und wieso gab es an der Tür keine Klinke?

Das war kein normales Krankenhaus.

Raus. Ich musste hier raus. Ich riss mir die Kanüle aus dem Arm und sprang aus dem Bett. Das Fenster ließ sich nicht öffnen. Ich stolperte zur Tür. Der Mechanismus ließ sich von innen nicht bedienen. Die haben mich eingesperrt. Ich hieb mit der Hand an die Glasscheibe. *Halt endlich die Schnauze, hör auf zu schreien.*

Das passte ja wirklich prima. Dein Freund hat 'ne andere,

und du sitzt hier in der Klinik. Suizidversuch nach exzessivem Alkoholkonsum. Eingesperrt mit einer Irren. Jetzt hatte ich endgültig einen Stempel weg. Notorische Ausreißerin, Schulschwänzerin und jetzt auch noch in der Anstalt gelandet.

Ich hämmerte immer noch gegen die verdammte Tür. Nach einer Ewigkeit kam ein Pfleger den Gang entlang. *Na endlich.*

Als er die Tür öffnete, wollte ich an ihm vorbei aus dem Zimmer schlüpfen. Aber er griff mich am Arm, drückte so fest auf mein Handgelenk, dass mir für einen Moment schwarz vor Augen wurde. Er lockerte den Griff etwas, packte mich an der Schulter und schob mich zurück Richtung Bett. Nun wurde ich hysterisch. Das andere Mädchen und ich, wir schrien nun beide um die Wette.

»Ruhig, ganz ruhig, leg dich ins Bett, dann passiert auch nichts.«

Er redete auf mich ein wie auf einen kranken Gaul. Meinte, das sei ganz normal, dass ich jetzt hier sei, alles nur zu meinem Besten. Ich befände mich im Bezirkskrankenhaus Leipzig-Dösen, Abteilung Kinder- und Jugendpsychiatrie. Eine Vorsichtsmaßnahme, mehr nicht, und wenn ich mich kooperativ zeigte, dürfte ich bald nach Hause. Ein Therapeut würde nachher kommen und mit mir darüber reden, warum ich mein Leben hatte »wegwerfen« wollen. »Du bist doch noch so jung! Das wird schon wieder, Mädchen.«

Was wusste der schon! Thorsten hatte mich weggeworfen. Meine große Liebe. *Strohkopf, Strohkopf, hahaha!* Die Worte rauschten in meinen Ohren, es tat weh. Das bisschen Selbstachtung in mir hielt dagegen: *Er ist es nicht wert. Ein Schwein, das dich bei der erstbesten Gelegenheit sitzenlässt.* Die Worte des Pflegers klangen dumpf, wie aus weiter Ferne: »... und wenn der Psychologe dann ... er will dir helfen, weißt du, und dann können ... dich abholen.«

Wer soll mich abholen? Meine Eltern? Na, das würde ein Spaß werden. *Schande! Du hast Schande über dich und uns gebracht! Wie kannst du dein Leben, das dir von Gott gegeben ist, wegwerfen? Das ist Sünde, Mandy, Sünde.*

Nachdem der Pfleger weg war, fiel ich wie ein Kartenhaus in mir zusammen. Ich lag reglos im Bett, heulte und fühlte mich unsagbar einsam. *Du bist ein Nichts. Nein. Hör auf. Alles wird gut. Du bist stark, du schaffst das. Sie wird dich strafen dafür, dass du ihr das angetan hast. Na und? Die soll sich erst mal auf die Reihe kriegen, bevor sie mir Vorhaltungen macht. Aber sie hat ja recht. Nein, hat sie nicht, ich weiß selbst, was gut für mich ist. Eben nicht. Sonst wärst du nicht auf diesen Typen reingefallen.*

So ging das stundenlang. Ich war ein Kind, das in den Arm genommen werden wollte. Und gleichzeitig hätte ich jede Hand, die sich mir entgegenstreckte, weggeschlagen. So verletzt und gedemütigt. Beim ersten Schritt nach draußen, beim ersten Versuch, erwachsen zu sein und eigene Entscheidungen zu treffen, schon auf die Fresse geflogen. Großartig, wirklich. Mist gebaut, mit Ansage.

Das Gespräch mit dem Therapeuten war zäh. Ich bockte, während ich im Inneren so klein war wie selten in meinem Leben. Papa. Wenn Papa jetzt da wäre, der hätte Thorsten die Leviten gelesen, der hätte ihm gezeigt, dass er so was mit mir nicht machen konnte.

Stattdessen kam meine Mutter mit Jakob. Vorwurfsvoller Blick, kühle Distanz. Sie hätte mich hier schmoren lassen, bis ich alt und grau bin. Genau das sagte sie hinterher im Auto auch zu mir. »Die hätten dich da wenigstens mal auf Spur gebracht! Von uns lässt du dir ja nichts mehr sagen. Da siehst du mal, wohin du damit kommst.« Jakob hatte das Gespräch mit der Klinikleitung geführt und die Ärzte davon überzeugt, mich gehen zu lassen. Auf eigene

Verantwortung und mit der Auflage, dass ich regelmäßig einen Psychologen konsultieren sollte.

Aber dazu kam es erst gar nicht. Nach meiner Rückkehr bekam ich erst mal Hausarrest. Die Stimmung war am Boden. Meine Mutter hatte kaum noch ein liebes Wort für mich, sie strafte mich mit Verachtung. Was diese Zeit mit ihr gemacht hat, dafür hatte ich damals keinen Blick. Dass ihre Nerven blank lagen, dass sie sich Sorgen machte, mir das aber nicht zeigen konnte, dass sie ihre Hilflosigkeit hinter Härte versteckte – all das habe ich nicht gesehen. Ich fühlte mich nur missverstanden und abgelehnt. Und war mehr denn je überzeugt davon, dass es besser für alle wäre, wenn ich nicht mehr da wäre. Ein Störfaktor, der wegmusste.

Die Gelegenheit abzuhauen kam schnell. Wir hatten einen Riesenstreit gehabt, die Türen waren geflogen, Jakob hatte zu schlichten versucht, das Weichei. Meine Mutter hatte geheult, ich war nur noch voller Wut. »Ihr wollt mich einfach nicht verstehen, ihr Spießer, ihr könnt mich hier nicht einsperren, versucht's doch!!« Dann war ich an ihnen vorbei und hinaus aus der Wohnung gestürmt.

Im Treppenhaus hielt ich inne und lauschte.

Nichts, nur der Fernseher dröhnte aus der Wohnung nebenan.

Warum kam niemand hinter mir her? Warum hielten sie mich nicht auf? Gleich wirst du die Tür hören, und sie wird mit zitternder Stimme rufen: »Kind, ich hab's nicht so gemeint.«

Vielleicht sollte ich zurückgehen und mich entschuldigen?

Du spinnst doch. Sie hat dich aus dem Haus getrieben, sie ist schuld, jetzt muss sie damit klarkommen, dass du weg bist. Interessiert doch eh keinen. Genau. Geh einfach. Werden schon sehen, was sie davon haben.

Nach dem muffigen Treppenhaus, in dem immer Essens-
gerüche und kalter Rauch hingen, war die Luft draußen
schneidend klar. *Ich hätte die dickere Jacke anziehen sollen.
Und? Wohin jetzt?*

Ziellos lief ich durch die Straßen. Ich könnte bei Lea vor-
beischauen, bei der war momentan auch immer dicke Luft.
Ihre Mutter hatte einen neuen Freund, der ihr das Leben
ziemlich schwermachte. Vielleicht war sie ja trotzdem zu
Hause, und wir könnten eine Runde um den Block machen.

Lea freute sich riesig, mich zu sehen. Wir zogen gemeinsam durch die Stadt, schlenderten durch Einkaufspassa-
gen, gingen in Boutiquen und probierten Sachen an, die wir
uns nicht leisten konnten. Lea hatte sich gerade in ein enges
Oberteil gezwängt, in dem sie einfach toll aussah. Der Blick
auf das Preisschild ließ nur eine Möglichkeit zu. *Sollen wir?*
Mutprobe, was sonst! Wir inspizierten das Teil, außer dem
Preis war nichts weiter dran, kein Summer, nichts. Lea ließ
es an, zog ihren Pulli darüber, und los ging es. Das Gefühl
danach war großartig. Wir hatten's drauf, die anderen waren einfach nur doof. Wir fühlten uns frei, unabhängig, die
Regeln der Spießer galten für uns nicht, es war ein Kinderspiel, sie zu umgehen.

Am Abend trafen wir uns mit Freunden aus der Clique
und betranken uns. Das Leben war schön, ein Rausch, und
wir zwei waren die Helden!

Für die Nacht kamen wir in irgendeiner WG unter, am
nächsten Tag zogen wir wieder durch die Stadt. Schule
war schon länger kein Thema mehr, die Fehlstunden über-
wogen inzwischen. Hat die Schulleitung damals Alarm
geschlagen? Ich weiß es nicht. Haben die Eltern Alarm geschlagen? Auch das weiß ich nicht. Ich weiß nur, dass ich an
einem Wochenende nach Hause ging, weil ich frische Klamotten brauchte und mal wieder in meinem eigenen Bett
schlafen wollte. Ich setzte darauf, dass meine Mutter und

Jakob in Rathendorf sein würden und dass mich niemand erwischen würde. Insgeheim hatte ich vielleicht etwas anderes erwartet. Vorwürfe zwar, aber doch auch Sorge und Freude darüber, dass ich wieder da war.

Ich betrat unsere Wohnung, die Luft schien rein, knipste das Licht im Flur an und ging zu meinem Zimmer. Ich rüttelte an der Klinke, das Scheißding klemmte. Mit der Schulter rammte ich gegen das Türblatt. Das durfte doch nicht wahr sein! Die Tür war abgesperrt. Fassungslos lief ich durch die gesamte Wohnung. Jede verdammte Tür war abgesperrt. *Da siehst du mal, was sie von dir halten. Eine Diebin, sie haben Angst, dass du den blöden Fernseher hier rausträgst und versetzt. Sie sperren dich aus, ein Wunder, dass sie das Schloss noch nicht ausgewechselt haben. Aber was bitte hast du denn erwartet, so wie du dich aufgeführt hast?*

Tja. Was hatte ich eigentlich erwartet?

Ich ging zur Garderobe, pflückte sämtliche Jacken von den Haken, legte sie im Flur auf den Boden und rollte mich darauf ein. Die Tränen liefen mir über die Wangen. Ich habe mich selten so allein gefühlt wie in dieser Nacht. Niemand kam, kein Klacken des Schlüssels im Schloss, selbst der Fernseher des Nachbarn blieb stumm.

Am nächsten Morgen tat mir alles weh. Ich stand auf, hängte die Jacken zurück und ging zur Tür. *Das war's dann wohl. Hier wartet keiner mehr auf mich.*

Ein Scheißgefühl.

Ich hatte Lea versprochen, etwas zu essen und frische Klamotten mitzubringen. Hat nicht so geklappt. Unverrichteter Dinge machte ich mich auf den Weg zu einer Imbissbude, an der wir uns verabredet hatten. Dort und in der angrenzenden Grünanlage lungerten immer ein paar Leute herum, die wir über die Clique kennengelernt hatten und bei denen wir hin und wieder etwas Bier und Zigaretten schnorrten. Als ich ankam, standen Achim und ein paar andere Männer um einen der Stehtische herum. Ich fragte, ob ich mich zu ihnen stellen und auf Lea warten dürfe, bekam ein Bier in die Hand gedrückt und durfte bleiben.

Als Lea kam, wurde sie mit anzüglichen Bemerkungen begrüßt. »Hey, Kleine, wie wär's denn mit uns? Lust auf 'ne Nummer?« Die anderen grölten. Lea reckte das Kinn vor und tat so, als hätte sie die Bemerkung überhört. Sie ließ sich eine Zigarette geben, stellte sich neben mich und blickte keck in die Runde. »Ho! Die hat's drauf, wenn ihr mich fragt! Aus der kann noch was werden.« Wieder Gegröle. Ich blickte unsicher in die Runde. »Also, jetzt mal im Ernst, Mädels. Wollt ihr nicht ein bisschen Geld verdienen? Das geht ganz leicht, ist gar nicht schlimm, da müsst ihr nur die Beine …« Lea zog hastig an ihrer Zigarette. Nein, wollten wir nicht, auch wenn wir gar nicht so genau wussten, worüber die Typen redeten. Wir kicherten, machten irgendwelche blöden Witze und versuchten, unsere Unsicherheit zu überspielen.

Wie froh waren wir, als plötzlich Leas Ex und ein Typ auftauchten, den alle wegen seiner Körperfülle nur Schwarte nannten. Er war jemand, der sich Respekt verschaffen konnte, hatte ein Auftreten, das die anderen verstummen ließ. Markus hingegen war für uns eher wie ein großer Bruder. Ein Kumpel. Ihm erzählten wir freimütig, dass wir schon seit Tagen von zu Hause abgehauen waren und nicht recht wussten, wohin. Markus sah uns mit großen Augen an. Sehr verständnisvoll. »Mädels, ihr seid zu jung für die Straße. Und das hier ist auch nicht der richtige Umgang …« Strafende Blicke in die Runde, die runtergingen wie Öl. Die alten Säcke mit ihren fettigen Bemerkungen, da glotzen sie jetzt aber doof. Er war eben einer, auf den man sich verlassen konnte. Er wusste, dass wir nicht so … so welche waren …

Schwarte, der interessiert zugehört hatte, meinte: »Da hat er mal wieder recht, unser Klugscheißer. Also ... wenn ihr wollt ... ich kenn da jemanden, der kann euch helfen. Der hat ein Auge auf solche Mädels wie euch. Der weiß genau, wie scheiße es daheim sein kann. Und, hey, es wird Winter. Der kann in Leipzig hart sein. Wenn ihr nicht nach Hause zurückwollt, könnt ihr bestimmt da unterkommen. Eine Mädchen-WG, ein sicheres Dach über dem Kopf. Das ist doch besser als auf Platte, oder nicht?«

Das klang verlockend. Mein Magen knurrte. Wie lang hatte ich nichts Vernünftiges mehr gegessen? Schwarte redete immer noch, erzählte irgendetwas von einem Herrn Kugler, der mit seiner sozialen Ader Ausreißerinnen wie uns eine große Chance bieten könne. »Der meint das total ernst ... richtig gut ... und wenn ihr wollt, dann besorgt der euch auch einen Job. Dann müsst ihr nicht mehr in Läden Klamotten abgreifen, dann könnt ihr die einfach so bezahlen ...«

Woher wusste der eigentlich ...? Egal, das klang gut, das klang richtig gut.

Ich blickte zu Markus. Der kannte Schwarte schon länger, zuckte mit den Schultern und sagte: »Ich kenn den Kugler nicht, aber es wird schon passen.«

»... also, wenn ihr wollt ...«

Ich hatte den Faden verloren, das Bier auf nüchternen Magen.

»... dann kann ich gerne ... liegt ganz bei euch.«

Ich sah aus den Augenwinkeln, wie Lea nickte.

»Gut, dann ... Hey, ist die richtige Entscheidung! Bei dem Wetter jagt man keinen Hund auf die Straße. Ich mach das klar, ist das Beste für euch zwei. Ich hol euch ab!«

Damit stand er auf und verschwand.

Einige Stunden später holte Schwarte uns wie versprochen ab.

Mit dem Auto fuhren wir in die Merseburger Straße. Der Wagen hielt vor der Hausnummer 115. Ein Altbau, grau in grau, davor eine Litfaßsäule mit Werbeplakaten und eine knallgelbe Telefonzelle. Schwarte meinte, wir müssten noch einen Augenblick warten, Kugler käme gleich, um uns hereinzulassen.

Tatsächlich fuhr nach einer Weile ein Wagen vor, ein schwarzer Mercedes mit abgedunkelten Scheiben. Wir waren beeindruckt. Das Auto hielt mit aufheulendem Motor auf dem Seitenstreifen. Heraus stieg ein großer, kräftiger Mann mit kurzem Haar, einer schwarzen Lederjacke und Jeans. Wow. Ein cooler Typ. Er gab uns die Hand, stellte sich vor und lud uns ein, mit nach oben zu kommen. Damit wir uns etwas besser kennenlernen konnten, bevor er uns in seine WG aufnahm. Klar, er musste ja sehen, ob wir zu den anderen Mädels passten. Einer, der einem eine Chance gab – das fand ich gut! Wir gingen durch die große, schwere Doppeltür aus dunklem Holz in einen kleinen Durchgangshof. Von dort ging es weiter zum Hinterhaus und über eine Treppe nach oben. Es war kühl, und unsere Schritte hallten nach oben. Ich dachte mir noch, wie schön das Treppengeländer in diesem ansonsten eher unscheinbaren Haus war, mit gedrechselten Stäben und einem perfekt geschwungenen Handlauf versehen. Das hätte Papa gefallen.

Der Eingang zur Wohnung befand sich vom Treppenhaus gesehen auf der rechten Seite; an der grauen Flügeltür hing ein schlichtes Schild mit dem Schriftzug »Jasmin«.

Kugler nickte uns verschwörerisch zu, dann öffnete er die Tür.

Böses Erwachen

Unbewusst der dunklen Tage
Unbewusst kommender Qual
Bis heute ich Dämonen jage
Denn sie ließen mich nie los

Wir traten in einen Flur mit Garderobe, rechts ging es ins Bad, am Ende des Flurs in die Küche. Die Wohnung wirkte auf den ersten Blick sehr gemütlich und war aus meiner Sicht eher modern eingerichtet. Ein Altbau, aber keine verstaubten Oma-Möbel. Das Wohnzimmer auf der linken Seite betrat man durch einen bunten Kugelvorhang, dahinter öffnete sich ein quadratischer Raum mit zwei Fenstern, vor denen roséfarbene Rollos hingen. Rechts an der Wand stand eine große, pyramidenförmige Vitrine aus schwarzem Holz mit allerlei Nippes. Davor befand sich eine pastellfarbene Sitzgruppe mit Couchtisch. Nett, wie ich fand.

Kugler forderte uns auf, Platz zu nehmen. Lea und ich verschwanden fast in dem plüschigen Sofa. Schön weich war es, irgendwie kuschelig. Als Nächstes stellte er uns unsere neuen Mitbewohnerinnen vor: »Alles Mädels wie ihr, die hier ein neues Zuhause gefunden haben. Die ich von der Straße aufgelesen habe!«

An diesem Abend wurden uns Trixi, Jasmin und Ines vorgestellt. Jasmin war die Älteste, sie musterte uns kritisch, wirkte aber ganz sympathisch. Trixi und Ines schienen in unserem Alter, auch sie wirkten nicht gerade begeistert über den WG-Zuwachs. Vor allem Trixi reagierte zurückhaltend und etwas arrogant. Aber Kugler ließ sich nicht beirren und verwies sie nach diesem etwas kühlen Empfang aus dem Raum. »Heute geht es um euch, erzählt doch mal …«

Und wir erzählten. Ich erzählte von meiner Schwester, mit der ich mich nur noch stritt und die mir das Leben schwermachte, seit wir uns nach unserem Umzug in die Stadt ein Zimmer teilen mussten. Dass meine Mutter schon wieder einen Neuen hatte, obwohl mein Vater kaum unter der Erde war und dass mich mein Freund betrogen hatte. Dass ich versucht hatte, mich deswegen umzubringen, und dass meine Mutter in ihrem religiösen Wahn überhaupt kein Verständnis dafür gehabt hatte. Dass sie mich aus dem Haus getrieben hatte mit ihrer Kontrolle und ich überhaupt schon ganz gut allein klarkäme. Ich brauchte sie nicht, diese spießigen Erwachsenen mit ihren Regeln, ich sei alt genug und bla, bla, bla. Grundnaiv und ohne jede Ahnung war ich, aber ich fühlte mich für voll genommen. Da hörte mir einer zu, der nicht gleich tadelnd sagte: »Das geht aber nicht, du musst in die Schule, ein Abschluss ist wichtig, was soll denn sonst aus dir werden?« Werden?! Ich war bereits, warum sah das eigentlich keiner?

Dieser Mann, den ich vorher noch nie gesehen hatte, nahm mich ernst. Das war unglaublich. Und die, die vorgaben, mich zu kennen, hatten mich nie ernst genommen. Hatten irgendetwas geschwallt von Lernen und Entwicklung und von Glauben und Sünde.

Ausgerechnet ihm vertraute ich mich an und gab ihm die Instrumente an die Hand, die er nachher nach Belieben einsetzen konnte. Lea tat das Gleiche.

Kugler hörte uns zu, nickte einfühlsam oder vermeintlich empört über das Versagen unserer Familien. »Wie können die nur? Ihr seid doch so tolle Mädels, so zerbrechlich, da kann man doch nicht … Also, ich hätte ganz anders …« Er sagte uns, dass wir hier in der Merseburger Straße wie eine große Familie seien, in der jeder für den anderen da sei, alle aufeinander aufpassen würden. Sicher, ein paar Regeln gäbe es auch hier, aber die seien für jede nachvollziehbar, sie seien einfach wichtig, um das Zusammenleben zu organisieren.

Ich dachte an so etwas wie Abspülen, Putzen und Einkaufen.

Kugler fragte uns, ob wir Drogen nehmen würden, und machte uns deutlich, dass er das nicht dulden würde und dies ein Grund sei, uns vor die Tür zu setzen. Auch das fand ich gut. Drogen machten einen kaputt. Also harte Drogen. Ich wollte schließlich nicht so enden wie meine Mutter, aber die hatte es ja auch nicht im Griff. Die war ja kaputt. Ich nicht.

Als er uns nach einer Weile etwas zu trinken anbot, griffen wir zu. Erwachsene dürfen trinken. Der Typ war einfach nur cool, der nahm uns wirklich ernst.

Das Nächste, was ich wahrnahm, war eine gewisse Benommenheit. Die Schrankpyramide gegenüber wurde größer und größer, das Plüschsofa unter mir wurde noch weicher, alles um mich herum versank. Ich sah noch, wie Kugler grinsend Schwarte zunickte, danach war nichts mehr. Nur wohlige Wärme und eine große Leere.

Als ich wieder zu mir kam, war mir kalt. Benommen streckte ich meine Hand nach einer Decke aus. Da war aber nichts. Mir war übel, ich musste mich aufsetzen.

Wo war ich überhaupt? Mühsam rappelte ich mich hoch. Nur langsam nahm der Raum um mich herum Konturen an. Ein Couchtisch mit hellen Kacheln, mehrere Gläser mit Resten drin. Eine angebrochene Packung mit Crackern, Partymischung. Am anderen Ende des Sofas lag Lea. Nackt? Wieso hatte sie nichts an? Ich verspürte ein Ziehen im Unterleib. Was sollte das denn jetzt? Meine Tage hatte ich doch erst gehabt? Wahrscheinlich zu viel getrunken gestern, würde auch die Übelkeit erklären. Es dauerte eine Weile, bis ich begriff, dass ich genauso wie Lea auf dem Sofa lag. Ich hatte nichts an, meine Klamotten waren nirgends zu sehen.

Scheiße, was sollte das bedeuten? Ich stand auf, jede Bewegung tat weh, und taumelte in den Flur. Trixi kam mir entgegen.

»Wo sind denn unsere Sachen? Mir ist kalt. Ich will mir was anziehen.«

»Deine Klamotten sind weg.«

Wie, weg?

»Hier im Schrank, da sind deine neuen Sachen.«

Ich sah sie verstört an.

Trixi deutete mit dem Kinn auf einen Einbauschrank. »Mann, du bist wirklich schwer von Begriff, oder?« Sie packte mich am Handgelenk, zog mich zum Schrank und riss eine der Schubladen auf. »Hier! Bedien dich!«

Ich prallte zurück. Das konnte sie nicht wirklich ernstmeinen. Die Sachen waren eindeutig. Pornokram. Nuttenzeug. Wie in dem Film, den Thorsten mir mal gezeigt hatte. »So geht das, Baby, so. Das ist geil.« Meine rosarote Teenie-Brille hatte an diesem Abend erste Sprünge gekriegt. Ich wollte den Prinzen, der mich aus meinem Turm holte, und keinen, der sich an vollbusigen Frauen in Strapsen und Rüschenzeugs ergötzte. Als ich mich weigerte, hatte er mir eine geknallt. Und hinterher gesagt: »Kleine, besser du lernst es von mir als von einem, der dich nicht liebt. Und ich lieb dich, echt.«

Trixi nahm ein Höschen aus der Schublade und sagte: »Zieh das an! Mach schon. Er wird gleich da sein, und dann müssen wir fertig sein. Sonst flippt er aus. Und nimm gleich was mit für deine kleine Freundin.«

»Du spinnst ja! Ich zieh das nicht an, niemals!«

Der Satz schwebte sekundenlang zwischen uns, keine

63

rührte sich. Totenstille. Ich starrte auf den Fetzen, den sie mir hinhielt. »Los jetzt! Was glaubst du eigentlich, wozu ihr hier seid?« Sie musterte mich abschätzig von oben bis unten. Ich war nackt, aber ich fühlte mich unter ihrem kalten Blick nur noch nackter. Taxiert, hilflos. Wie eine Lawine erfasste mich die Gewissheit, was das für eine WG war. Ich weiß nicht mehr, ob Trixi noch hinterhergeschoben hat, dass wir zum »Anschaffen« da seien, oder ob ich das selbst realisiert habe. Mein Herz raste, ich zitterte am ganzen Körper. Lea. Ich musste Lea wecken, diese Kuh irgendwie ablenken, und dann raus hier. »O. k., ich zieh mich an. Und ich hab Durst. Kannst du mir was zu trinken bringen?«

Trixi verschwand augenrollend in der Küche, während ich eilig in irgendeinen kurzen Rock schlüpfte und ein Oberteil überstreifte. Schwarz mit Glitzerzeug vorne drauf. Als Nächstes versuchte ich, Lea zu wecken. Ich packte sie an den Schultern, rüttelte sie, aber jedes Mal, wenn ich dachte, sie wäre endlich da, rollte sie nur mit den Augen und sackte wieder weg.

Los jetzt, wir müssen hier raus!

Nur mit Mühe bekam ich sie auf die Füße, drückte ihr die Klamotten in die Hand und zischte immer wieder: »Beeil dich!!« Sie glotzte mich mit großen Augen an, reagierte aber wenigstens.

Lea war fast angezogen, als Trixi aus der Küche zurückkam. In der Hand ein Glas Limonade. Sie knallte das Glas auf den Couchtisch und sah mich wütend an. »Was soll der Scheiß?«

»Geh uns aus dem Weg!«, fuhr ich sie an. Ich hatte Lea an der Hand gepackt und drängte mich an Trixi vorbei auf den Flur.

»Das dürft ihr nicht!« Sie war völlig panisch.

Lea fing an zu heulen. »Mandy, was ist denn jetzt? Ich will gehen. Ich will nach Hause. Können wir gehen? Bitte!«

Der Lärm hatte die anderen Mädchen aufgeschreckt. Jasmin trat auf den Flur. Sie musste eine harte Nacht gehabt haben, dunkle Augenringe, verschmierter Kajal. Mit ausdrucksloser Stimme sagte sie zu Trixi: »Lass sie doch gehen! Wenigstens zwei, die aus der Scheiße hier rauskommen.«

Trixi starrte sie wütend an. »Du tust dich leicht. Du hast das ja schon hinter dir, du musst das ja nicht mehr ausbaden! Wenn die weg sind, schlägt er mich tot, nicht dich. Du bist ja was Besseres inzwischen!« Heute weiß ich, dass Trixi in diesem Moment tatsächlich Todesangst hatte. Sie war dafür verantwortlich, dass die »Neuen« keine Dummheiten machten.

Jasmin ging an uns vorbei und ließ sich auf das Sofa fallen. Trixi machte einen Schritt, um ihr hinterherzugehen, dann erstarrte sie plötzlich. Aus der Küche hörte man Geschirr klappern. »Still, seid doch mal still!« Ihre Stimme überschlug sich fast. Unten im Haus fiel eine Tür ins Schloss, Schritte hallten durchs Treppenhaus.

»Er kommt!« Trixi stürzte an uns vorbei, warf sich regelrecht auf das Sofa und tat so, als sei nichts geschehen.

Die Panik, die ich in ihren Augen sah, übertrug sich in Sekundenschnelle auf mich.

Ein Schlüssel wurde ins Schloss geschoben, es knackte, dann ging die Tür auf.

Jetzt oder nie. Ich zog Lea nach vorne und wollte mich an Kugler vorbeiquetschen. Aber er riss seinen Arm so schnell nach oben, um uns den Weg zu versperren, dass ich dagegenprallte.

»Wohin?« Kugler lächelte uns kalt an.

»Wir wollen jetzt gehen.« Ich zerquetsche vor Aufregung fast Leas Hand.

»Dann geht!« Er trat einen Schritt zur Seite und machte eine einladende Geste. Nur den Arm nahm er nicht herunter. »Ihr müsst ja wissen, was ihr tut, ich will euch nicht aufhalten.« Wie eine Bulldogge stand er in der Tür.

Ich berührte seinen Arm, zögernd, darum bittend, dass er ihn herunternahm. Ganz langsam ließ er den Türstock los. Er fixierte mich mit seinen Augen, registrierte jede Regung von mir. Ich hielt den Blick nicht länger aus, sah zu Boden und sagte leise: »Danke.« Dann machte ich einen Schritt nach vorne.

Ich weiß nicht mehr genau, was dann als Erstes passierte. Ob ich Leas Schrei hörte oder zuerst seine Hand in meinem Genick spürte. Alles ging rasend schnell. Wir waren fast schon im Treppenhaus, an ihm vorbei durch die Tür, als mich ein eiserner Griff zurückkriss.

»Du Nichts. Du mieses Stück, so leicht kommst du mir nicht davon. Mir nicht. Dir werd ich zeigen, was passiert, wenn man sich mir in den Weg stellt.« Mein Herz raste. Keines der anderen Mädchen war mehr zu sehen.

Mit dem Fuß trat er die Tür zu. Der Teufel zeigte seine Fratze. Der Mann, dem wir uns noch tags zuvor anvertraut hatten, der so verständnisvoll auf unsere Probleme reagiert und einen auf heile Familie gemacht hatte, schmiss mich wie ein dreckiges Handtuch einfach in den Flur. Mit dem Ellenbogen knallte ich gegen die Wand. Noch ehe ich mich aufrappeln konnte, war er wieder über mir.

»So läuft das hier nicht!«, brüllte er immer wieder. »So nicht!«

»Autsch. Du tust mir weh, bitte, es tut weh.« Völlig bescheuert sagte ich immer wieder: »Lass uns reden, bitte, wir wollten ja gar nicht … lass uns einfach reden.« Ich wollte nur, dass er uns zuhörte. So nett war, wie gestern noch. So verständnisvoll. »Es tut mir leid. Es ist nur …«

Er packte mich, riss mich nach oben und bog meinen Kopf nach hinten. »Was tut dir leid?«

Sein zentnerschwerer Körper presste mich gegen die Wand. Ich versuchte, ihn wegzuschieben. Er griff meine Hand und knallte sie gegen den Türstock. Es tat scheißweh, ich kämpfte mit den Tränen. Seine Knie drückten meine Beine auseinander, ich verlor das Gleichgewicht und rutschte nach unten. Kugler fing mich auf, mein Kopf sackte gegen seine Brust. Der Geruch, der von ihm ausging, sollte mich viele Jahre verfolgen. Schwitzig, warm und eklig. Er atmete schwer und schnell.

Immer wieder flehte ich, dass er aufhören, mich loslassen solle, ich winselte regelrecht, aber er drückte nur noch fester zu. Dieses Schwein, ich wollte, dass er mich losließ. Mit der letzten Kraft, die ich noch hatte, biss ich ihn in die Hand. Er jaulte kurz auf, lockerte seinen Griff und packte dann nur umso fester zu. Mit dem Kopf schlug ich gegen den Türrahmen. Meine Beine gaben nach, sein Schnaufen wurde leiser, wie in Zeitlupe rutschte ich auf den Boden. Das Letzte, was ich sah, war Lea, die auf allen vieren ins Wohnzimmer kroch. Dann war ich einen Moment lang weg.

Als ich wieder zu mir kam, sah ich Kugler auf Jasmin einreden. Mein Schädel flog fast weg, mir war kotzübel. Das Nächste, an das ich mich erinnere, ist, dass Jasmin mich zum Aufstehen bewegen wollte.

»Steh auf, Mandy, los, du machst ihn nur noch wütender! Bitte, steh auf jetzt.« Sie griff mit beiden Armen unter meine Achseln und zog mich hoch. Ich konnte mich kaum auf den Beinen halten. Ich hatte Nasenbluten, nahm alles nur verschwommen wahr. »Tu, was er sagt, hörst du, sonst bist du dran«, flüsterte sie. Sie strich mir über den Kopf, wischte mir den Schnodder aus dem Gesicht und versuchte mich zu trösten. Wie ein kleines Kind. »Schschscht, es ist bald vorbei. Wenn du mitmachst, ist es bald vorbei.«

Mit zitternden Beinen stand ich im Flur, keinen halben

Meter von mir entfernt war die Haustür. Selbst wenn ich gewollt hätte, ich wäre nicht in der Lage gewesem, auch nur die Hand nach der Türklinke auszustrecken. Ich war nur noch Angst. Jasmin versuchte, mich zu stützen, so gut es ging. Kugler beobachtete uns, mit seinem massigen Körper lehnte er in der Tür zum Wohnzimmer. Gelangweilt, ohne jede Regung. Doch dann ging ein Ruck durch ihn, er hatte eine Entscheidung getroffen. Kugler kam auf uns zu, stieß Jasmin zur Seite und schlug mir ins Gesicht. Es brannte höllisch, die Wärme breitete sich wellenförmig über die Haut aus.

An diesem Tag vergewaltigte er mich das erste Mal.

Ich schrie, ich wimmerte, ich flehte ihn an, aber er hörte nicht auf. Als würde er mich gar nicht hören, als sei ich lästiges Ungeziefer, das man zertreten muss. Bis ich keinen Mucks mehr von mir gab. Seine Hand umschloss meinen Hals und drückte mir die Luft ab. Je mehr ich mich wand, umso fester wurde sein Griff. Mit der anderen Hand riss er mir das Oberteil herunter. Ich versuchte aus Leibeskräften, es festzuhalten, ich schrie und schlug um mich. Meine Fingernägel bohrten sich in seinen Arm, es schien ihn gar nicht zu stören.

Immer wieder schlug er auf mich ein. Blut sickerte mir in den Mund. *Ich muss kotzen.* Als ich anfing zu würgen, ließ er für einen Moment von mir ab. Auf allen vieren kroch ich in die Ecke zwischen Wand und Wohnungstür, zog die Beine an und umklammerte sie mit meinen Armen.

Eine Scheißidee.

Er hatte leichtes Spiel.

»Komm schon! Du machst alles nur noch schlimmer!«

Sein Gesicht war dicht über mir. Dieser widerwärtige Geruch, diese verdammten Augen. Das Keuchen. Ich hatte das Gefühl zu ersticken, in meinem Kopf brummte es, Tausende von Hummeln summten. Er kniete sich auf mich, presste mich mit seinem ganzen Gewicht nach unten. Mit der Hand packte er mir wieder an den Hals. Je mehr ich mich wehrte, umso fester drückte er zu. Meine Arme wurden immer schwerer, ein hilfloses Trommeln gegen seinen massigen Oberkörper, das mir mehr weh tat als ihm.

Und dann wurde ich plötzlich ganz ruhig. Ich gab auf. Mein Körper war wie gelähmt, ich konnte mich nicht mehr bewegen. Selbst mein Blick, der eben noch panisch hin und her geirrt war, wurde nun starr. Ich heftete ihn an einen Punkt an der Decke. Alles ist mit einem Mal ganz weit weg. Das Klacken der Gürtelschnalle, das Ratschen des Reißverschlusses, das Keuchen seines Atems. Wie durch einen schweren Vorhang, der alles dämpft. Ich spüre nichts. Meine Gedanken tragen mich davon in eine andere Welt, und die Zeit um mich herum bleibt stehen. Diffuses, warmes Licht, Geborgenheit, honigsüß und heil. Kinderlachen. Guck mal, Papa! Ich kann Fahrrad fahren! Auf einem rot lackierten Rad mit einem Bananensattel umkurve ich ihn. Noch etwas wackelig, aber ohne zu fallen.

Ohne zu fallen.

Ich weiß nicht mehr, wie lange dieser Schwebezustand anhielt. Das Erste, was ich spürte, war, dass mir Tränen in die Ohren rannen. Kühle Tropfen, gleichförmig, Zeit verrinnt. Der Boden unter mir war hart und kalt. Irgendwann ließ er von mir ab. Stand auf, als sei nichts gewesen.

»Hör auf zu flennen. Geh ins Bad und mach dich sauber.«

Wie betäubt blieb ich hocken. In diesem Moment wäre ich am liebsten tot gewesen. Meiner Würde beraubt, kaputt. Es wäre besser gewesen, wenn meine Taubheit angehalten hätte. Zu begreifen, was gerade mit mir passiert war, war die Hölle.

»Hast du nicht gehört?«

Mit zitternden Fingern griff ich nach meinem Oberteil und zog mich an der Wohnungstür nach oben.

Kugler war ins Wohnzimmer gegangen und hatte sich in einen Sessel gefläzt. »Gestern Abend haste dich aber nicht so angestellt«, rief er mir hinterher, als ich ins Bad ging.

Gestern Abend haste dich aber nicht so angestellt. Die Worte hallten in meinem Kopf nach. Ich sah in den Spiegel. Er fände es richtig schlimm, hatte er gesagt, dass so nette Mädchen wie wir kein Zuhause hätten. »Auf der Straße! Das geht doch nicht. Dafür seid ihr viel zu jung. Also wenn ihr meine Töchter wärt …« Sein Problem sei, dass er einfach zu gut sei, Mitleid habe mit solchen wie uns. »Und wo hat mich das hingebracht?« Er hatte mit einer ausladenden Geste in die Runde gelacht. »Jetzt hab ich einen ganzen Stall voll Mädels, die mir auf der Tasche liegen! Aber ist ja für eine gute Sache.«

Ich konnte meinen Anblick im Spiegel nicht ertragen. Mit dem Waschlappen scheuerte ich so lange über meine Haut, bis alles feuerrot war. Als könne ich den Schmutz abwaschen, die Erniedrigung, das, was er mir angetan hatte.

Es dauerte eine Ewigkeit, bis ich mich aus dem Bad traute. Ich stand im Flur und sah zur Haustür. Eines der anderen Mädchen huschte in die Küche.

Wo ist eigentlich Lea?

Kugler winkte mich ins Wohnzimmer. »Setz dich mal zu mir. Du weißt doch hoffentlich, dass ich dich bestrafen musste, oder?«

Ich wusste gar nichts.

»Ich habe euch gestern hier aufgenommen, aus der Gosse geholt, und zum Dank wollt ihr abhauen? Umsonst gibt es hier nichts. Wir hatten eine Abmachung. Ich hab mich auf euch verlassen!«

Was für eine Abmachung? Ich blickte ihn unsicher an.

»Willst du mir jetzt weismachen, du weißt davon nichts mehr? Wer keine Kohle für die Haushaltskasse hat, muss dafür was tun! Ist nur fair, ich bin nicht die Heilsarmee. Anschaffen, verstehst du? Auf'n Strich gehen. Und ihr habt zugestimmt.«

Ich starrte ihn an, dann brach es nur so aus mir heraus. Ich war so geschockt und wütend, dass ich kaum meine eigene Stimme erkannte. Ich schrie ihn an, dass ich so etwas niemals tun würde und mich nie und nimmer auf so einen Deal eingelassen hätte. Niemals!

»Willst du behaupten, ich lüge?«, herrschte er mich an und sprang auf. Ich zuckte zusammen und hob abwehrend den Arm. Die Hände auf die Lehnen meines Sessels gestemmt, sah er mich durchdringend an. »Na? Was ist?«

Ich war so voller Angst, dass ich seine Frage verneinte. Wir würden ja alles tun, was er von uns verlangte, nur solle er bitte, bitte nicht mehr wütend sein und mir nicht wieder weh tun.

Kugler schnaubte laut durch die Nase, strich mir über den Kopf und setzte sich wieder. »Dann ist ja alles klar.«

Jasmin

Eine einfache Tür, meine Höllenpforte
Pandoras Büchse wurde geöffnet mir
Hineingetaucht und leer der Worte
Gehalten und gefangen wie ein Tier

Lea und ich sollten auf der Straße arbeiten, auf einem bestimmten Abschnitt in der Lütznerstraße. Kuglers Revier. Den »Luxus«, in der warmen Wohnung »arbeiten« zu dürfen, den müssten wir uns erst verdienen. Es sei ganz einfach: Wenn ein Wagen hielt, sollten wir fragen, was der Fahrer wollte. Die Details sollten uns die anderen Mädchen erklären. Französisch gab's für fünfzig Mark, das volle Programm für hundert, alles nur mit Gummi. Sonderwünsche kosteten extra. Französisch sollten wir gleich an Ort und Stelle machen, bei Geschlechtsverkehr sollten wir unseren Aufpassern ein Zeichen geben. Sie würden dann entscheiden, ob wir zu einem ruhigen Plätzchen fahren oder den Kunden in die Merseburger Straße lotsen sollten. Pro Woche müssten wir tausend Mark bei ihm abliefern – »um meine Kosten zu decken«, wie er sagte. Wenn wir mehr verdienten, dürften wir den Rest für uns behalten. Und wenn wir fleißig sparen würden und dreitausend Mark zusammenhätten, könnten wir uns »freikaufen«. »Wenn ihr das dann noch wollt. So einfach kommt ihr nie wieder zu Kohle, das haben die anderen auch ganz schnell gemerkt. Keine ist bislang gegangen …« Wenn wir den Wochenbetrag nicht zusammenbekämen, sei das nicht weiter schlimm, der fehlende Betrag würde uns einfach als Restschuld auf die nächste Woche übertragen. Alles ganz transparent, alles ganz fair.

»Aber das Wichtigste …«, er beugte sich nach vorne und sah uns eindringlich an. »Kein privates Wort mit den Kunden, kein Wort über euch, wer ihr seid, wo ihr wohnt. Und vor allem nicht über euer Alter. Wenn jemand fragt, seid ihr achtzehn. Ich allein entscheide, wann ihr euer richtiges Alter nennt und wann nicht.«

Es war eher ein Befehl als eine Erklärung.

Damit wir nicht auf dumme Gedanken kämen, würde er hin und wieder ein paar Testkunden zu uns schicken, seine Leute, und von denen gebe es eine Menge. Fluchtversuche seien zwecklos. Wir würden jeden Tag in einem Wagen zur »Arbeit« gebracht werden, seine Männer würden uns nicht aus den Augen lassen und am Ende auch wieder »nach Hause« bringen. »Ich will ja nicht, dass euch etwas passiert!«

Falls wir doch Blödsinn machen würden, hätten alle die Konsequenzen zu tragen. Wenn er uns in die Finger bekäme, würden wir uns wünschen, diesen Tag nie erlebt zu haben.

»Aber wenn ihr euch an die Regeln haltet und schön brav seid, kommen wir sicher bestens miteinander aus.«

Amen. Kuglers zehn Gebote. Im Namen der Gewalt, des Missbrauchs und der Schändung. Ich knetete die ganze Zeit über meine Finger, bis die Knöchel weiß hervortraten. Das musste ein böser Traum sein, aus dem ich jeden Moment aufwachen würde. Der Wert eines Menschen bemaß sich für Kugler in der Summe von dreitausend Mark. »Freikaufen« hatte er gesagt, als hätten wir eine Schuld bei ihm abzutragen. Die einzige Schuld, die wir hatten, war unsere Naivität gewesen. Auf der Suche nach einem Schlafplatz in einem Puff gelandet. Was sonst sollte diese Wohnung sein? Aber was wusste ich schon, ein Bordell kannte ich nur aus dem Fernsehen. Da gab es grellbunte Leuchtreklamen,

73

blinkende Herzchen, die Läden hießen »Eros-Center« oder »Pussy-Club«. Das hier war eine stinknormale Wohnung in einem stinknormalen Wohnhaus. Für mich ging das alles nicht zusammen. Die Nachbarn mussten doch mitkriegen, was hier abging. Acht Wohnungen, acht Parteien, Leute mit Kindern, die über Monate hinweg schwiegen.

Nachts war es schon immer wieder sehr laut, Türen flogen, Männer grölten. Aber beschwert haben wir uns nie. Und eine andere sagte: *Die Mädchen kamen mir schon sehr jung vor. Aber ich wollte mich nicht einmischen.* Das stand am 12. Februar 1993 in der Zeitung.

Kugler rief Trixi und Jasmin ins Wohnzimmer und gab ihnen Anweisungen. Was wir anzuziehen hätten, dass sie mit uns üben sollten, auch was Sonderwünsche anging. »Die beiden sind ja noch frisch ... Ihr seid mir dafür verantwortlich, dass alles klargeht.« Jasmin nickte und musterte uns von oben bis unten. »Ich verlass mich auf euch!«

Draußen auf dem Flur kam es zu einem kurzen Wortwechsel mit Trixi. Ich konnte nicht hören, worum es ging, ich sah nur, wie er ihr plötzlich fest ins Gesicht schlug. Während ich zusammenzuckte, verzog sie keine Miene. Dann klappte die Tür hinter ihm ins Schloss. Im Treppenhaus hörten wir ihn pfeifen. Danach war Stille. Lea und ich hockten auf dem Plüschsofa und rührten uns nicht. Ich weiß nicht, ob wir damals schon realisierten, was das alles bedeutete. Zu absurd war die ganze Situation, ich hätte beinahe angefangen, hysterisch zu lachen. »Steig nie in ein fremdes Auto, hörst du? Nimm keine Bonbons von unbekannten Männern an!« Das hatte Mutter uns immer eingebläut. Warum, haben wir als Kinder nie so recht verstanden. Und hier gab's noch nicht mal Bonbons! *Scheiße, gleich war ich wirklich drüber.*

*

74

Zwanzig Jahre später sitze ich in meinem Arbeitszimmer und ringe mit jedem Wort. Meine Hand zittert, während ich versuche, meine Gedanken festzuhalten. Seit Jahren begleiten sie mich auf Schritt und Tritt. Sie verfolgen mich nachts in meinen Träumen, sind da, wenn ich ein bestimmtes Geräusch höre, einen bestimmten Geruch wahrnehme. Flashbacks nennt mein Therapeut diese Situationen, die mich wie aus dem Nichts überfallen. Wenn man den Dingen einen Namen gibt, kann man sie besser beherrschen, sagt er. Die Angst und der Ekel bleiben. Genauso die Fassungslosigkeit, das Gefühl des Ausgeliefertseins. Die Dinge des Alltags türmen sich vor mir auf wie ein unüberwindlicher Berg. An der Supermarktkasse lasse ich alles stehen und liegen, weil ich dieses Parfum rieche. Der Geruch meines »Stammfreiers«. Ich stürze aus dem Laden, sitze zitternd im Auto, blicke immer wieder panisch in den Rückspiegel. Er wird gleich da sein. Sei froh, dass er gekommen ist, nicht einer von den anderen. Der nette Heinz. Manchmal stehe ich Stunden auf dem Parkplatz, schreie und heule, unfähig, den Motor zu starten. Aber es ist besser als früher. Früher, wenn mich diese Flashbacks gepackt haben, war ich völlig weggetreten, abgetaucht in einen Dämmerzustand. Manchmal blutete ich hinterher, hatte mir mit einem Messer oder einer Schere selbst eine Verletzung zugefügt. Damit ich etwas anderes spürte als nur diesen einen Schmerz.

»Autoaggression«, sagt mein Therapeut, »das ist ganz normal. Ein Ventil, Mandy, um nicht in der Gegenwart an der Vergangenheit zu zerbrechen.«

Wenn ich wieder an die Oberfläche kam, fühlte ich mich völlig schutzlos. Ein kleines Mädchen, in die Ecke gekauert, auf den nächsten Schlag wartend. Mein Kopf sagte mir, es ist vorbei, es kann dir nichts mehr passieren. Mein Bauch sagte mir, es ist nie vorbei. Nicht zur Ruhe kommen, bloß nicht nachdenken, lenk dich ab. Wenn du nur erschöpft genug bist, kannst du auch schlafen.

Wird es wirklich jemals vorbei sein?

*

Die Lütznerstraße ist an der Stelle, an der in den Neunzigern der sogenannte Babystrich war, vierspurig. Kopfsteinpflaster, das an manchen Stellen notdürftig mit Teer ausgebessert war. In der Mitte verliefen die Straßenbahnschienen. Kuglers Revier befand sich vor einer kniehohen Backsteinmauer mit einem verschnörkelten Eisenzaun drauf. Jeden Tag wurden Lea und ich, manchmal auch Ines, hierhin gebracht. Die Wagen mit unseren Aufpassern parkten auf der anderen Straßenseite. Bei Bedarf wendete einer und klemmte sich hinter das Auto des Freiers.

In den ersten Tagen weigerte ich mich, in irgendeinen der Wagen zu steigen, die vor mir hielten. Ich ekelte mich, hatte Angst vor dem, was sie von mir wollen könnten. Ich ging zwar zum Bordstein, beugte mich auch durch die heruntergekurbelte Scheibe ins Innere, machte dem Freier aber deutlich, dass ich kein Interesse hätte. Hin und wieder kassierte ich dafür eine Beschimpfung, die meisten zogen aber tatsächlich wieder ab und stoppten ein paar Meter weiter. Am Ende unserer »Schicht« stellte mich Rainer zur Rede. Ich sagte, aus der Nähe betrachtet sei ich doch nicht ihr Typ gewesen, sie hätten das Interesse verloren und seien eben weitergefahren.

Die Masche zog nicht lange. Nach ein paar Tagen ohne einen Pfennig Geld, den ich Kugler hätte abliefern können, gab es Prügel. Entweder erledigten das Rainer und Ludwig gleich im Auto, oder sie kündigten mir Kuglers »Besuch« an. »Warte Schätzchen, wenn der dich in die Finger kriegt. Du glaubst wohl, du bist besonders schlau, was? Der Chef ist ja nicht doof. Der wird dir schon Bescheid stoßen, wie das hier läuft.«

An einem Abend zitierte mich »der Chef« zu sich. »Mandy, was ist denn los mit dir? Ich kann gar nicht glauben, dass keiner dich haben will. So wie du aussiehst! Na, komm mal her zu mir.« Er zog mich auf seinen Schoß. »Du hast ja keine Ahnung, was da draußen los ist. Wenn du wüsstest, wie gut du es bei mir hast. Also, ich könnte dir da Sachen erzählen, wie andere ihre Mädels auf Spur bringen …«

Ich fing an zu heulen und sagte wie eine kaputte Schallplatte immer wieder: »Ich kann das einfach nicht, ich kann es nicht, es ist so …«

Mag sein, dass ich auf Verständnis gehofft hatte, auf eine Absolution von Kuglers Gnaden. Auf den Satz: Dann machst du eben den Haushalt, ist schon in Ordnung. Aber genau wie am ersten Tag legte er von einer Minute zur anderen seine Maske ab. Seine Stimme wurde schneidend kalt. »Dann wirst du es lernen!«

Ich war vollkommen unvorbereitet, als er mich in den Sitz drückte, seine Hose öffnete und mir sein Glied so heftig in den Mund stieß, dass ich keine Luft mehr bekam und mir der Inhalt meines Magens in die Nase schwappte.

»Das hast du ganz allein dir zuzuschreiben, dir allein! Die anderen Mädchen haben das schneller begriffen.«

Während der ersten Zeit im Jasmin zwang er mich immer wieder zu sexuellen Handlungen, er vergewaltigte mich, demütigte und schlug mich, wann immer er es für »angebracht« hielt. Wie ein störrisches Stück Vieh, bei dem kein gutes Zureden mehr half, sondern nur noch Gewalt. Irgendwann hörte ich auf, die Schläge zu zählen. Sie verschwanden hinter einem Schleier aus Taubheit und innerer Leere. Hinter einer Wand, die dicker wurde, je länger es dauerte. Am Anfang war diese Wand aus nicht viel mehr als

77

aus Japanpapier, durchscheinend, mit einem Hieb zu durchdringen. Das Schwein konnte mich sehen, meine Angst, das eingesunkene Häuflein Ich dahinter. Später hatte ich eine Betonmauer um mich herumgezogen, durch die er nicht mehr durchkam. An der er sich die Fäuste blutig schlug. Aus der ich aber auch nicht mehr herauskam. Mein Köper war die Mauer, an der mit der Zeit alles abprallte. Ein Stück Fleisch, mehr nicht.

Kugler sagte hinterher: »Mädchen, die nicht funktionieren, kosten nur Geld und werden beseitigt.«

Ich wollte gar nicht wissen, was er damit meinte. Aber der Satz hängt mir bis heute nach. Ein Stück Fleisch. Wenn es den Kunden nicht schmeckte, weg damit. Irgendwo in den Graben, merkt ja keiner. *Zwei der Mädchen waren stadtbekannte Ausreißer*, wie es später in der Presse hieß – tragisch irgendwie, aber was will man da schon erwarten? Der Weg war ja doch vorgezeichnet.

War er das?

Ich verlor den Weg, den ich bis dahin in meinem Leben zurückgelegt hatte, zunehmend aus den Augen. Wenn ich im Bad stand, mir die Wimpern tuschte und Lidschatten auftrug, blickte ich in ein Gesicht, das nicht meines war. Ich trug Klamotten, die nicht meine waren. Jeden Tag schlüpfte ich in eine Hülle, die nichts mit mir zu tun hatte. Ich verlor jedes Zeitgefühl, wusste weder, welcher Tag war, noch, wie lange ich schon hier war. Die neue Taktung gaben andere vor. Sie bestimmten, wann ich auf die Straße musste, wann es zu Ende war und zu wem ich ins Auto steigen sollte. Was ich dort zu tun hatte, bestimmten die Freier. Am schlimmsten waren die, die hinterher sagten: »Weißt du, ich hab auch eine Tochter in deinem Alter. Die geht jetzt aufs Gymnasium, is echt 'n tolles Mädchen.«

*

Wenn ich am Ende der Woche nicht genügend Geld anbrachte – und das schaffte ich eigentlich nie –, nahm Kugler
mich »ins Gebet«. Der ständige Druck, die Angst vor Schlä-
gen und sexueller Gewalt zermürbten mich. Kugler gab mir
das Gefühl, dass nur ich diejenige sei, die ständig Schwierigkeiten machte, die nicht funktionierte. Die anderen ließen
mich das auch spüren. Ich fühlte mich ausgegrenzt, unter
Beobachtung, selbst wenn Kugler nicht da war. Alle gaben
mir das Gefühl, wenn ich endlich auf Spur sei, wäre das
Leben insgesamt leichter. Schuld, diese verdammte Schuld.
Schuld am Tod von Matthias, schuld daran, dass Mutter
wieder trank, schuld, weil ich mit Jakob nicht klarkam oder
Sandra mal wieder durchdrehte. Schuld, weil ich gegen Regeln verstieß. Weshalb Kugler an mir auch immer wieder
vor allen anderen ein Exempel statuieren musste – obwohl
er das gar nicht wollte. »Dein Leben könnte viel einfacher
sein. Es liegt nur an dir! Ich hoffe, das weißt du.«

Vielleicht hatte er ja recht? Vielleicht hatten sie alle recht?
Meine Mutter, Jakob, meine Schwester, die Lehrer in der
Schule. »Wenn du nicht ständig schwänzen würdest, dann
müssten wir dir jetzt keinen Verweis geben!«

Mag ja alles sein. Aber nicht jeder Ausreißer hat den
Berufswunsch Prostituierte. Genau als solche wurden wir
aber vor Gericht bezeichnet. In den Vernehmungsprotokol-
len haben alle Mädchen vom Jasmin klar geschildert, dass
wir gewaltsam am Verlassen der Wohnung gehindert, wiederholt von Kugler geschlagen und vergewaltigt wurden.
Dass wir von Montag bis Freitag von 14 bis 3 Uhr nachts
Freier zu bedienen hatten, an den Wochenenden von 16 bis
3 Uhr. Und dass wir, wenn wir nicht spurten, von Kugler
und seinen Leuten misshandelt wurden.

Im Urteil gegen Kugler stehen Sätze wie: *Später ent-
schloss sich der Angeklagte, weiteren weiblichen Personen die
Wohnung zur Ausübung der Prostitution zur Verfügung zu stel-*

*len. ... Die beim Angeklagten tätigen Mädchen im Alter von 13
bis 18 Jahren gingen zum großen Teil bereits zuvor der Prostitution nach, alle hatten schon sexuelle Erfahrungen. ... Bei der
Strafzumessung war mildernd zu berücksichtigen, dass die Prostituierten jeweils nur über einen relativ kurzen Zeitraum im
Jasmin tätig waren, größtenteils aus dem Prostituiertenmilieu
und freiwillig kamen. Die gegenüber den Frauen angewandte
Gewalt des Angeklagten hielt sich in Grenzen.*

Wie lang muss ein Leidensweg sein, bis er entsprechend
gewürdigt wird? Meiner dauert bis heute an. Es spielt keine
Rolle, ob Lea und ich eine Woche, einen Monat oder ein
Jahr im Jasmin gewesen sind. Ein einziger Tag hätte aus-
gereicht, um den Zug unseres Lebens entgleisen zu lassen.

*

Nach der Aktion mit der Polizei hatte ich »Hausdienst«. Die
Zeit auf dem Strich war für mich vorbei. Eines der Mädchen
hatte immer Telefondienst, meist übernahmen das Trixi
oder Jasmin. Kugler schaltete regelmäßig Anzeigen in einer
Tageszeitung: »Jasmin – süßer Stundenservice«. Für Einge-
weihte ein Hinweis auf Sex mit Minderjährigen. Aus den
Gerichtsakten erfuhr ich später, dass er Taxifahrern, die
Kunden zur Merseburger Straße 115 lotsten, eine Prämie
von 30 Mark zahlte. Wenn ein Freier kam, hockten wir auf-
gereiht im Wohnzimmer; wenn er nicht vorher schon einen
speziellen Wunsch geäußert hatte, durfte er sich in Ruhe
bei einem Getränk seiner Wahl eine von uns aussuchen und
mit ihr ins Schlafzimmer gehen. Vorher musste er natürlich
auch seiner »Herzensdame« ein Getränk ausgeben, das gehörte dazu. Wir entschieden uns meist für einen Pikkolo.
Im Kühlschrank standen eigens präparierte Fläschchen mit
Sprudel bereit; damit die Kunden den Unterschied nicht
bemerkten, tranken wir gleich aus der Flasche. Die meisten

fanden das irgendwie charmant und »bodenständig«. Den Herren selbst wurden die Getränke natürlich in Gläsern gereicht.

Das Schlafzimmer war ein fast quadratischer Raum mit zwei Fenstern. An der Stirnseite stand ein Doppelbett mit einem niedrigen Kopfteil, in das ein messingfarbenes Radio integriert war. Das Ganze war mit einem billigen braun-beigen Lederimitat überzogen. Über dem Bett hingen zwei Fächer, daneben eine Collage aus Fotos, die junge Frauen in aufreizenden Posen zeigten. An der Wand links neben dem Bett befand sich eine helle Kommode mit Stofftieren obendrauf, darüber ein Bild in Gelb- und Brauntönen. Ein Mädchen mit großen Kulleraugen, den Kopf auf die verschränkten Arme gelegt, eine helle Träne im Auge. Unglaublich kitschig und unglaublich zynisch an so einem Ort. An der Fußseite des Bettes hing ein weiterer Fächer an der Wand, ein großer, der die weiße Wand weitgehend bedeckte.

Wenn eine von uns mit einem Freier in diesem Zimmer verschwand, warteten die anderen in der Küche oder im Wohnzimmer, bis sie wieder rauskam. Man hörte alles. Es war unangenehm, aber – nach Kuglers Evangelium – auch wichtig, dass nie eine allein mit einem Freier in der Wohnung war. Also lauschten wir nach verdächtigen Geräuschen, nach irgendetwas, das nicht »normal« klang, damit wir bei Bedarf eingreifen konnten. Eine völlig absurde Situation, in der Küche zu sitzen und dabei zuzuhören. Man fängt an, Witze zu reißen, froh, dass man da nicht selbst auf dem Bett liegt. Sucht Halt in dummen Bemerkungen oder einfach nur in der Stille, die verbindet. Es hat eine andere getroffen, nicht mich.

An manchen Tagen gaben sich die Freier die Klinke in die Hand. Wir wussten, wenn eine schon ein hartes Pensum hinter sich hatte, mussten wir ihr eine Pause verschaffen.

Das Schaf führt sich selbst zur Schlachtbank und macht auch noch ein feines Gesicht dazu.

Bück dich. Aber gerne. Das magst du doch auch. Ja, das mag ich auch.

Ich weiß noch, wie eines Nachmittags die Tür des Schlafzimmers aufflog und Ines schreiend in den Flur stürzte. »Dieses Schwein pisst gegen die Wand! Dieses elende Schwein. Tut was!«

Jasmin hatte den Mann hereingelassen. Man roch zehn Meter gegen den Wind, dass er besoffen war. Ein schmieriger Kerl, ungepflegt und mit einem schwabbeligen Bierbauch, aber wir durften keinen ablehnen, der es bis vor die Wohnungstür geschafft hatte. Keiner war böse darüber, dass er Ines ausgewählt hatte. Bevor sie die Falttür zum Schlafzimmer zuzog, hatte sie uns noch augenrollend einen Blick zugeworfen: Hoffentlich geht das schnell vorbei. Wir glucksten herum, hatten uns eher darüber amüsiert. Das Mitleid hielt sich in Grenzen, jede war sich selbst die Nächste.

Ines war sicher alles andere als zum Lachen zumute. Sie presste ihr Oberteil an ihren Körper und schrie einfach nur noch. Rainer und Ludwig, die in der Küche auf ihre nächste Fuhre zum Strich warteten, sprangen auf und stürmten ins Schlafzimmer. Sie packten den Kerl am Genick und prügelten ihn durch den Flur. Da stand er nun, klein und pummelig und mit fettigen Haaren. Nackt. Rainer schmiss ihm die Klamotten hinterher, das Treppenhaus hinunter. »Lass dich hier nie wieder blicken!«

Ines, die die ganze Sauerei aufwischen musste, kippte anschließend erst mal einen Pikkolo, einen richtigen diesmal. »Wenigstens hat er das Geld dagelassen«, sagte sie mit einem schiefen Grinsen.

Verlorene Hoffnung

Wurde herumgewirbelt, bin aufgeschlagen
Bin fast erstickt an gebrochenen Fragen
Und all der Angst und der Schmerzen Lohn
Im Auge des Sturms taub – kataton

Kugler kam fast jeden Tag, um nach uns zu sehen. »Sonst funktioniert ja nix in dem Puff, haha!« Manchmal ging er mit einer von uns, manchmal auch mit zweien, ins Schlafzimmer, um sich zu vergnügen. Er war der Einzige, der kein Kondom benutzte. Das sei sein gutes Recht, meinte er, weil wir ihm schließlich »gehörten«. Das sei wie mit einem Schrank oder einem Fernseher. »Solange der nicht abbezahlt ist, gehört der der Bank. Oder dem Möbelhaus. Und wenn du die Kohle nicht hast, musste 'nen Kredit aufnehmen und die Raten abbezahlen. So einfach ist das.« Keine von uns hatte je diesen Kredit beantragt. Die Zinsen waren verdammt hoch.

Auch wenn ich mich mit der Zeit bemühte, ihm zu »gefallen«, damit er mich nicht schlug, blieb ich die Zicke, die ich von Anfang an in seinen Augen war. Ich glaube nicht, dass ich mich bewusst sperrig benahm, ich denke heute, es war das letzte Fünkchen Selbstachtung, das noch in mir steckte. Was ich später bereuen sollte.

Wenn ich es war, die er sich für seine »Wir lieben uns alle«-Spaßrunde aussuchte, machte ich allerlei Blödsinn, um ihn abzulenken. Ich war witzig, machte Faxen mit den

83

Stofftieren, bewarf ihn mit Kondomen oder schaltete den Fernseher an. »Komm, lass mal gucken, der Film ist bestimmt ganz nett.« Die Masche funktionierte nur, wenn er völlig erschlagen war. An anderen Abenden war ich so durch, dass ich ihn nur noch provozierte. Er wollte mich? Dann sollte er mich verdammt noch mal holen! Ich wollte ihn vorführen, ihm einen Spiegel vorhalten und merkte nicht, dass er es war, der mir einen Spiegel vorhielt.

»Ich kriege immer, was ich will, das solltest du inzwischen wissen!«

Für mich zählte trotzdem etwas anderes. Sicher, er hatte mich besiegt, körperlich. Triumphierender Siegerblick. Es gefiel ihm, mir zu zeigen, wer der Herr im Haus war. Ein Spiel, nichts weiter. Wenn ich ihm das Gefühl gab, dass mir seine Schläge nichts ausmachten, kam er richtig in Fahrt.

»Du kleines Miststück!«

Ich reagierte mit der Zeit wie ein Junkie. Nach innen zog ich mich immer weiter zurück, da war nur noch Leere. Die Schläge nahm ich wie einen Schuss Heroin, ich brauchte sie, um mich aus der Situation zu katapultieren, anders konnte ich es nicht ertragen. *Hau drauf, schlag mich zu Brei, dann spür ich wenigstens irgendwas.* Seine Schläge taten irgendwann nicht mehr weh. Ich war einfach weggetreten. *Beam me up, Scotty.* Hol mich hinter die Mauer.

Auf meinem Holodeck war alles anders. Da schlich ich mich ins Schlafzimmer, krabbelte ins Bett und kuschelte mich zwischen meine Eltern. Da trug ich ein gestreiftes Strickkleid mit einem Gürtel, an dem Bommeln dran waren, die meine Mutter abends nach der Arbeit gebastelt hatte. *Schau mal, du musst nur die Wolle um die Pappschablonen rumwickeln. Schön gleichmäßig. Ja, so. Pass auf, dass es da nicht zu dick wird. Sonst kannst du es nicht mehr aufschneiden.* Wenn ich dann mit meiner kleinen, stumpfen Handarbeitsschere durch die Wollfäden schnitt, platzte die Kugel auf.

Ein bunter, praller Ball, ganz weich und flauschig. So wie in meinem Kopf. Wenn ich mich fest konzentrierte, war alles ganz weich. Dann tat es nicht weh. Wollewatteweich, ich bin nicht da, du kriegst mich nicht.

Wann immer es ging, steckten Lea und ich zusammen. Unsere Freundschaft gab uns Halt, machte uns aber auch zu Außenseitern. Wir waren die einzigen, die im Doppelpack ins Jasmin gekommen waren.

Trixi und ich, na ja, wir mochten uns immer noch nicht besonders. Ich hatte das Gefühl, dass sie in den anderen Mädchen eher Rivalinnen sah als Leidensgenossen. Die Dynamik war seltsam. Wir buhlten alle um Kuglers Aufmerksamkeit, wollten die Beste sein, sein Liebling – in der Hoffnung, dass er uns dann nicht oder weniger weh tat. Ich weiß noch, wie er nach der ganzen Polizeigeschichte, nach der er mich so übel zugerichtet hatte, zu mir ins Bad kam und sich auf die Wanne setzte. »Hey, ich hab einfach nur Angst um dich. Angst, dich zu verlieren. Wäre sehr schade.« Er stand auf, nahm mich in den Arm und küsste mich.

Ich war so froh, dass er mir diese »Dummheit« verziehen hatte, dass es ihm offenbar um mich ging, dass ich mich sogar dafür schämte, dass er mich so verheult und blaugeschlagen sah. Als hätte das ein anderer zu verantworten.

»Ich will doch meine kleine Zicke nicht verlieren.« *Grins.* Schalter umgelegt, ganz der Verständnisvolle.

Ich versprach ihm hoch und heilig, dass ich in Zukunft keinen Ärger machen würde. Das meinte ich in diesem Moment tatsächlich so.

Als er fertig war, drehte er sich beim Herausgehen noch einmal um. »Siehst du, Süße, es klappt doch mit uns beiden. Ist doch ganz nett, wenn du dich mal nicht wehrst, oder?« Ich war froh, dass er zufrieden mit mir war.

Kugler wusste nicht nur, wie er uns manipulieren, sondern auch, wie er uns gegeneinander ausspielen konnte. Aus seiner Sicht war Trixi die Beste. Sie war oft die Einzige, die ihr Wochensoll von tausend Mark erfüllte. Wie in der Schule führte er uns dann die »Einserkandidatin« vor. »Könntet ihr auch schaffen, müsst euch nur mehr anstrengen.«

Und wie in der Schule mochte man den Streber nicht, der mit glänzenden Augen das Lob des Lehrers entgegennahm und stolz in die Runde blickte. Ich, ich bin sein Liebling, ich hab's geschafft! Nur, hier ging es nicht um Fleißsternchen, hier ging es letztlich ums Überleben. Jede von uns kämpfte darum, jeden Tag. Und dabei war sich jede selbst die Nächste. Wir trauten einander nicht über den Weg, und Kugler tat alles, damit das auch so blieb. Konkurrenz belebt das Geschäft. Wenn dann alle für den Fehler einer Einzigen bestraft wurden, richtete sich unsere Wut nicht gegen Kugler, sondern gegen die, die uns das eingebrockt hatte. Es war wie eine Gehirnwäsche. Wir waren in eine Welt hineingeworfen, in der die normalen Regeln des Zusammenlebens nicht galten. Er hockte wie eine fette Kröte in der Mitte und warf uns hin und wieder ein paar Bröckchen hin, die wir gierig vom Boden aufklaubten. Weg da, das ist meins. Küss mich, ich bin euer Prinz, einen besseren kriegt ihr nicht.

Liebten wir ihn am Ende vielleicht sogar in gewisser Weise, nur damit es irgendwie erträglicher wurde? Das ist eine Frage, die ich mir heute stelle, damals spielten solche Gedanken keine Rolle. Keine Liebe im eigentlichen Sinne, sondern eine unterwürfige, abhängige. Wie ein Hund, der von seinem Herrn getreten wird, aber trotzdem mit dem Schwanz wedelt, wenn er einen Knochen bekommt.

Die Einzige, mit der ich anfangs noch darüber redete, was das alles mit uns machte, war Lea. Irgendwann hörten wir damit auf. Vielleicht, weil wir längst nicht mehr dachten und fühlten. Gefühle hatten hier keinen Platz. Sie waren nicht gut, weil sie einen schwach machten, man musste sie wegdrücken, ausschalten. Sonst überlebte man nicht.

*

Eigentlich hatte ich einen wunderschönen Tag mit meinem Freund Pierre. Wir sind einkaufen gewesen, ich war stolz wie ein kleines Kind, dass ich das geschafft habe. Wir haben gelacht, mit meinem Sohn gespielt und ihn vorhin gemeinsam ins Bett gebracht. Alles gut.

Jetzt sitzen wir jeder an seinem Tisch im Arbeitszimmer, draußen ist es schon dunkel. Ich bin froh, zu Hause zu sein, dieses Zuhause zu haben. Und Pierre.

Ein paar Minuten später ertrage ich seine Anwesenheit nicht mehr. Ich will allein sein und doch auch nicht.

Ich springe hektisch auf, laufe zur Stereoanlage und setze mir Kopfhörer auf. Ich will ihn nicht hören. Hoffentlich fragt er mich jetzt nicht, wie es mir geht. Mein Exmann hat das immer getan: »Was ist denn los? Hast du irgendwas? Komm, lass dich nicht so hängen!«

Eine Scheißfrage. Genau wie die, die mein Therapeut anfangs vor jeder Sitzung gestellt hat: »Wie geht es Ihnen?«

»Wie soll es mir gehen? Wenn es mir gutginge, wäre ich nicht hier.«

Er musste schmunzeln und sagte: »Ja, Sie haben recht. Ist wirklich eine dumme Frage.« Seitdem fragt er nur noch, was es Neues gebe. Auch nicht besser.

Keine Fragen. Nicht reden. Jedes Wort ist zu viel.

Das Atmen fällt mir schwer, als säße jemand auf meiner Brust. *Konzentrier dich, es geht vorbei.* Mein Blick irrt durch den Raum, sucht panisch Halt am Bücherregal. Die Bilder kommen zurück, wie hungrige Wölfe kratzen sie an der Tür. *Ich lass euch nicht rein.* Ich versuche langsamer zu atmen, meine Augen brennen.

Holz splittert, gleich sind sie da. Wie ein Film legen sie sich über die Realität, kleistern alles zu.

Pierre sieht mich an. Dann steht er leise auf und läuft hinter mir vorbei in die Küche. Ich ignoriere das.

Er kommt zurück und stellt eine Tasse mit heißem Tee vor mich auf den Schreibtisch. Mit der Hand berührt er sanft meine Schulter. Seine Art mir zu sagen: Ich bin bei dir.

Ich muss jetzt danke sagen. Irgendwas. Ihm zeigen, dass es gut ist, dass er da ist.

Seine Finger brennen auf meiner Haut. Ich merke, dass ich die Kontrolle verliere. Ich fange an zu zittern, bekomme Herzrasen, breche in Tränen aus.

Bitte nicht. Nicht jetzt. Ich hebe abwehrend die Hände über den Kopf. *Nimm mich jetzt nicht in den Arm, weil es dann noch mehr weh tut und ich nicht weiß, ob ich das auch noch aushalten kann.*

Ich fühle mich zerrissen. Da ist jemand, der mit mir schweigt. Der mit mir lacht, sich sorgt, mich erträgt. Und ich stoße ihn weg, kann nicht anders. Ich bin wütend auf ihn und doch wieder nicht. Ich bin wütend auf mich. Weil ich meine Gefühle nicht unterdrücken kann. Ich will ihnen keine Macht über mich geben. Die Kontrolle behalten und selbst entscheiden, wann ich Gefühle zulassen möchte. Jetzt in diesem Augenblick kann ich sie nicht ertragen.

Ich versuche die Bilder wegzuschieben, die mir die Luft zum Atmen nehmen. Den Schmerz zu ignorieren, der mich überwältigt, den ich so unmittelbar spüre, als würde er mir eben erst angetan. Die Angst, die Hilflosigkeit, das Ausgeliefertsein. In Sekundenschnelle, ohne Vorwarnung ist alles wieder da. Ich falle aus meinem Leben im Jetzt heraus und finde nur schwer wieder zurück. Ich weiß, dass ich da durchmuss, immer wieder zurück zum Ursprung des Traumas. So lange, bis die Bilder unschärfer werden, die Farben blasser, die Wölfe seltener über mich herfallen.

Dass ich da durchmuss, war mir nicht immer so bewusst. Es gab eine Zeit, in der ich glaubte, den Schmerz kontrollieren zu können. Meine Vergangenheit in einen Schrank packen zu können, alles hineinstopfen und dann die Tür mit aller Kraft zudrücken. Aber wie bei einem vollgepackten Schrank springt die Tür immer wieder auf, der Inhalt quillt heraus, ein einziges Chaos. Erst wenn man Stück für Stück aufhebt, sich ansieht, zusammenlegt und ordentlich einräumt, hat man die Chance, dieses Chaos vielleicht irgendwann zu bewältigen. Vielleicht.

Es gab eine Zeit, in der ich sogar über meine Erlebnisse im Jasmin reden konnte. Nüchtern, beherrscht, ohne etwas dabei zu fühlen. Als würde ich jemandem von einem Kinofilm erzählen, die Hauptfigur aus großer Distanz beschreiben. Ein Teil meines Lebens abgetrennt und von außen betrachtet wie durch eine gläserne Käseglocke.

Geschlossene Gesellschaft

Nur ausgewählte Körper im Warenlager
Junges Fleisch mit straffer Haut
Hühnerbrüste, so fein und mager
Gesellschaft geschlossen, pädophil versaut

Ich erinnere mich an einen Tag, an dem Kugler ungewöhnlich früh ins Jasmin kam. Wir waren gerade erst aufgestanden, es muss so um die Mittagszeit gewesen sein. Kugler sagte uns, dass am Abend ein paar Geschäftsleute kämen, ganz exklusiv, und der »Laden« deshalb für Laufkundschaft geschlossen sei. Wir sollten aufräumen und putzen, alles hübsch machen, vor allem uns. »Ihr werdet unsere Gäste nackt empfangen, wir wollen den Herrschaften ja von Anfang an was bieten!«

Kurz bevor er wieder fuhr, bekam ich ein Telefonat mit, das mich schockierte. Ich hörte, wie er sagte: »Ja, ich hab frische Ware ... wunderbar, bis später.«

Am Abend stand ich vor dem Fenster und starrte nach draußen. Ich sah die Weihnachtsbeleuchtung in einer Wohnung gegenüber und dachte an zu Hause. Spießig irgendwie, aber trotzdem schön. *Wieso hatte ich mich nicht an die Regeln halten können? Regeln. Diese beschissenen Regeln, die einem die Luft zum Atmen genommen haben. Warum habe ich nicht auf sie gehört? Wenn ich hier raus bin, werde ich brav sein und nie wieder Ärger machen, das verspreche ich dir, Mama. Und was, wenn sie recht hat und ich wirklich für nichts zu ge-*

brauchen bin? Wenn sie froh ist, dass ich weg bin? »Ohne dich wäre das Leben für uns alle einfacher«, *das hatte sie in letzter Zeit oft gesagt. Sie muss es ja wissen, sie ist schließlich meine Mutter. Dann habe ich es also nicht anders verdient? Es ist besser so. So wie es jetzt ist.*

Ich fühlte mich leer. Eine endlose Leere.

Lea kam herein, sie wirkte wie immer, kindlich-naiv, beinahe fröhlich. Keine von uns wusste, was an diesem Abend auf uns zukommen würde. Kugler hatte gesagt: »Keine Aufregung, das wird ganz entspannt …«

Ich sah auf die Uhr. Es würde nicht mehr lange dauern, bis er mit seinen »Geschäftsfreunden« zurückkam.

Die anderen Mädchen setzten sich auf das Sofa, Lea und ich hockten uns auf den Zweisitzer neben der Schlafzimmertür. Kugler betrat in Begleitung von vier Männern die Wohnung. Sie musterten uns interessiert, mir war das unangenehm, ich blickte immer wieder nach unten. Vor allem einer fiel mir auf, ein großer Kerl mit markantem Gesicht und stechenden Augen, die einen regelrecht durchbohrten. Er blieb mit Kugler stehen, während sich die anderen drei zwischen uns setzten.

»Na, Mädels, nicht so schüchtern!« Der Typ, der auf dem Sofa Platz genommen hatte, zog Ines und Jasmin näher an sich heran. Er grinste breit. »Haha, so was Nettes hat man nicht alle Tage in den Fingern.« Es war widerlich.

Kugler schoss mir und Lea einen eindeutigen Blick zu. *Los, kommt endlich in die Gänge!*

Ich sah zu dem Mann auf dem Sessel hinüber. Unter anderen Umständen hätte ich ihn wohl ganz sympathisch gefunden. Er wirkte seriös, seine Kleidung war sorgfältig gewählt, eine gepflegte Erscheinung, eher kräftige Figur, aber noch attraktiv für sein Alter. Er lächelte mich freundlich an, dann beugte er sich nach vorn und streckte mir seine Hand entgegen. Ich zögerte einen Moment, bevor ich aufstand und mich auf die Armlehne des Sessels setzte. Energisch umfasste er mich und zog mich zu sich herunter.

Als wäre es vollkommen normal, nackte Minderjährige auf dem Schoß zu haben, begannen die drei Herren eine Unterhaltung. Worüber, weiß ich nicht mehr, ich weiß nur, dass im Hintergrund Musik lief, »Hero« von Tina Turner, und dass er mir unablässig über die Oberschenkel strich. Ich starrte auf die Platte des Couchtischs und den Adventskranz mit den flackernden roten Kerzen darauf. Die Lichter tanzten über die Fliesen des Tisches. *We are the children, the last generation. We are the ones they left behind. And I wonder when we are ever gonna changing, living under the fear till nothing else remains. We don't need another hero ...*[1] Ich mochte dieses Lied, diese kraftvolle, raue Stimme, mit der sie es sang.

Ich hörte die Männer reden und auch wieder nicht. Was spielte es schon für eine Rolle, worüber sie sprachen. Irgendwann wären sie fertig damit. Und dann? Vielleicht war er auch einer von diesen Perversen, die einem nur weh tun wollten und Spaß daran hatten, irgendwo abzuspritzen, nur nicht im Gummi. *Du Hure hast es nicht anders verdient.*

Ich zuckte zusammen. *Meint er mich?*

Kuglers Stimme übertönte alles. Ines sollte aufstehen und sich anziehen, der Mann, mit dem er die ganze Zeit über geredet hatte, wollte, dass sie mitkam. *Wohin?* Kurz darauf fiel die Tür ins Schloss.

Für die anderen Männer wirkte das wie ein Startschuss. Sie witzelten darüber, wer anfangen durfte. »Bitte, nach Ihnen ...« – »Aber nein, nach Ihnen ...«

Ich weiß nicht mehr, wer von uns als Erste ins Schlafzimmer musste. Ich weiß nur noch, dass er mich an der Hand nahm und die Falttür hinter sich zuzog.

---

1   http://www.magistrix.de/lyrics/Tina%20Turner/We-Dont-Need-Another-Hero-23073.html

»Wie alt bist du eigentlich?«

»Vierzehn«, sage ich und hoffe, dass er mir glaubt. *Ich bestimme, wie alt ihr seid.*

Seine Augen funkeln.

»Du kannst mich Heinz nennen.«

Schüchtern sehe ich ihn an und versuche zu lächeln.

»Ab heute bin ich DEIN Heinz.«

Gelächter dröhnt aus dem Zimmer nebenan.

»Bist wirklich 'ne süße Maus«, sagt er und zieht mich an sich.

Ich drücke seinen Oberkörper von mir weg, versuche, forsch zu klingen. »Küssen is nicht. Wir sollten uns beeilen, die anderen wollen auch noch.«

Belustigt greift er in sein Jackett und zieht die Brieftasche heraus. Lächelnd wedelt er mit den Scheinen herum, dann legt er sie auf die Ablage neben die Packung mit den Kleenex-Tüchern. Das würde er von nun an immer tun, wenn er da war. Ob er sich besser fühlte so? Erst das Geld, dann das Vergnügen? Oder ein Anreiz, nach dem Motto: Sieh her, was mich das alles kostet, nun streng dich mal an?

Während er sich auszieht und Sakko und Hemd sorgfältig ablegt, lässt er mich nicht aus den Augen. Ich trete von einem Fuß auf den anderen. Das Nächste, an das ich mich erinnere, ist, dass ich auf dem Rücken liege, während er über mir kniet und den Gürtel seiner Hose öffnet.

Ich rieche sein Rasierwasser, sein Gewicht drückt mich nach unten. Ich fühle nichts, ich höre nichts, ich bin nicht da. Die Geräusche aus dem Wohnzimmer klingen, als hätte ich den Kopf unter Wasser. Alle Höhen und Tiefen rausgedreht, verzerrt, dumpf. Ich spüre seinen Atem an meinem Hals und drehe den Kopf zur Seite.

An der Wand ist ein Fleck, der aussieht wie ein Schaf. Klein und wolkig. Ich muss an meine Mutter denken. Als ich klein war und nicht einschlafen konnte, hat sie immer gesagt: »Schließ die Augen und stell dir eine Wiese vor mit einem Zaun in der Mitte. Die Schafe auf der einen Seite sind ganz traurig, weil die Wiese bereits kahl gefressen ist. Auf der anderen Seite des Zauns aber ist das Gras ganz saftig und grün.« Sanft strich sie über meine Stirn. »Und jetzt stell dir vor, wie ein Schaf nach dem anderen über den Zaun springt, hinüber auf die andere Seite. Eins nach dem anderen nimmt Anlauf und springt. Eins, zwei, drei, vier … zähl schön mit, bis sie alle hinübergehüpft sind und über die grüne Wiese tollen. Immer weiter zählen, Mandy, immer weiter, bis du eingeschlafen bist.«

Zählen hilft. Ich mach das heute noch, wenn ich merke, dass ich gleich heulen muss.

Ich verliere jedes Gefühl für Raum und Zeit. Von eins bis siebzehn, immer wieder von vorn. Der große Fächer an der Wand im Schlafzimmer hat siebzehn hölzerne Streben.

Als er fertig ist, lächelt er mich zufrieden an. Ich lächle zurück und nehme ihn doch nicht richtig wahr.

»Das machen wir nachher gleich noch mal!«

∗

Ich hatte Durst und ging in die Küche, um mir etwas zu trinken zu holen. Auf einem der Stühle hockte Ines, sie war ziemlich aufgelöst.

»Was ist denn passiert?«

»Was der wollte … ey, das kann ich nicht! So was kann ich wirklich nicht.«

Ich fragte nicht weiter nach. Heulend erzählte sie mir, dass Kugler sie wütend zurück ins Jasmin gefahren habe und nun Trixi an der Reihe sei, »das arme Schwein«. Was immer das bedeuten mochte.

Als sie sich wieder etwas beruhigt hatte, gingen wir mit

einer Flasche Sekt und einigen Gläsern zurück ins Wohnzimmer. Auf in die nächste Runde.

Wenn ich mir vorstellte, was Ines erlebt haben mochte,
hatte ich wirklich Glück gehabt. Heinz war ganz in Ordnung. Klar war er jemand, der mich benutzte, der mit mir
Sachen machte, die nicht sein sollten. Aber wenn man nur
die Wahl hat zwischen mies und beschissen, nimmt man
lieber mies. Mies war die Situation an sich, dass da Kerle
kamen, die wahrscheinlich daheim ein schickes Häuschen
hatten, zur »besseren« Gesellschaft gehörten, Mutti kocht
und repräsentiert, die Tochter klimpert nett am Klavier,
süße heile Welt. Und die dann hierherkamen und bei der
Aussicht, eine Vierzehnjährige zu vögeln, glänzende Augen
bekamen. Dass die »kleine Maus« schon sechzehn war,
machte keinen Unterschied. Hinterher fuhren sie dann
nach Hause, Bussi rechts und links auf die Wange, ist wieder spät geworden heute, tut mir leid, aber du weißt ja, die
Geschäfte …

400 Mark, manchmal auch etwas mehr, ließ er an so einem Abend da. Für mich war es das erste Mal, dass ich so
viel Geld auf einmal bekam, fast die Hälfte des »Wochen-
solls«. Dafür ging es mehrmals ins Schlafzimmer. Später
war ich in gewisser Weise froh, wenn Heinz kam. Da wusste ich, was mich erwartete. Er war vergleichsweise nett zu
mir und zärtlich, auch wenn er schon mal fester zupackte.
Aber nicht grob, keines von den Arschlöchern, die einen
nur erniedrigten. Es war erniedrigend genug, man musste nicht noch zusätzlich auf uns herumtrampeln, um sich
größer zu fühlen. Ich kann das nicht erklären, aber bis zu
einem gewissen Punkt war es mit ihm nicht so schlimm wie
mit den anderen. Und trotzdem zählte ich so lange, bis er
fertig war und sich zur Seite rollte.

Fluchtversuch

Und so floh die Sprotte aus dem Haifischbecken
Das Schicksal, die Strömung, die Bahnen lenkt
Wollte raus und leben, nicht verrecken
Und dann doch wieder an einem Angelhaken hängt

Eines Abends platzte ich ins Badezimmer, ich hatte nicht bemerkt, dass jemand drin war. Ines stand heulend vor dem Waschbecken. Sie war völlig aufgelöst und versuchte gar nicht erst, ihre Tränen vor mir zu verbergen. Ohne ein Wort zu sagen, nahm ich sie in den Arm und hielt sie fest. Ein seltener, kurzer Moment, in dem man einen anderen Menschen an sich ranließ. Weil man an eine Grenze gestoßen war, die Kontrolle verloren hatte. Nach einer Weile sagte sie, dass sie es nicht mehr aushalten würde. »Verstehst du, wir werden nie, nie, nie das Geld zusammenbekommen! Er wird uns niemals hier rauslassen. Ich pack diese Scheiße nicht mehr.« Sie zitterte am ganzen Körper. »Wenn … wenn das nicht bald aufhört, bring ich mich um. Was is 'n das für 'n Leben?«

Ich brachte keinen Ton heraus und ließ hilflos die Arme sinken. Auch ich hatte am Wochenende erst Stress mit Kugler gehabt, war am Zahltag weit unter Soll geblieben. Woche für Woche übertrug Trixi unsere »Schulden« auf Mark und Pfennig genau in ein Kassenbuch. Der Berg wurde immer höher, außer Trixi vielleicht würde keine von uns je die geforderten dreitausend Mark zusammenkratzen können. Keine von uns würde sich freikaufen und wieder ein normales Leben führen können. Aber was war schon normal? Sich mit Freunden treffen? Mit der Familie einen gemütlichen Fernsehabend auf der Couch haben? War vorher auch schon nicht normal. Ungezwungen sein vielleicht, unbeschwert. Doch das würden wir uns mit keinem Geld der Welt zurückkaufen können. Dazu war zu viel passiert. Frei sein, ja, aber wie unfrei man in Freiheit sein kann, würden wir später jede auf ihre Weise zu spüren bekommen.

Für den Moment zählte nur, dass Ines raus wollte. Mit Lea und mir waren wir schon zu dritt. Und ich wollte fest daran glauben, dass das Eis zwischen uns nun schmelzen würde, dass dieser Augenblick der Vertrautheit Bestand haben würde.

Mit Lea hatte ich hin und wieder darüber gesprochen, wie es sein würde, wenn wir hier raus seien. Was war draußen inzwischen passiert? Nachts, wenn ich nicht schlafen konnte, dachte ich immer darüber nach, ob meine Mutter mich wohl vermisste. Ob sie nach mir suchte. Oder ob sie mich schon vergessen hatte. *Gab ja sowieso nur Stress mit ihr in letzter Zeit, ist besser so.* Ich quälte mich mit Schuldvorwürfen. *Hast es dir doch selbst zuzuschreiben. Wärst du brav und lieb gewesen und immer pünktlich daheim, würden sie jetzt nach dir suchen.* Aber so? Wie sollten sie wissen, dass ich in Schwierigkeiten steckte? Oft war ich über diese Gedanken so verzweifelt, dass ich kaum noch wusste, wohin mit mir. Dann wieder schob ich sie beiseite und setzte noch einen drauf. *Es gibt kein Zuhause mehr, wo ich hingehöre. Ich hab jetzt ein neues Leben. Ein beschissenes zwar, aber ein Leben. Wo man mich braucht. Sonst will mich ja keiner. Sonst hätte sie mich nicht so angekeift, nachdem die Polizei weg war, sondern einfach nur in den Arm genommen! Meine Mutter hatte mir mit ihrem Verhalten doch erst die Tür gewiesen. Oder etwa nicht?* Die Schläge und Demütigungen, die Kugler mir hinterher zugefügt hatte, wogen weniger schwer. Das war nicht anders zu erwarten gewesen.

Wenn Trixi und Jasmin nicht in der Nähe waren, hatten Lea und ich kleine Zettel oder leere Zigarettenschachteln aus dem Schlafzimmerfenster auf die Straße geworfen. »Hilfe! Wir sind eingesperrt!« oder »Hilfe, wir werden hier festgehalten!« Keine Ahnung, ob sich jemals jemand danach gebückt hat oder die Schachtel nur achtlos zur Seite gekickt hat. *Können die ihren Scheiß nicht in den Mülleimer werfen?* Wir hörten auf damit, weil wir Angst hatten, dass Kugler derjenige sein könnte, dem eine dieser Botschaften direkt vor die Füße segelte. Und je länger es dauerte, umso mehr schwand unsere Hoffnung, dass uns jemand helfen würde.

Einige Zeit nach Ines' Zusammenbruch erwähnte Trixi, dass sie endlich mal wieder tanzen gehen wolle, richtig Spaß haben in der Disko. Lea, Ines und ich blickten uns an. Wir hatten in diesem Moment alle drei den gleichen Gedanken. Das ist unsere Chance! Aufgeregt trafen wir uns im Bad. Wir tuschelten und gackerten und spürten zum ersten Mal seit langem so etwas wie ein Gemeinschaftsgefühl. Trixi, unserer Streberin, würde es vielleicht gelingen, Kugler zu beschwatzen, dass er ihr für einen Abend »freigab«. Und wenn wir es schafften, Trixi davon zu überzeugen, dass wir inzwischen auf Spur gebracht waren, wer weiß, vielleicht würde er uns ja mitgehen lassen. Unter ihrer Aufsicht, was sollte da schon passieren? Besser aber noch, wenn wir allein auf die Piste gehen könnten.

Wir durften in der nächsten Zeit keinen Ärger machen und mussten Kugler in Sicherheit wiegen. Er sollte stolz auf uns sein, auf seine Mädels, die fleißig waren und alles taten, damit er und die Kunden zufrieden waren. Dann musste er uns einfach für unseren Einsatz belohnen. Lea sollte das

Ganze dann einfädeln. Sie war sein Liebling, das Nesthäkchen, dem er nur schwer etwas abschlagen konnte.

An einem Abend flatterten wir drei regelrecht um Kugler herum. Lea hockte sich auf seinen Schoß und schmierte ihm Honig ums Maul. Dass er der Beste sei, wir alle ja so froh seien, dass wir in seiner WG wohnen dürften, dass wir brav sein wollten und fleißig und so weiter.

Er sah uns belustigt an. »Was ist denn in euch gefahren? Habt es endlich begriffen, wie das hier läuft, hm? Selbst die Mandy, die kleine Kratzbürste … Moment. Oder wollt ihr was?«

Lea gab wirklich alles.

»Bitte, nur für einen Abend, ein paar Stunden.«

»Ja, ist ja schon gut!«, grunzte er. »Aber nur, wenn ihr euch bis dahin benehmt!«

Wir strahlten ihn an und drückten ihm einen Schmatz auf die Backe. »So, jetzt aber los, ihr seid nicht zum Vergnügen da! Nicht zu eurem jedenfalls.«

Du Arsch, als ob wir das nicht wüssten.

Auf dem Weg in den Flur kam Trixi uns entgegen. Sie musste das Ganze mitbekommen haben, denn sie sagte sofort zu Kugler: »Und was ist mit uns? Wir wollen auch tanzen!«

»Nerv jetzt nicht herum. Das nächste Mal seid ihr dran. Ich kann den Laden ja nicht zusperren. Und jetzt raus.«

Trixi schoss stinkwütend an uns vorbei. Einen Moment lang kam ich mir etwas schäbig vor, da sie uns erst auf die Idee gebracht hatte. *Jede ist sich selbst die Nächste.*

*

In den Tagen vor unserem Diskoabend schwankten wir zwischen Aufregung und Panik. Ich weiß nicht, wie oft ich mir den Kopf darüber zerbrach, was alles schiefgehen könnte.

Jede von uns versuchte, in dieser Woche so viel Geld zu verdienen, dass man etwas abzweigen konnte, ohne dass es auffiel. Über »Extrawünsche« ging das am einfachsten. Prompt bekam ich mich mit Trixi in die Wolle. Ich hatte einen gut zahlenden Kunden gehabt, der mich längere Zeit in Anspruch nahm. Als ich ihr danach das Geld gab, fuhr sie mich an: »Du willst mir doch nicht sagen, dass das alles ist? Nicht mit mir!« Ein Wort gab das nächste, wir schrien uns an und bekamen überhaupt nicht mit, dass Kugler plötzlich in der Wohnung stand.

»Was ist das denn für ein Irrenhaus hier! Was ist los?«

Ehe Trixi Luft holen konnte, sagte ich: »Weißt du, ich vertrau ihr nicht. Sie hat schon mal was verkehrt aufgeschrieben.« Trixi warf mir einen tödlichen Blick zu. »Ich würde viel lieber das Geld bei dir direkt abgeben.« Es funktionierte, das Schwein fühlte sich gebauchpinselt.

»So ist es recht! Wie viel möchtest du mir denn geben?« Ich zählte ihm langsam Schein für Schein auf die Hand. »Und das alles für eine ganz kurze Sache!«

Zufrieden steckte er die Kohle ein. *Ein Fleißsternchen, ha!*

An »unserem« Abend waren wir regelrecht euphorisch. Wir quetschen uns im Bad um den Spiegel herum und konnten kaum den Kajal ruhig halten. »Und? Hast du?« Ich rempelte Ines so aufgeregt an, dass sie fast das Gleichgewicht verlor.

»Pass doch auf! Was hab ich?«

»Na, Geld!«

Sie grinste. Genau wie ich hatte sie Trixi nicht alles gegeben. Bei Lea hatte das nicht geklappt, aber wir würden schwesterlich teilen. Eine für alle, alle für eine.

»Jetzt aber los, die Damen, ihr seid hier nicht zu eurem Vergnügen da! Aber wascht euch hinterher die Scheiße aus dem Gesicht, hohoho!« Lea und ich kriegten uns kaum wieder ein, wer hätte gedacht, dass Ines so gut schauspielern konnte.

Als die Tür mit einem Mal aufging, erstarrten wir. Kugler musste uns gehört haben, das hatten wir jetzt von der Rumalberei. Es war aber nur Jasmin, die noch einen Blick in den Flur warf und dann die Tür hinter sich schloss.

»Viel Glück!«, sagte sie.

In meinem Inneren ging alles durcheinander. Angst, Erleichterung und Hoffnung. Sie wusste, was wir vorhatten, und verriet uns nicht. Sie nahm eine nach der anderen in den Arm. »Passt auf euch auf!« Dann ging sie so schnell, wie sie gekommen war.

Es dauerte, bis ich mich wieder gefangen hatte.

Kugler höchstpersönlich holte uns ab und fuhr uns. Auf dem ganzen Weg hielt er uns einen Vortrag. Dass es eigentlich zu früh sei für solche Ausflüge. Dass es ein riesiges Zugeständnis sei, dass er gar nicht wisse, welcher Teufel ihn eigentlich geritten habe, bla, bla. Und dass sich jetzt zeigen würde, ob sein Vertrauen gerechtfertigt war. Und falls wir doch auf dumme Gedanken kommen sollten, hätte er bestens vorgesorgt.

»Damit das klar ist, die wissen alle Bescheid. Meine Leute werden ein Auge auf euch haben, verlasst euch drauf!«

Er parkte den Wagen, hakte uns unter und steuerte auf den Türsteher zu. Man kannte sich offenbar, die beiden lachten, und Kugler deutete immer wieder mit dem Kopf auf uns. »Dass mir da nichts anbrennt! Du bist mir dafür verantwortlich!« Er haute ihm auf die Schulter.

»Klar. Geht klar.«

»Und noch was: Die Damen haben freien Eintritt. Wenn sie gehen wollen, rufst du an.«

»Alles, was du willst, Mann.«

Ein Nicken, ein Blick in unsere Richtung, dann stieg er ins Auto und rauschte davon.

Frei, frei, wir waren frei! Wir amüsierten uns, tanzten und tobten ausgelassen durch den Laden. Wir waren wie alle hier, nichts passiert, ganz normale Mädchen. Um zwölf holen uns unsere Eltern ab, und am Montag gehen wir in die Schule.

Blödsinn. Was glotzt der Typ denn so. Is nicht, läuft nicht, mit mir nicht. Kannste dir sowieso nicht leisten, haha. Penner. Und was, wenn Markus uns hängenlässt? Zurück in die Hölle? Niemals. Aber wohin dann? Nach Hause? Guter Witz. Zusammenbleiben wollten wir, recht viel mehr wussten wir aber auch nicht.

Ich weiß nicht mehr, wie und wann Lea Kontakt zu ihrem Ex aufgenommen hat; jedenfalls hatte sich Markus spontan bereit erklärt, uns zu helfen. Ich glaubte nicht wirklich daran, aber er kam tatsächlich wie versprochen im Laufe des Abends. Wir unterhielten uns, tanzten zwischendurch immer wieder, wollten auf keinen Fall irgendwie auffallen.

Markus verließ die Disko einige Zeit vor uns. Lea, Ines und ich schlenderten betont langsam zum Ausgang und sahen immer wieder auf die Uhr. Der Typ von vorhin war nicht da, ein anderer stand am Eingang. Aber er schien Bescheid zu wissen. »Na? Fertig amüsiert für heute?«

Wir nickten. Ich weiß heute nicht mehr, wer es war, aber eine von uns dreien sagte: »Er weiß schon Bescheid, wir werden gleich abgeholt.«

Der Kerl war nicht ganz auf der Höhe, aber es hätte ja auch stimmen können. Bei der Garderobe hing ein Telefon. Er ließ uns anstandslos aus der Tür und nahm nicht mehr wirklich Notiz von uns.

Als wir außer Sichtweite waren, rannten wir los. Markus wartete in einer Seitenstraße. »Los, los, rein jetzt!« Er schob uns in den Lieferwagen und schlug die Tür hinter uns zu. Die Dunkelheit war absolut. Nur unser keuchender Atem war zu hören. Angst kroch in mir hoch. *Eingesperrt, du bist wieder eingesperrt.* Hektisch nestelte ich in meiner Jackentasche nach einem Feuerzeug. Als die Flamme anging, wurde ich etwas ruhiger. Unsere Köpfe warfen lange Schatten auf das Blech des Wagens. Ich musste lachen. »Mädels, wie ging das noch mal? Ihr wisst schon, diese Schattenspiele mit den Fingern.«

»Ja, so. Ha, das Krokodil. Und jetzt den Hund.« Wie die kleinen Kinder.

Als der Motor aufheulte und der Wagen sich endlich in Bewegung setzte, kreischten wir durcheinander.

Raus! Ende! Neuanfang!

Über den hatten wir uns allerdings keine Gedanken gemacht. Markus lud uns irgendwo in Leipzig ab, weit weg von der Merseburger Straße. Wohin? Scheißegal, in eine Schänke, die noch aufhatte. Wir hatten Geld, und was kostete die Welt?

Gegen acht Uhr morgens kehrten sie uns vor die Tür.

Unschlüssig und übernächtigt standen wir auf der Straße. Shoppen gehen? Nee, die Läden hatten ja noch zu. Der Bahnhof! Da würden wir wenigstens was zu essen bekommen. Wir fuhren mit der Straßenbahn ins Zentrum. Im Bahnhof schlugen wir uns den Bauch voll und alberten in einer Fotokabine herum. Den Fotostreifen habe ich heute noch. Ines mit ihrem blonden Pagenkopf, ein T-Shirt an mit irgendeinem Gesicht drauf, an der rechten Hand drei silberne Ringe. Lea mit einem fetten Grinsen, ich mit glänzender Bluse, Lederjacke und einer ziemlich lädierten Frisur. Alle völlig übernächtigt, aber glücklich. Nach all den Jahren sind die Farben etwas verblasst, doch die Freude, die Lebendigkeit, die uns aus allen Knopflöchern quoll, ist bis heute spürbar.

Zum Nachmittag wurde die Frage, wo wir eigentlich hin sollten, immer drängender. Wir brauchten ein Quartier für die Nacht, keine von uns wollte nach Hause, keine von uns kam auf die Idee, zur Polizei zu gehen. Für uns war das einfach ausgeblendet, es war ja vorbei. Wir überlegten hin und her und fanden keine Lösung. Ich war es, die am Ende den Vorschlag machte, dass wir nach Grünau fahren könnten. Zu Thorsten, den ich seit Wochen nicht gesehen hatte, der mich behandelt hatte wie den letzten Dreck und wegen dem ich mich hatte umbringen wollen. Auch ausgeblendet, weggeschoben.

Die Türen der Straßenbahn hatten sich gerade hinter uns geschlossen, als wir ein Hupen und Schreien hörten. Durch die Scheibe konnten wir sehen, dass Rainer wild gestikulierend mit dem Auto neben der Bahn herfuhr.

Scheiße, wo kommt der denn jetzt her?

Im Wagen saßen noch zwei andere Männer, die ich nicht erkennen konnte. Wie betäubt hockten wir uns hin. Einen Moment lang sagte keine ein Wort. Dann redeten alle durcheinander.

»Wenn die uns kriegen, sind wir erledigt!«

»Der bringt uns um!«

»Die kriegen uns, bei der nächsten Station kriegen die uns!«

Das Gefühl des Ausgeliefertseins, diese absolute Hilflosigkeit, dazu die Unfähigkeit, einen klaren Gedanken zu fassen, begleitet mich noch heute. Nackte Angst.

Erst als Lea hysterisch anfing zu schreien und uns alle Leute in der Bahn anglotzten, wurde ich etwas ruhiger. »Hör auf, hör auf! Die kriegen uns nicht!« Ein netter Versuch, mehr nicht, ein Pfeifen im dunklen Wald.

Tatsächlich mussten unsere Verfolger fürs Erste abreißen lassen.

In Grünau hetzten wir zwischen den Wohnblöcken durch, als wäre der Teufel hinter uns her. Keine wagte es, sich umzusehen. Was ich nicht sehe, ist nicht da.

Ich klingelte Sturm. Nichts rührte sich, kein Summer ging an. *Scheiße. Denk nach!* Um diese Uhrzeit konnte Thorsten eigentlich nur im Flex sein.

Die Kneipe war in einem Flachbau untergebracht, mitten in der Plattenbausiedlung. Wir drückten uns an den Hauswänden entlang, machten sogar noch einen Umweg, immer in der Angst, Rainers Wagen würde gleich um die Ecke biegen.

Gott sei Dank, er ist da! Durch die Scheibe sah ich ihn am Ausschank stehen. Ich riss die Tür auf und stürzte auf ihn zu. Vergessen die Demütigung, vergessen die Psychiatrie, ich war nur noch froh, ihn zu sehen.

»Hey, was machst du denn hier? Lange nicht gesehen!«

Die Sätze sprudelten wirr aus mir heraus. Ob er uns helfen könne, wir seien in Schwierigkeiten, nur ein paar Tage ein Dach über dem Kopf, nicht lange, versprochen.

Er musterte uns mit reglosem Gesicht, stellte ruhig ein Bier auf den Tresen, wischte über den Zapfhahn und sagte: »Kein Problem, Ladys, mach ich doch gerne.«

Wir sollten nebenan im Billardraum warten, bis er mit der Arbeit fertig sei. »Damit ihr mich hier nicht von der Arbeit abhaltet …«

Erleichtert zogen wir ab. In Sicherheit, war ja doch kein schlechter Kerl, der Thorsten.

Auf dem Weg in den Nebenraum sah ich einen Mann sitzen, den ich aus der Glaubensgemeinde meiner Mutter kannte. Er musterte mich und sagte: »Na, warst ja schon länger nicht mehr bei uns. Hast jetzt wohl andere Interessen, hm?«

Ich zögerte, einfach so an ihm vorbeizugehen, ohne etwas zu sagen.

Wie geht es meiner Mutter? Ist alles gut daheim? Was macht sie? Kommt sie noch regelmäßig? Und dann? Wie sieht das denn aus! Ach so, hatte ich ganz vergessen, dass du abgehauen bist. Hat deine Mutter ja gesagt, dass sie dich nicht mehr unter Kontrolle hat. Ich weiß wirklich nicht, was ich mit dem Kind noch machen soll. Immer kontra, immer diese Probleme. Mach den Mund auf! Sag ihm, was passiert ist. Vor Gott sind alle Menschen gleich. Nein, ER wird dich richten.

Wie in einem Film sah ich, wie ich mich an seinen Tisch setzte.

»… Männer kommen, und wir können nicht raus. Und die wollen dann immer, … und lassen uns nicht … Sie müssen uns helfen …«

Er glotzte mich ungläubig an. »Hast du was genommen? Du spinnst ja. Deine Mutter hat schon recht, dass sie dich vor die Tür gesetzt hat. Ich kann euch nicht helfen.«

Augen zu, Affe tot.

Nach unserer Befreiung erfuhr ich, dass er meiner Mutter noch nicht einmal erzählt hat, dass er mich an jenem Tag gesehen hat.

Wir spielten einige Runden Billard, um uns die Zeit zu vertreiben. Die Minuten bis zu Thorstens Dienstschluss zogen sich quälend lang hin. Ich hatte gerade die Acht versenkt, *Mist noch mal, schon wieder verloren,* als die Tür aufging. *Na endlich!*

In der Tür ein Schatten, riesig. *Was bitte …?*

Es ging alles rasend schell. Ich sah, wie Ines' Kopf zurückflog und sie im nächsten Moment zu Boden ging. Zwei Männer drückten sie auf den Boden, Lea schrie wie am Spieß. »Hört auf, hört doch auf!«

Dann wurde ich von hinten an den Haaren gepackt und auf den Billardtisch gezerrt. Der Queue fiel mir aus der Hand und knallte auf den Boden. »Euch werd ich's zeigen, ihr Schlampen! Raus ins Auto, und zwar schnell, bevor ich mich vergesse!« Kugler brannte vor Wut und schubste mich auf dem Weg nach draußen vor sich her. Rainer und ein Mann, den ich nicht kannte, hielten Lea und Ines mit eisernem Griff fest.

Wir müssen eine seltsame Prozession abgegeben haben, trotzdem reagierte kein Mensch. Sie schauten einfach weg, keiner rührte sich! Nur nicht auffallen, bloß nicht in Schwierigkeiten geraten. Ich hätte schreien mögen. *Schweine seid ihr, alles Schweine. Kinderficker, alle miteinander. Schwänze einziehen, nix hören, nix sehen, nix sagen. Und wenn's ganz schlimm wird, die ganze Scheiße mit 'ner Flasche Bier runterspülen.*

Im Rausgehen klopfte Kugler mit den Knöcheln auf die Theke und sagte: »Danke für die gute Zusammenarbeit! Soll dein Schaden nicht gewesen sein.«

Thorsten sah mich noch nicht einmal an. Er meinte nur: »Dann bis zum nächsten Mal!«

Ich begriff überhaupt nicht, was da gerade passierte. *Er hatte uns verraten? Mich verraten und ausgeliefert?*

Das konnte nicht sein, das musste ein Irrtum sein, ich hatte mich verhört, ganz sicher, *durchgeknallt eben.*

Draußen drückten uns die Männer gewaltsam ins Auto. »Wer von euch hatte diese beschissene Idee, ha? Wer?« Ein Schlag traf mich ins Gesicht, mit dem Kopf knallte ich mit Ines zusammen. »Ich krieg das schon raus! Ich hab euch oft genug gewarnt! Jetzt ist Feierabend!«

Lea oder Ines, ich weiß nicht mehr, wer, fing an zu wimmern und sagte immer wieder, dass es ihr leidtue. Er brüllte nur, dass wir das Maul halten sollten. »Ihr kotzt mich an! Ihr kotzt mich richtig an! Das ist das letzte Mal gewesen, dass ihr mir auf der Nase herumtanzt.«

»Bitte, wir wollten das nicht, bitte, das … es war einfach nett, wir haben die Zeit vergessen und wollten wirklich …«

»Für wie blöd haltet ihr mich eigentlich? Jetzt ist Endstation, die Damen, Endstation!«

Was meinte er damit?

Ines war die Erste, die die Situation erfasste.

»Nein! Alles, was du willst, aber nicht das! Bitte, tu uns das nicht an!«

Er grinste durch den Rückspiegel.

»Das habt ihr einzig und allein euch zuzuschreiben!«

Lea und ich blickten Ines ratlos an. In ihrem Gesicht war nur noch blanke Panik. Mit den Lippen formte sie ein Wort, immer wieder. *Sch..., Sch..., was zum Teufel? Schweine...?*

Zum ersten Mal in meinem Leben hatte ich Todesangst. Den Begriff »Schweinemastanlage« hatten Lea und ich hin und wieder aufgeschnappt, wenn sich die anderen Mädchen am Küchentisch unterhielten. Keine von ihnen war je dort gewesen, jede aber benutzte den Begriff nur zögernd, leise und voller Angst. In Kuglers Evangelium war das die Apokalypse.

Ich wollte nicht sterben.

Sie wurden gerichtet, jeder nach seinen Werken.

Schuldig im Sinne der Anklage!

Ich hatte schweißnasse Hände, krallte mich an der Autotür fest, als könnte ich so verhindern, dass ich aussteigen musste. *Und der dritte Teil der Erde verbrannte, und der dritte Teil der Bäume verbrannte, und alles grüne Gras verbrannte.*

Wieder ein Blick in den Rückspiegel. Kugler nickte Rainer, der neben ihm auf dem Beifahrersitz saß, selbstgewiss zu. Dann setzte er den Blinker und bog ab.

Nach Hause! Er fährt mit uns nach Hause! Da vorne, gleich, da geht es in die Merseburger Straße!

Wir brachen in Tränen aus. Mein Herz raste, ich flennte aus Angst und aus Erleichterung. *Und ihnen wurde Macht gegeben, nicht dass sie sie töteten, sondern sie quälten, fünf Monate lang.*

»Wir machen das alles wieder gut, versprochen.«

»Ja, alles wird wieder gut.«

Ich beugte mich zu Kugler nach vorn und legte meine Hand auf seinen Arm, aber er schubste sie nur angewidert von sich weg.

Als wir ausstiegen, knurrte er nur: »Seht zu, dass ihr reinkommt!«

Auf dem Weg zur Haustür fuhr ich mir aus Nervosität über den Kopf und hielt plötzlich ein riesiges Büschel Haare in der Hand. Ich schrie panisch auf. Kugler packte mich am Hals und zerrte mich durch die Tür. »Bist du bescheuert, hier so rumzubrüllen?«

In der Wohnung mussten wir »antreten«. Er fläzte sich in einen Sessel im Wohnzimmer, wir standen wie die Orgelpfeifen vor ihm. Trixi und Jasmin hatten kein Wort gesagt, als wir im Flur an ihnen vorbeigegangen waren.

»Also, noch mal von vorn. Wer hatte die beschissene Idee?«

Keine rührte sich.

»Ich höre!«

Als wir immer noch nichts sagten, fing er an, Ines und mich zu schlagen. Abwechselnd. Eine nach der anderen, immer in die Fresse. Lea ließ er aus. Sein Augenstern, ihr konnte er nicht so weh tun. Sie stand mit schreckgeweiteten Augen zwischen uns und heulte.

»Hör auf, du machst sie kaputt! Hör bitte auf.« Sie sagte das so oft, bis er ihr tatsächlich eine knallte und ihr befahl, aus dem Weg zu gehen. »Setzt dich aufs Sofa und sei endlich still. Dein Gewinsel ändert gar nichts, damit hilfst du den beiden nicht, im Gegenteil!«

Lea kauerte sich auf die Couch. Sie wirkte winzig in diesem Moment.

Irgendwann nahm ich die Schläge nicht mehr wahr. Ines hatte eine aufgeplatzte Lippe, das Blut rann ihr über das Kinn. Ich blickte zum Fenster, zählte die Lamellen des roten Rollos. »Sieh mich an, verdammt noch mal, sieh mich an.«

Wham. *Sing, sing, all the children say we don't need another hero, we don't need to know the way home ...*[2] *Immer wieder, es ist wie ein Tanz, sieh mal, ein Schattenspiel, rechts, links, rechts ...* Bis Ines sagte: »Mandy war's.« Die Platte blieb hängen, die Nadel kratzte über das Vinyl.

»Wusst ich's doch. Hast wohl gedacht, dein Kerl wartet noch auf dich? Auf so eine wartet keiner mehr ... War 'ne dumme Entscheidung. Damit seid ihr mir direkt in die Arme gelaufen.«

Ein Abgrund. Ich falle. Sinnlos, alles ist sinnlos. Soll er mich doch weiter schlagen, es kümmert mich nicht.

Ich höre mich sagen: »Komm, schlag zu. Komm schon! Noch mal. Ist das alles, was du draufhast?«

Ich grinse ihn an. Kein Schmerz, der schlimmer wäre, als das, was in diesem Moment in mir vorgeht.

Kugler zögert. Dann brüllt er: »Raus! Alle raus ... Du bleibst hier!«

Dann schiebt er mit voller Wucht seinen Sessel nach hinten, springt auf und reißt eine Schublade in der schwarzen Vitrine auf. Der Schlag trifft mich aus dem Nichts. Ein Schmerz, auf den ich nicht vorbereitet war. Der mir durch die Glieder fährt, beißend, sich in meine Haut fressend. Ich gehe in die Knie, hebe schützend die Arme über den Kopf. Der Lederriemen krallt sich um meinen Hals, ich bekomme keine Luft mehr. Kugler reißt an der Peitsche. Als er sie wieder freibekommt, zieht er sie über meinen Rücken.

»Zieh dich aus, du Miststück!«

An meinem Oberteil zieht er mich ins Schlafzimmer.

»Komm, es reicht, ich hab's verstanden«, sage ich. Ich fange an zu reden, ohne Punkt und Komma, irgendwas, nur damit er aufhört.

---

2 http://www.magistrix.de/lyrics/Tina%20Turner/We-Dont-Need-Another-Hero-23073.html

Das Einzige, was er sagt, ist: »Schneller.«

Nackt stehe ich vor dem Bett. Die Wucht, mit der er mich nach hinten rammt, trifft mich unvorbereitet. Mit der Schulter knalle ich gegen das Kopfteil. Meine Fäuste hämmern auf seinen Oberköper ein.

»Sag bloß, du hast Angst?!«

Hab ich nicht, hab ich nicht. Nicht vor dir.

Ich kriege keine Luft mehr. Ich ersticke.

»Du wirst den Tag noch bereuen, an dem du zur Welt gekommen bist.«

Das Nächste, was ich mitbekam, war ein stechender Schmerz, der mich fast zerriss. So als würde ich in zwei Stücke geteilt. Danach war nichts mehr.

Als er von mir abließ, sagte er: »Und jetzt, Kleine, ab ins Bad. Wasch dir die Scheiße aus dem Gesicht.« Sein Lieblingssatz.

Ich spürte keinen Schmerz. Ich sah mich dort liegen, in meinen Gedanken weit fort. Ein Gefühl der Gleichgültigkeit, ich hatte noch nicht einmal mehr darauf gewartet, dass es endlich vorbei war. Ich stand auf, das Blut, das mir an den Beinen herunterlief, bemerkte ich kaum. Meine Beine waren wie Pudding.

Im Bad stehe ich vor dem Spiegel. *Siehst richtig scheiße aus. Jaja, die Scheiße aus dem Gesicht waschen. Hat ja recht, das Arschloch. Geht doch nicht, dass einen andere so sehen. Alles rot und geschwollen. Musst dich schick machen, bevor die Kunden kommen. Peinlich, wenn sie dich so sehen. Macht einen irgendwie klein.*

Ich blute aus dem linken Ohr. *Stell dich nicht so an. Wisch und weg, nichts passiert.*

Ohne darüber nachzudenken, greife ich zu dem Schwamm, der auf dem Waschbecken liegt. Naturschwamm. Den sollten wir immer nutzen, wenn wir unsere

Tage hatten. Damit wir auch in dieser Zeit unsere Arbeit machen konnten. Ich fuhr mit dem Schwamm über meine Beine, über mein Gesicht. Danach schminkte ich mich sorgfältig. Niemand sollte die Verletzungen sehen, niemand.

Als ich aus dem Bad kam, sagte Kugler mir ruhiger Stimme aus dem Wohnzimmer: »Komm mal her.« Er klopfte einladend auf seine Oberschenkel und lächelte mich an, als wäre nichts gewesen. Ich ging zu ihm und setzte mich auf seinen Schoß. *Da bin ich wieder, deine süße Maus.* Es kostete mich unendliche Mühe, mir nicht anmerken zu lassen, dass mir jeder Schritt weh tat.

»Du verstehst das doch …«, fing er an. »Ich wollte das ja nicht, also dir weh tun. Du hast mein Vertrauen missbraucht. Das siehst du doch ein.«

Ich nickte.

»Und solche Typen wie Thorsten … Die sind nicht gut für dich. Vor denen will ich dich nur schützen.«

Ich fing an zu heulen.

»Hey, Kleines, ich hätte dir das gerne erspart, aber so läuft das nun mal. Der Typ hat dir einen erzählt von großer Liebe und bla, und was macht er? Schickt dich zurück zu Papa Kugler. Ich mein, das hat er wenigstens gut gemacht. Aber den Rest? Umbringen wolltest te dich! Und du hättest alles für den getan, oder?«

Dass er ohne mich nicht leben kann, hat er gesagt. Dass ich seine große Liebe bin, hat er gesagt. Dass er Fotos machen will von mir und Lea, einfach weil wir so toll sind. Nur für mich, echt jetzt. Dass er mit ihr ins Bett gegangen ist, nur um mir hinterher erzählen zu können, dass ich viel besser sei. Nur 'n Test, und um mich eifersüchtig zu machen. Weil er sich gefragt habe, ob ich ihn wirklich liebte. Und dass ich doch diejenige gewesen sei, die ihn hintergangen habe, nicht er. Weil sonst hätte ich ihm ja sagen können, dass ich die Pille noch nicht nehme. Wo ist das Problem? Ey, du bist das Problem. Schwanger, oder was? Das auch noch! *Kannste nicht aufpassen? Hast mich angelogen. Ich lass mich nicht anlügen. Ich hab's dir gesagt! Wenn du nicht aufpasst, lernst du Treppensteigen!* Er öffnete die Wohnungstür und schubste mich die Stufen hinunter. Wenn ich auf dem Absatz liegen blieb, kam er hinterher und trat mich weiter. *Vergessen, vergeben, scheißegal.* Ich wollte ihn lieben, in der Hoffnung, dass mich jemand liebte.

Kugler tröstete mich und war sehr verständnisvoll. »Ich weiß genau, was du jetzt durchmachst. Solche Typen, die bringen es einfach nicht. Sei froh, dass du bei mir bist, ich schütz dich vor solchen Idioten.«

Ich weiß nicht, was er mir noch alles erzählte an diesem Abend. Das Nächste, woran ich mich bewusst erinnere, ist, dass er sagte: »Wir sollten zu ihm fahren, dann kannst du ihm mal richtig die Meinung geigen. Ich weiß, was du durchmachst, ich bin bei dir, ich helfe dir!«

Kugler führte mich am Arm aus der Wohnung, wir gingen nebeneinander die Treppe hinunter und bestiegen den Mercedes. Ich saß vorne auf dem Beifahrersitz. *Wie Mutti.* Als wir im Flex ankamen, würdigte mich Thorsten keines Blickes. Kugler legte immer wieder den Arm um mich und packte mir an die Brust. *Das ist meine. Du hast hier nichts zu melden.* Die beiden unterhielten sich, ich stand einfach nur daneben. »Klar, wenn noch mal was ist, sag mir Bescheid.« Schulterklopfen, man war sich einig.

Kugler erteilte mir offiziell das Wort: »Die will auch noch was sagen …«

Ich brachte keinen Ton heraus. Seine Hand an meiner Brust, glotzende Leute um uns herum. *Ich bin ein Objekt. Wertlos, nutzlos.*

»Was ist denn los mit dir? Wolltest du Thorsten nicht noch etwas sagen?«

Nein, will ich nicht, hab mich wohl getäuscht.

Was hätte ich auch sagen sollen?

Als wir auf dem Rückweg in die Merseburger Straße waren, schossen mir tausend Gedanken durch den Kopf. Jedes Gefühl der Verbundenheit zu meinem alten Leben war weg. Thorsten war so etwas wie das letzte Verbindungsglied gewesen, dass es noch so etwas wie Normalität für mich geben konnte. Auch wenn im Rückblick allein unsere »Beziehung« schon alles andere als normal gewesen war. Aber was kannte ich schon? Der Erstbeste, der einem das Blaue vom Himmel herunter versprach, der war's. Teenie-Romantik, ich war nur allzu bereit gewesen, sämtliche Alarmglocken mit einem dicken Kissen zu ersticken. Spießerbedenken, von wegen: Der ist zu alt, der hat doch keine vernünftige Ausbildung, Kind, denk an die Schule, an deine Zukunft. Zukunft ist für mich so weit weg wie China. Jetzt leben, frei sein. Daheim sterben die Leut'. Zukunft ist was für morgen. Und morgen bin ich vielleicht schon tot.

Nach dieser Begegnung mit Thorsten war mir alles scheißegal. Alles, was mich bis dahin noch mit meiner alten Welt, mit einer gewissen Normalität verbunden hatte, war abgerissen. Mein Leben war nun das Jasmin, kein Weg führte zurück. Ich fand mich damit ab, so wie es war, es schien alles richtig zu sein, so wie es war. Ein konsequenter Weg. *Wenn du nur ein Mal konsequent etwas durchziehen würdest! Dann könnte noch mal was aus dir werden. Ja, Mami.*
Ich wusste nicht mehr, was vorher gewesen war, ich verlor jedes Gefühl für Zeit und Raum. Aus dem Alltag im Jasmin ist mir kaum etwas in Erinnerung geblieben. Nur Momentaufnahmen, kleine Bildfetzen, manche unscharf, andere klar und deutlich. Ich weiß noch, dass wir abends oft Tütensuppen gekocht haben. Wovon wir uns sonst ernährten? Ich habe keine Ahnung. Ich sehe uns in der Küche auf der Holzbank sitzen und Kaffee trinken. Und ich erinnere mich, dass wir im Wechsel mal im Bett oder auf dem

Sofa im Wohnzimmer schliefen. All diese Erinnerungsfetzen haben eines gemeinsam. Ich kann sie nicht zeitlich eingrenzen, kann nicht sagen, welches Ereignis sich wann zugetragen hat.

Russisch Roulette

Kaltes, geschmiedetes Rohr an der Schläfe
Männliches Rohr tief in die Kehle gesteckt
Wenn mich doch nur die Kugel jetzt träfe
Bevor der perverse Traum mich weckt

Es war früh am Abend, draußen schneite es. Ich stand mit Kugler und einem gut zahlenden Stammkunden im Wohnzimmer vor der Falttür. Ein Geschäftsmann aus dem Westen, der schon einige Male im Jasmin gewesen war.

Ein mittelgroßer Kerl, gut einsfünfundsiebzig und mit einer kräftigen Statur. Mitte fünfzig vielleicht, mit braunen Haaren, die sich am Hinterkopf schon lichteten. Nach außen hin Typ seriöser Macher, immer im Anzug und mit blankgeputzten Schuhen. Und mit einer Schwäche für Redewendungen. »Das ist doch Jacke wie Hose« oder »Es ist nicht alles Gold, was glänzt.« So was sagte er gerne. Im Umgang mit uns zeigte er sein anderes Gesicht. Das eines groben, widerlichen Sadisten.

Ich weiß nicht mehr, ob wir eine Auseinandersetzung hatten, was ich gesagt oder getan hatte. Meine Erinnerung setzt erst in dem Moment ein, als der Kunde mir mit dem Handrücken ins Gesicht schlug.

»Halt's Maul, Mensch!«, fuhr er mich an. Ich heulte.

Kugler starrte mich sauer an und ging über diesen Gewaltausbruch hinweg, als sei gar nichts passiert. Wer zahlt, schafft an.

Für mich war der Schlag wie der Gong zur nächsten Runde. Nur dass ich nicht das strahlende Nummerngirl war.

In meiner Wut sagte ich: »Wenn ich hier rauskomme, scheiß ich euch alle an! Dann seid ihr dran!«

Es war ein Fehler, dass ich diese Drohung ausgesprochen hatte. Und ein noch größerer Fehler, dass ich das in Anwesenheit eines Kunden getan hatte. Aber das sollte ich erst am folgenden Tag begreifen. Der Rest des Abends verlief »normal«.

Es muss am nächsten Tag am frühen Nachmittag gewesen sein, als Kugler in die Wohnung zurückkam. Ich sollte mir »etwas Schlichtes anziehen« und mich beeilen. Die Art, wie er mit mir sprach, verhieß nichts Gutes.

Ich zog mich wortlos an, ging hinter ihm das Treppenhaus hinunter, raus auf die Straße. Sein Wagen stand direkt vor dem Haus.

»Los, steig ein.«

Ich war überrascht, dass ich auf dem Beifahrersitz Platz nehmen durfte. Ich war beeindruckt. Auf der Armlehne zwischen den Sitzen war eine Vorrichtung angebracht, in der ein Autotelefon steckte. Ein ziemlich großer Kasten, aber damals waren die noch so. Die ganze Karosse mit Leder ausgestattet, alles sehr edel.

In meiner Unsicherheit lächelte ich ihn an und sagte: »Der Wagen ist schon cool.«

Er blickte kurz zu mir herüber: »Tja, das hättest du auch alles haben können.« Kugler machte eine Pause, bevor er mit ernster, ruhiger Stimme fortfuhr: »Mandy, du bist zu weit gegangen. Diesmal hast du den Bogen wirklich überspannt.«

Den Rest der Fahrt über schwieg er. Die Stille war beängstigend, sie drückte mehr aus als jeder Satz, den er oder ich hätten sagen können. Ich wusste, dass ich selbst schuld war und verantwortlich für das, was jetzt mit mir geschehen würde. Vielleicht, weil ich so besser mit den Konsequenzen umgehen konnte? Mein loses Mundwerk mal wieder, warum musste ich eigentlich immer die Zicke geben?

An das Haus, vor dem der Mercedes hielt, erinnere ich mich nur schemenhaft. Der Hausflur war finster und kalt, schwarz marmorierter Steinfußboden, hohe dunkle Holztüren. Hinter der Wohnungstür dann ein langer Flur mit weinrotem Teppichboden, am Ende ein Fenster. Im Vorbeigehen sah ich, dass sich draußen ein riesiger Schutthaufen befand, sah aus, als hätte man da etwas abgerissen.

Rechts ging es zwei Stufen hinab in ein Wohnzimmer, das für meine Verhältnisse sehr nobel eingerichtet war. Der Raum war groß, in der Mitte standen zwei Säulen, die ihn in zwei Hälften teilten. Rechts an der Wand befand sich eine Schrankwand, die vom Boden bis zur Decke reichte. Davor eine Couchgarnitur aus dunkelgrünem Leder und ein dazu passender Sessel. Der Tisch dazwischen war quadratisch, ebenfalls aus dunklem Holz, die Oberfläche war wie bei dem Couchtisch im Jasmin mit Fliesen ausgelegt.

»Glotz hier nicht so neugierig rum, zieh dich aus«, fuhr Kugler mich an.

Ich tat, was er verlangte, und gab ihm meine Sachen.

»Und jetzt knie dich hin«, sagte er, als sei es das Normalste der Welt.

In der Wohnung rührte sich nichts, kein Geräusch drang in den Raum. Ich hörte nur das Hämmern meines Herzschlags.

Dann verband er mir die Augen, drehte mir die Arme hinter den Rücken und umwickelte sie mit Klebeband.

»Au, du tust mir weh!«

Er packte mich an den Haaren und riss meinen Kopf

nach hinten. »Jetzt schon? Das wird gleich noch viel mehr weh tun!«

»Was soll das? Was machst du mit mir?« Meine Stimme zitterte, ich hatte eine Scheißangst.

Er antwortete nicht.

Ich fing an zu wimmern und sagte immer wieder ganz leise: »Nein, bitte nicht, bitte nicht.«

In meiner Erinnerung dauerte es eine ganze Weile, bis ich ein Geräusch hörte. Vielleicht waren es auch nur wenige Minuten, aber gefesselt, mit verbundenen Augen und nackt in einem Zimmer zu knien wie ein Stück Fleisch, schön angerichtet wie auf einer Silberplatte, kann daraus eine Ewigkeit werden.

Ein Klacken, Stimmen, dann Schritte. Der Teppichboden dämpfte sie, darunter knarrten Dielen. Die Schritte kamen näher, stoppten.

Ich hörte Kugler sagen: »Ihr habt drei Stunden. Macht mit ihr, was ihr wollt! Ich brauch sie nicht mehr!«

Ich fing an zu schreien. »Bitte, Kugler, bitte geh nicht, bitte nicht!«

Aber er ging einfach, ohne ein Wort, und ließ mich allein. Als ich hörte, wie die Wohnungstür ins Schloss fiel, sank ich mit dem Oberkörper nach vorn. Mit dem Kopf schlug ich auf den Boden, immer wieder, die Tränen liefen mir über das Gesicht. *Jetzt in diesem Augenblick geht dein Leben zu Ende. Gefesselt, nackt und mit verbundenen Augen zu Tode geprügelt, vergewaltigt oder was sie sonst noch so alles vorhaben. Das kann es nicht gewesen sein, oder? Du hast es nicht anders verdient. Nein, verdammte Scheiße, nein.*

An den Schultern wurde ich nach oben gerissen.

»Hör mit dem Geplärre auf!«

Ein wuchtiger Schlag traf mich am Kopf, dann noch einer. Ich kippte auf die Seite und versuchte verzweifelt, meine Arme freizubekommen. Das Paketband schnitt mir in die

Handgelenke. Ich zog die Knie nach oben, in der Hoffnung, meinen Kopf schützen zu können. Sie traten gegen meine Beine, »runter damit, du Stück Scheiße!« Die Schmerzen waren die Hölle. Aber am schlimmsten war die Hilflosigkeit. Nicht sehen zu können, was auf einen zukommt. Zusammengekauert auf den nächsten Schlag zu warten. Sich nicht davor schützen zu können. Diese Schweine nicht sehen zu können. Irgendwann spürte ich die Schläge und Tritte nicht mehr. Meine Seele zog sich zurück. *Ich bin nicht da. Das bin nicht ich, das ist irgendwas, ein Sandsack, an dem sie ihre Aggressionen auslassen. Das ist nicht mein Körper. Ich bin nicht mein Körper, das ist nur eine Hülle.*

Irgendwann ließen sie von mir ab. Ich war weit weg von den Schmerzen, ich lag nicht mehr in dieser Wohnung, ich war nicht mehr hier auf dieser Welt. Selbst meine Angst war weg. Ich wartete nur noch auf den letzten Stoß, der alles beenden würde. Aber der kam nicht. Um mich herum war es totenstill. Ich hörte nur noch meinen eigenen Atem. Er ging schnell, stoßweise.

Die lassen dich jetzt hier liegen, bis du verreckt bist. Nein. Die sind noch da. Die müssen noch da sein. Da war kein Türenklappen gewesen. Vielleicht doch? Da. Ein Klacken. Irgendetwas surrte, ein Rauschen. Ich zitterte. Was sollte das? Was machen die? Es hörte sich an wie ein Videorekorder. *Die nehmen das auf! Die Schweine nehmen das auf, wie sie mich zusammengetreten haben.*

Heute würde ich dieses Video gerne haben. Eine Wichsvorlage für irgendwelche perversen Schweine. Ein schönes Snuff-Video, junges blondes Ding in Leipzig zu Tode gefickt. Kann man gut Geld mit machen. Ich hätte es gerne als Beweismittel, aber das Band ist verschwunden, wie so vieles in diesem unsäglichen Sumpf.

Ich merkte, wie einer von ihnen sich neben mich hockte oder kniete. Ich konnte ihn spüren, riechen und hören, wie er atmete. Er fuhr mir mit der Zunge über das Gesicht. Warm und nass. Er roch aus dem Mund. Und dann dieser herb-süßliche Geruch. Ein schweres Parfum. *Das Parfum! Woran erinnert dich dieser Geruch? Denk nach.* Ich konnte keinen klaren Gedanken fassen. Ich merkte, dass mir schlecht wurde.

»He! Jetzt schon? Das geht aber nicht!«

Gelächter hallte durch den Raum. Dann spürte ich, wie mir einer von ihnen den Mund aufreißen wollte. Ich drückte mit aller Kraft, die ich noch hatte, den Kiefer zusammen.

»Los, mach schon.« Sein Glied presste sich gegen meine Lippen. Ich drehte verzweifelt den Kopf weg, immer wieder. »Es reicht jetzt!« Hände packten mich, hielten mich fest, während er es erneut versuchte. Ich hörte ein Klicken, dann spürte ich etwas Kaltes, Rundes an meiner linken Schläfe. Dann sagte eine Stimme: »Wenn ich deine Zähne spüre, hast du gleich eine Kugel im Kopf.«

»He, die Sau kotzt!« Die anderen lachten. Ein Lappen fuhr mir durchs Gesicht. Er stank nach Putzmittel und Dreck. »Reiß dich mal zusammen! Ich denk, du bist 'n Profi? Das kenn ich aber anders.« Wieder Gelächter.

Die nächsten Minuten, Stunden, ich weiß es nicht, sind mir nur noch bruchstückhaft in Erinnerung. Fetzen, Puzzleteile, der Rest scheinbar von der Festplatte gelöscht. Natürlich ist alles noch da, vielleicht schützt mich mein Unterbewusstsein vor den Erinnerungen? Manchmal hoffe ich, dass diese Bilder nie wieder einen Weg nach oben finden werden.

Einige haben es trotzdem geschafft. Ich sehe mich auf dem Rücken am Boden liegen, die Handgelenke vom Paketband befreit, die Arme über den Kopf gebogen. Einer von ihnen hält sie fest, er kniet sich auf die Knöchel, es knackt, tut weh. Dann vergewaltigen sie mich. Einer nach dem anderen. Immer wieder.

Als Nächstes höre ich eine Stimme sagen: »Ob die Kleine weiß, was russisch Roulette bedeutet?«

Es war nicht als Frage gemeint. Eher als Auftakt zu einer perversen Oper. Bis dahin hatten die Schweine nur ihre Instrumente gestimmt. »Nein? Weißt du nicht? Na, die Bildungslücke können wir schließen. Sollst ja nicht blöd aus dem Leben gehen.«

Ich musste mich wieder hinknien, dann hielten sie mir reihum den Lauf der Pistole an den Kopf und drückten ab. *Klick.* »Oh! Glück gehabt.« *Klick.* Das Klicken schallte durch meine Ohren, hohl, Metall auf Metall, als würde jemand eine Stahltür in einer Fabrikhalle zuschlagen. Ich höre dieses Klicken noch heute. Und ich spüre den kalten Lauf der Waffe an meiner Schläfe. Die Gewissheit, dass es gleich vorbei sein wird. Die Ohnmacht, die innere Erstarrung, die Erleichterung, wenn auf das Klicken nichts weiter folgte als das Gemurmel der Männer.

»Du bist dran …«

»Wie viel Schuss haben wir noch?«

»Na, einer wird schon sitzen.«

»Und wenn nicht, dann zerstückeln wir dich und werfen dich den Schweinen zum Fraß vor!«

»Auch schön, haha.«

Dabei war ich längst den Schweinen zum Fraß vorgeworfen. Und heute weiß ich, dass es nie vorbei sein wird. Heute kann ich wenigstens weinen, wenn ich diese Zeilen schreibe. Das konnte ich früher nicht, da war ich nur stumm und reglos. Manchmal frage ich mich, was besser ist.

Dann war der Mann mit dem süßlichen Parfum an der Reihe. Er kam ganz nah an mein Gesicht, packte mich an den Haaren und zog meinen Kopf nach hinten. Dann zischte er leise: »Niemand, hörst du, niemand wagt es ungestraft, mir zu drohen! Hast du das jetzt verstanden?«

Der Sadist mit den Redewendungen!

Ich verlor das letzte bisschen Kontrolle über meinen Körper. Warm lief es mir an den Beinen hinunter. Die Demütigung traf mich härter, als ich mir das je hätte vorstellen können. Sie hatten mich so weit gebracht, dass ich mich vor Angst vollpinkelte. Das Gejohle der Männer höre ich heute noch.

Auch der letzte Satz, den dieser Sadist zu mir sagte, ist mir so lebhaft in Erinnerung, als hätte er ihn eben erst gesagt: »Kein Wort zu den Bullen. An dem Tag, an dem du mich wiedererkennst, bist du tot!«

Dieser Satz prägte die letzten zwanzig Jahre meines Lebens. Die Angst, einfach erschossen zu werden. Mitten im Ort, auf dem Parkplatz des Supermarkts. Oder nachts im Bett. Zwanzig Jahre Angst, dass diese Arschlöcher ihre Drohung wahr machen. Bis heute schützt uns die sächsische Regierung nicht ernsthaft. Selbst jetzt nicht, wo so vieles bekannt ist aus dem »Sachsensumpf«, die Fehler, die Vertuschungen, die Verstrickungen. Immer noch sind wir die Zielscheibe, immer noch sind diese Schweine nicht zur Rechenschaft gezogen. Stattdessen sitzen wir auf der Anklagebank – »wir«, das sind die Frauen, die sich »freiwillig prostituiert« haben. Die man ohne Probleme im Gerichtssaal mit »Prostituierte« anreden konnte. Minderjährige waren wir! Und keine erwachsenen Frauen, die sich aus welchen Gründen auch immer in die Hände eines Zuhälters begeben haben. Selbst sonst eher kritische Medien haben diesen Begriff einfach verwendet – und uns damit ein zweites Mal benutzt. Von »ehemaligen Prostituierten« und von »fürstlichen Bezahlungen« ist in der Presse die Rede. Von »blühender Phantasie«, »blindem Jagdeifer« und jeder Menge »heißer Luft«

spricht selbst Ministerpräsident Georg Milbradt. Opfer haben keine Lobby.

»Fräulein Schmidtmann, war es nicht so, dass Sie in der Zeit, in der Sie im Jasmin waren, geschlagen werden wollten?«, fragte mich Kuglers Anwältin während des Prozesses gegen den Zuhälter.

Klar. Aber sicher wollte ich das. Die traurige Wahrheit ist, dass ich tatsächlich irgendwann lieber geschlagen als ständig vergewaltigt werden wollte. Die Schläge haben meiner Psyche den Weg geebnet, nichts mehr außer Taubheit zu spüren. Weggedroschen. Eine Entscheidung zwischen Pest und Cholera. Aber keine, die Freiwilligkeit impliziert. Ob sich das die Herren im feinen Zwirn vorstellen können? Eher nicht. Sonst hätten sie nicht bei Vierzehnjährigen von »Prostituierten« gesprochen, als sei es ein logischer Schritt von einer Ausreißerin zu einer, die die Beine breit macht – noch dazu für eine »fürstliche Entlohnung«. Was will so eine denn noch vom Leben, ist doch fein! Das bisschen Gewalt, tja, das gehört dazu, wenn man sich sehenden Auges in dieses Milieu begibt.

Ich möchte diese »Entscheidungsträger« mal sehen, wenn sie mit vollgepisster Hose irgendwo am Boden liegen, in einer Pfütze, die langsam kalt wird, ein Klicken an der Schläfe, danach Stille, diese unerträgliche Stille. Wenn sie dann hören, wie sich die Schritte entfernen und nur noch Dunkelheit und Leere ist. Wenn im Mund nur noch der Geschmack von Blut und Kotze ist, der Körper grün und blau getreten. Ich lebe mit diesem Gefühl. Und in den Momenten, in denen ich glaube, nicht mehr damit leben zu können, erinnere ich mich daran, dass ich genau deswegen heute noch lebe. Ich lebe, um davon zu berichten. Es gibt weiß Gott schönere Gründe. Aber verdammt noch mal, ich lebe.

*

In den vergangenen Jahren habe ich mir oft die Frage gestellt: »Warum ich?« Bis ich irgendwann selbst das nicht einmal mehr zu fragen wagte. Die Bilder sind heute noch genauso intensiv und grausam wie damals. Wenn ich es gar nicht mehr aushalte, setze ich mich ans Klavier und spiele. Ich spiele um mein Leben, nur für mich. Oder ich male, bis ich den Pinsel nicht mehr halten kann. Das Gefühl in meiner schmerzenden Hand ist oft das Einzige, das ich wahrnehmen kann. Ansonsten bin ich nur noch leer.

Ich weiß nicht, ob ich durch das Aufschreiben meiner Erlebnisse und Gedanken das Trauma verarbeiten kann. Ich klammere mich an die Hoffnung, dass ich mit dem letzten Satz dieses Kapitel meines Lebens auch zuschlagen kann, wie ein Buch, das man ausgelesen hat. Ich glaube nicht wirklich daran. Trotzdem will ich leben, lachen und genügend Licht ausstrahlen, um die alten Schatten auszuleuchten und zu verbannen.

Ich habe vier Jahre gebraucht, bis ich den Mut hatte, mich überhaupt an den Computer zu setzen. Eine Zeile, zwei vielleicht, dann wieder Wochen und Monate, in denen ich Angst vor dem weißen Blatt hatte. Angst vor den Erinnerungen, die dieses weiße Blatt beschmutzen würden. Dann wieder gewann die Kämpferin in mir die Oberhand. Die Mandy, die sagte: »Du musst dir dein Leben zurückerobern, darfst dich nicht verstecken.« An manchen Tagen sind es verzweifelte Versuche, zum Scheitern verurteilt. Dann will ich mich nur noch verstecken, verschwinden, mich so lange kaputtmachen, bis nichts mehr von mir übrig ist. Dann gibt es wieder Tage, an denen ich glaube, dass meine Kraft ausreicht. Nicht nur für mich, sondern auch für andere Opfer, deren Stimme nicht gehört wird. Die in den Mühlen der Justiz feststecken, ihrer Würde beraubt, gedemütigt und benutzt. An diesen Tagen habe ich das Gefühl, dass mich jede Niederlage nur noch stärker macht.

Dass ich nicht länger schweigen kann, dass mich niemand je wieder einschüchtern wird, dass ich aufgefangen werde von Menschen, die mir nahestehen. Dann betrachte ich das Opfer in mir aus weiter Ferne, als einen Teil, der mich nicht ausmacht, der mir die Sehnsucht nach Leben nicht rauben wird. Das alte Muster: abspalten, um zu überleben.

Ein trügerischer Schein. Jedes Mal, wenn ich denke, dass ich endlich den Kopf über Wasser halten kann, mich freigeschwommen habe, holt mich die Vergangenheit ein. Unbarmherzig und kalt. Manchmal ausgelöst durch mein Inneres, manchmal durch äußere Umstände. Der Sachsensumpf ist auch zwanzig Jahre später noch nicht trockengelegt, die Prozesse gehen weiter. Das, was ich erlebt habe, hat bei mir zu einer schweren Form der posttraumatischen Belastungsstörung geführt, die mein Leben massiv beeinträchtigt. Eine Burg mit dicken Mauern, hinter die ich mich zurückziehen und ausklinken kann, in der ich mich sicher fühle, aber auch selbst gefangen halte. Die starke Mandy konkurriert mit der schwachen, und ich weiß nicht, wie ich damit umgehen soll. Ich kann meine Gefühle nicht sortieren, nicht aktiv steuern, wann ich wie sein möchte. Manchmal wünsche ich mir, ich hätte eine Fernbedienung, mit der ich das für die Außenwelt »angemessene« Programm auf Knopfdruck anknipsen könnte. Funktioniert leider nicht. Von einer Sekunde auf die nächste überfällt mich völlige Panik, ich bin orientierungslos, selbst in den eigenen vier Wänden.

Dann wieder habe ich Hoffnung, dass ich das irgendwie in den Griff kriegen werde. Den letzten heftigen Flashback hatte ich vor einigen Monaten, vorher kamen sie mehrmals pro Woche. Ein großer Fortschritt. Liegt es daran, dass ich versuche, das alles zu Papier zu bringen? Ich *will* schreiben, es ist wie ein innerer Zwang. Wenngleich ich Worte finden will für etwas, für das es keine Worte gibt. Es ist quälend, zurückzugehen an die Stellen, an denen es weh tut. An die Stellen, die man eigentlich abgetötet hat, damit sie nicht mehr weh tun. Ich denke manchmal, das ist das Schwerste überhaupt. Sich einzugestehen, dass man die Realität zwar eine Zeitlang verdrängen kann, sie aber trotzdem noch da ist. Ich habe jahrelang so getan, als wäre mir das alles nicht passiert. Ich wollte es nicht akzeptieren, dieser Dreck sollte nicht zu mir gehören, das war nicht ich. Als ich das irgendwann konnte, war der nächste Riesenschritt, mich davon zu überzeugen, dass ich mehr war als nur das Mädchen aus dem Jasmin. Es gelang mir lange nicht. Die Vergangenheit stülpte sich wie ein dicker Sack über mich, vorher war nichts, hinterher würde auch nichts kommen. Das Trauma überlagert alles, wie ein zäher, lähmender Schleim.

Manchmal habe ich das Gefühl, dass ich mich nie aus diesem Morast werde befreien können. Ich weiß, dass es Menschen gibt, die mir dabei helfen wollen, die mir ihre Hand reichen. Aber sofort ist da wieder diese Angst. Kann ich vertrauen? Kann ich anderen vertrauen, wenn ich mir selbst nicht vertraue? Können mich andere lieben, wenn ich mich selbst nicht lieben kann? Können sie mein wahres Ich erkennen, wo ich doch alles dafür tue, es hinter einer Maske zu verbergen?

Wenn ich dann einmal die Hand ergreife, höre ich sofort wieder diese Stimme, die mir sagt: *Du bist es nicht wert, du hast es nicht verdient, geliebt zu werden, glücklich zu sein.* Dann suche ich sofort nach Fehlern. War da nicht ein Misston? Eine leise Kritik? Husch, husch, zurück ins Schneckenhaus. Die eigene Unsicherheit wird in meiner Vorstellung zu einer Waffe in der Hand meines Gegenübers. Ich wage es nicht, nein zu sagen, eine klare Position zu beziehen, weil ich Angst habe vor den Konsequenzen. Ein Nein, ein vermeintliches Fehlverhalten, führt zu Ablehnung, Bestrafung und Schmerz. Ich will diesen Schmerz nicht mehr spüren, will es allen recht machen. Wenn ich mich auf andere konzentriere, kann ich mich selbst vergessen. Ein Opfer macht sich so selbst immer wieder von neuem zum Opfer, wenn es nicht lernt, sich wahr- und ernst zu nehmen. Ich weiß nicht, ob mir das jemals ganz gelingen wird. An guten Tagen vertraue ich darauf, dass ich es schaffen werde. An schlechten Tagen fühle ich mich betrogen. Vom Leben. Um mein Leben. Benutzt und weggeworfen, wie eine alte Puppe. Misshandelte Kinderseele, kaputte Erwachsenenseele.

Schweinemastanlage

Mächtig dem gebrochenen Kind gezeigt
Wie schnell gelbe Kacheln werden rot
Es wäre ja besser, wenn es schweigt
Sonst hängt's ausgeblutet, tot

Das Auto hält vor einem alten Gebäude. Eine Fabrikhalle?
Ein Stallgebäude einer ehemaligen LPG? Ich blicke nach
unten, habe Angst zu stolpern. Durch die Augenbinde
sehe ich, dass der Weg von Gestrüpp gesäumt ist, zwischen
den Betonplatten am Boden wuchert Unkraut. Die beiden
Männer zerren mich an den Oberarmen zu einer großen
Stahltür. Sie quietscht beim Öffnen. Als sie hinter uns ins
Schloss fällt, hallt es lange nach. Ein modrig-feuchter Geruch steigt mir in die Nase. Ich höre Stimmen, ein Mann
brüllt herum.

Sie nehmen mir die Augenbinde ab. Es dauert, bis ich
mich an das diffuse Licht gewöhne.

Ich sehe Stahlschienen an der Decke, die quer durch die
Halle führen. Am anderen Ende dringt durch ein paar Glas-
bausteine etwas Licht herein, ein heller Strahl, durch den
Staubpartikel tanzen. Im Betonboden befindet sich eine
lange Rille, die in einen Ausguss mündet. Auf der linken
Seite ist ein gemauerter Raum mit einer Stahltür, der stab-
förmige Griff ragt nach oben. Eine Kühlkammer, wie man
sie aus größeren Metzgereien kennt.

»Zieh dich aus.«

Ich bin unfähig, mich zu wehren, und lege meine Kleidung Stück für Stück auf den Boden.

»Und jetzt sieh genau hin!«

Einer der Männer befestigt ein Seil mit einem Haken am Ende an einer der Schienen. Dann zerren sie eine Frau herein, sie ist an Händen und Füßen gefesselt.

Der Körper der Frau ist mit blauen Flecken und Striemen übersät. Sie hängen ihn an den Füßen auf, ziehen ihn nach oben. Blut tropft hinunter. Plitsch. Plitsch. Ihre langen schwarzen Haare schleifen über den Boden. Wie ein Wischmopp, während die Männer den Körper von rechts nach links schlagen. Sie rührt sich nicht mehr, kein Laut dringt aus ihrer Kehle, wie ein Sack schwingt sie am Haken hin und her.

Was ich bei diesem Anblick fühlte? Ich weiß es nicht mehr. Vielleicht habe ich mich gefragt, was sie getan und ob sie diese Art der Bestrafung verdient hat. Vielleicht habe ich ihr gewünscht, dass sie bewusstlos bleibt. Vielleicht habe ich Mitleid empfunden, vielleicht aber auch nicht. Vielleicht habe ich mich nur gefragt, was sie mir damit sagen wollen. Eine Demonstration, die mir zeigen sollte, was andere Zuhälter mit ihren Mädchen und Frauen machten, wenn sie nicht spurten. Da seht ihr mal, wie gut ihr's bei mir habt!

Ich sehe die Frau, und ich sehe sie nicht. Ich sehe durch sie hindurch, durch dieses starre Gesicht, der Lippenstift verschmiert zu einer Fratze. *Sie ist nicht mehr da. Sie spürt nichts mehr. Niemand spürt mehr irgendetwas. Eine Larve, ein Kokon, gleich fliegt sie weg und lässt alles hinter sich. Ein schöner Schmetterling, davongetragen hoch über mir, hoch über allem. Flieg, flieg, Christl, flieg.*

Erst in diesem Moment fällt mir auf, dass ich diese Frau

kenne. Kugler hatte sie einmal im Schlepptau, als er mit Kunden ins Jasmin kam. Wir hatten einen schnellen Kaffee zusammen getrunken. Ich mochte sie, sie hätte meine Mutter sein können.

Ich weiß nicht, wie lange ich auf den leblosen Körper starrte. Meine Augen brannten. Der Schmerz dieser Frau legte sich über meinen eigenen. Was kann ein Mensch aushalten? Ich konnte den Blick nicht abwenden und hielt doch das, was ich sah, kaum aus.

Ich war froh, als einer der Männer mich packte und wegzog.

O. k., ich habe meine Lektion gelernt. Kann ich jetzt nach Hause?

Aber die Lektion war noch nicht zu Ende.

Der Mann öffnet die Tür zum Kühlhaus. Ich kann sein Gesicht nicht sehen. An der Hand trägt er einen breiten goldenen Ring mit einer Gravur und einem kleinen Stein. Ich kann nur den Anfangsbuchstaben erkennen, ein verschnörkeltes »G«.

Mit Wucht werde ich nach vorne gestoßen, ich falle, schlage mir den Ellenbogen auf. Blut rinnt mir über den Arm. Ich höre, dass etwas auf den Boden neben mir fliegt, dann knallt die Tür zu, die Dunkelheit ist absolut. Es ist eiskalt, mit den Händen taste ich unsicher über den Boden. Unrat überall. Auf allen vieren rutsche ich panisch über die Fliesen, ich muss eine Ecke finden, einen Halt.

Vorsichtig kroch ich vorwärts. Ich stand so unter Hochspannung, dass ich laut mit mir selbst redete: »Scheiße, wo ist die verdammte Hose? Sie muss hier irgendwo sein. Da ist das Feuerzeug drin.« *Bitte, bitte nur ein wenig Licht.*

Mit der Hand stieß ich plötzlich gegen etwas. Ich schrie

auf. Es war weich, kühl und irgendwie feucht. Wie Haut, nasse, kalte Haut. Totenhaut.

Ich schrie und schrie und konnte überhaupt nicht mehr aufhören. Panisch rutschte ich nach hinten, bis ich an eine Wand prallte. Dort kauerte ich mich zusammen und versuchte, mich irgendwie zu beruhigen. Ich kann nicht sagen, wie lange ich dort hockte und woran ich dachte. Ich fror, und meine Hände und Füße fühlten sich an, als würden sie nicht mehr zu mir gehören. *Du musst dir was anziehen. Beweg dich, vorwärts. Irgendwo ist deine Jacke. Das Ding am Boden war nichts, Müll, irgendwas, mach jetzt. In der Jacke sind deine Zigaretten. Und irgendwo da ist auch das verdammte Feuerzeug. Konzentrier dich, los, weg von der Wand.* Als Erstes ertastete ich meine Jacke. *Gut, die Kippen sind noch drin. Weiter, mach weiter. Da. Ein Socken. Ah, die Unterhose.* Stück für Stück zog ich meine verstreute Kleidung über. *Und jetzt noch das Feuerzeug, wo ist das Scheißding, ich muss eine rauchen. Damit ich runterkomme. Da war nichts vorhin, eine blöde Kröte vielleicht, nichts Schlimmes, nur eklig. Eine vergessene Schweinehälfte. Ein Kotelett. Mit Erbsen und Kartoffeln. Haha.*

Ah. Da ist es!

Mit zitternden Fingern umfasse ich das Feuerzeug. *Jetzt noch die Kippe zwischen die Lippen und dann wird es gleich besser.* Ich rutsche zurück zur Wand, winkle meine Knie an und ziehe wie eine Ertrinkende an meiner Zigarette. Als würde mich der Rauch, der kurze Kick, den das hektische Saugen auslöst, wegtragen können auf einer Wolke des Vergessens.

Das kurze Aufglimmen der Glut, ein orange-gelber Augenblick, warm und weich. Wie die Kohlestückchen in unserem Ofen, kurz bevor sie in sich zusammenfielen. Das Bild, wenn es im Ofentürchen nur noch dunkel war, der Rauch beißend nach draußen quoll, wenn man es öffnete, mochte ich noch nie. Es hatte etwas Endgültiges.

Ich drückte die Kippe auf dem Boden aus und machte mit klammen Fingern das Feuerzeug noch einmal an. *Klick. Klick. Russisch Roulette.* Im Schein der Flamme sah ich, dass einige Kacheln zersprungen waren, dunkle Adern durchzogen den vergilbt-weißen Hintergrund.

Ich nahm allen Mut zusammen, streckte den Arm aus und leuchtete meine nähere Umgebung aus. *Gut. Da ist nichts, kein Grund zur Panik.* Ich robbte langsam vorwärts, Stück für Stück weg von der sicheren Wand. *Autsch, das Mistding.* Die Flamme ging aus, der Feuerstein war knallheiß. Mein Daumen brannte, ich pustete und steckte ihn in den Mund. Mit der anderen Hand wedelte ich das Feuerzeug durch die Luft. Als ich es wieder anbrachte, ohne mir die Finger dabei zu verbrennen, sah ich eine schwarze Locke auf den Fliesen. Sie gehörte zu einem nackten Frauenkörper.

»Christl! Christl!«

Ich kroch zu ihr und strich ihr über den Kopf. *Wie lange liegt sie schon dort? Wann haben sie sie hier reingebracht? Wieso habe ich das nicht mitbekommen? Sie atmet, Gott sei Dank, sie atmet.*

Ich beuge mich über sie, streiche ihr das Haar aus dem blutig verkrusteten Gesicht und fange an zu heulen. Ich rede beruhigend auf sie ein, ziehe meine Jacke aus und lege sie über ihren Körper, weiß gar nicht, wo ich sie zuerst bedecken soll. *Sag doch was. Christl, sag doch bitte was.* Sie bleibt stumm, rührt sich einfach nicht.

Ich werde panisch, kann nicht aufhören zu heulen. Der Rest sind wieder nur Fetzen, Filmschnipsel, die ich nicht zusammenkriege.

Als die Tür – wann auch immer – aufgeht, sehe ich Trixi in der Halle stehen. Was macht sie dort? Ist sie vorher schon da gewesen? Sie steht direkt neben den Männern und schaut mich an. *Bilde ich mir das alles nur ein? Was macht sie da?* Ihr

Blick ist starr, ihr Gesicht verrät keine Regung. Sie scheint ganz weit weg zu sein, nimmt mich überhaupt nicht wahr.

*

Zwanzig Jahre später, im März 2012, stehe ich Trixi in einem Gerichtsgebäude gegenüber. Wir sind unsicher, wie wir miteinander umgehen sollen. So vieles ist inzwischen passiert, viel zu viel begleitet uns, als dass wir uns »einfach so« begegnen könnten. Vielleicht können wir es irgendwann einmal. Vielleicht können wir irgendwann auch einmal drüber reden, was die Zeit im Jasmin mit uns gemacht hat. Mit unseren Seelen. Einige Monate vorher, bei einem Vorbereitungstreffen für den Prozess, haben wir uns das erste Mal umarmt und gemeinsam geweint. Worte für das, was wir empfanden, hatten wir nicht.

Jetzt blickte sie mich lange an und sagte völlig unvermittelt: »Ich war in der Halle. Damals, bei der Sache mit Christl. Ich kann mir das nicht verzeihen, dass ich nichts getan habe.«

Ich packte diesen Satz nicht, er zog mir von einem Augenblick zum nächsten den Boden unter den Füßen weg. Ein Abgrund. Ich empfand völlige Verzweiflung und Wut zugleich. Wut darüber, dass sie diesen Satz ausgesprochen hatte. In diesem Moment wurde wahr, was bis dahin nicht wahr gewesen war. Die Bilder, die ich so gerne unter der Rubrik »Phantasie« abgelegt hätte. *Was nicht sein kann, das darf nicht sein. Nichts passiert, alles gut. Das ist nie geschehen.*

Auch für Trixi änderte sich mit diesem Satz etwas. Wir hatten es beide ausgeblendet, sonst hätten wir es nicht ertragen. Wir wollten doch nur, dass Kugler uns liebhatte, wollten gut sein, unseren Job richtig machen, damit er stolz auf uns ist. *Die Christl? Scheiße noch mal, musste richtig Mist gebaut haben.*

Wie krank ist das eigentlich? Dass man die Panik wegdrängt, die Vorstellung, als Nächste am Haken zu hängen? *Ich habe sie da hängen und hinterher auf dem Boden liegen sehen. Ich habe ihre kalte, nasse Haut im Dunkeln gespürt und es sofort ausgeblendet, kaum, dass ich wieder im Jasmin war. Schwein gehabt, Lektion gelernt. Musste halt hart durchgreifen, der Kugler, wenn die Zicke es nicht anders begreift. Ist schon okay so. Alles weg. Wie weggefegt. Als hätten die Stunden davor nie stattgefunden. Und Trixi? Was wusste ich schon von deren Träumen? Von ihrer Vergangenheit, ihrer Zukunft? Nichts. Der Augenblick zählte. Der Alltag. Und hinterher essen wir alle gemeinsam eine Tütensuppe. Gemüsebrühe, mit kleinen Buchstabennudeln drin. Das wärmt und ist der kleinste gemeinsame Nenner. Die kriegt man auch runter, wenn sonst nichts mehr geht. Wenn man sich krank fühlt, elend und allein.* Wenn ich mir heute eine Tütensuppe koche, habe ich kein unangenehmes Gefühl dabei. Eher eines der Verbundenheit, das nie verschwunden ist. Eines, das mir in schwierigen Momenten Sicherheit gibt. Seit zwanzig Jahren habe ich immer einige Tüten auf Vorrat im Schrank.

Der Tag der Befreiung

Befreit und doch in mir schweigend gefangen
Die Seele in mir in tausend Stücke gefetzt
Haben jede Gerechtigkeit verwehrt, zerbrochen
Die Opfer als Täter durch die Straßen gehetzt

Schon längst hatte ich mich damit abgefunden, dass mein zukünftiges Leben im Jasmin stattfinden würde. Es gab vorher nichts, es würde hinterher nichts geben. Das Erlebnis in der Wohnung, der Vorfall in der Schweinemastanlage, der misslungene Fluchtversuch – irgendwann hatte ich keine Hoffnung mehr. »Ihr könnt euch bei der da bedanken«, hatte Kugler den anderen gesagt. »Keine von euch geht mehr raus, nicht einmal, um den Müll runterzubringen. Dass das hier klar ist!« Ich hatte Scheiße gebaut, war mal wieder schuld. Die dämliche Kuh, die die anderen in Schwierigkeiten brachte.

Das Schlimmste war, dass ich irgendwann noch nicht einmal mehr daran dachte zu fliehen. Es war so, wie es eben war, alles andere war Phantasterei. Ich weinte nachts nicht mehr, dachte nicht mehr an meine Mutter, nicht mehr an meinen Vater, ich dachte an überhaupt nichts mehr. Ich stand morgens auf, trank einen Kaffee, zog mich an oder wieder aus, ganz wie die Kunden es wollten. Ich schob die Falttür hinter mir zu, so wie ich früher das Pausenbrot in den Ranzen gesteckt hatte, ein routinierter Handgriff, mehr nicht. Ob die Salami mir schmeckte oder nicht, was spielte das für eine Rolle? Ich fühlte nichts mehr, versuchte, mich an die Regeln zu halten und mich irgendwie einzurichten. Die Zicke war tot, hatte zu oft eine aufs Maul bekommen. Sie funktionierte, der Fächer über dem Bett war ausgezählt, die Schafe hüpften nicht mehr über den Zaun. Fell abgezogen, sollen sie doch drauf rumtrampeln, merkt man ja nicht mehr. Hin und wieder ausgeklopft, kräftig, damit der Dreck rausgeht, und dann wieder schön hingelegt. Bereit für den nächsten Kunden, damit er's schön warm und kuschelig hat. *Fein, so magst du's, nicht wahr? Sonderwünsche? Klar, ich freu mich über jedes Fleißsternchen.*

*

Es war ein Tag wie jeder andere auch. Wir standen wie immer gegen Mittag auf, Ines und Trixi gingen einkaufen, und Lea, Kuglers Liebling, hatte »Freigang«, um ihre Oma zu besuchen. Die hatte, soweit ich mich erinnere, Geburtstag. Wir alle waren so auf Spur gebracht, dass Kugler keine Sorge hatte, dass sie der lieben Oma etwas steckte oder zur Polizei gehen würde. Was hätte sie auch sagen sollen? »Omi, ich hab da ein paar Pralinen für dich, aber bevor du die jetzt auspackst, muss ich dir was sagen! Deine Kleine geht anschaffen und lässt sich jeden Tag durchficken. Von dem Geld hab ich auch dein Geschenk gekauft, toll, was?« Superidee.

Mir ging es nicht so gut an diesem Tag. Ich hatte Unterleibsschmerzen, und alles tat mir weh. Kugler hatte mich am Abend zuvor brutal vergewaltigt und mit der Peitsche gedroschen. *Doch wieder mal nicht an die Regeln gehalten.*

Ich ließ mir ein heißes Bad ein, in der Hoffnung, das würde die Schmerzen ein wenig lindern. Bis zum späten Nachmittag musste ich fit sein, dann würden die Kunden so langsam eintrudeln. Ich ging ins Badezimmer, drehte das

Wasser auf und schüttete irgendein parfümiertes Zeug hinein. Als ich mich hineinsetzte, brannte mein Rücken, aber der Schmerz ließ mit der Zeit nach. Ich ließ mich in den Schaum sinken und versuchte, mich etwas zu entspannen. Es war warm und wohlig. Und ich döste für einen Moment weg.

Die Badezimmertür flog mit einem lauten Knall auf. Ich riss erschrocken die Augen auf. Vor mir standen drei vermummte Personen, die Waffen in ihren Händen auf mich gerichtet. *Jetzt ist es aus!* Ich tauchte mit dem Kopf unter Wasser. Ich hörte, wie einer von ihnen schrie: »Raus aus der Wanne! Sofort.«

Das mussten Feinde von Kugler sein, andere Zuhälter, die noch eine Rechnung mit ihm offen hatten. Ich hielt die Luft an und rührte mich nicht. Wie oft hatte er uns eingebläut, nie die Tür zu öffnen, wenn wir keine Kunden erwarteten. »Seid vorsichtig, Mädels, da draußen gibt es ein paar Schweine, bei denen weiß man nie!«

Das Wasser stieg mir in die Nase, lange würde ich es nicht unter Wasser aushalten können. Als ich mit puterrotem Kopf auftauchte, waren sie immer noch da.

Okay, steh auf, langsam, sie werden dir schon nichts tun.

Der Boden war rutschig, ich verlor fast das Gleichgewicht, als ich mich am Haltegriff neben der Wanne nach oben zog. Meine Haare trieften, das Wasser rann mir über die Augen. Ich musste mehrmals zwinkern, bis ich die Szene im Bad klar hatte. Zwei der Männer ließen ihre Waffen sinken, drehten sich um und gingen Richtung Tür. Auf ihrem Rücken ein Schriftzug, dessen Bedeutung mir nur langsam ins Bewusstsein sickerte. POLIZEI stand da in fetten Lettern. Ich war im ersten Moment wie betäubt, dann brach ich in Tränen aus und kreischte und lachte herum wie eine Irre. Zwei der Uniformierten standen noch immer vor der Wanne. Eines dieser Wesen nahm den Helm ab, eine

Frau, die mir die Hand reichte und fragte, ob sie mir helfen könne.

»Nein, das geht schon, ich schaff das.« Meine Stimme zitterte vor Aufregung, Tausende Gedanken schossen durch meinen Kopf, ich bekam kaum das Bein über den Wannenrand. Als ich sicher auf der anderen Seite stand, blickte ich ihr direkt in die Augen.

»Ist ein bisschen heiß hier drinnen, ich warte besser draußen. Ziehen Sie sich was an.« Mit diesem Satz ging sie nach draußen, ihr Kollege folgte ihr.

Ich stand tropfend auf den Fliesen und wusste überhaupt nicht, was ich tun sollte. Das, worauf ich so lange Zeit gehofft hatte, war plötzlich eingetreten. *Es ist vorbei, es ist endlich vorbei.*

Mit zitternden Fingern griff ich nach einem Handtuch, um mich abzutrocknen. *Und jetzt? Wie weiter? Was, wenn Kugler genau jetzt kam? Wilder Schusswechsel? Reiß dich zusammen, das ist Fernsehen. Was ist mit den anderen? Ich muss denen sagen, dass sie weg sind, dass sie gleich wiederkommen vom Einkaufen, dass sie sie auch retten müssen. Und Lea. Also, wissen Sie, die ist gerade bei der Oma, die kommt aber sicher gleich, muss sich ja fertigmachen für den Abend. Ja, Ausgang haben manche von uns schon hin und wieder. Bei guter Führung. Wie? Alles nicht so schlimm hier? Nee, alles nicht so schlimm hier. Wie klingt das denn! Die denken ja, du hast 'nen Schatten. Mach weiter jetzt. Zieh dich einfach an.* Mit dem Handrücken wische ich mir die Tränen aus dem Gesicht. *Na bitte, siehst doch ganz normal aus, jetzt noch in den Bademantel schlüpfen und dann auf dem Sofa »Wetten dass ..?« gucken. Samstagabend in Deutschland. Was ist überhaupt für ein Tag?*

Als ich aus dem Badezimmer kam, stand Jasmin im Flur. Umringt von drei Polizisten. Sie drängte sich an ihnen vorbei und fiel mir um den Hals. Wir umarmten uns, heulten und lachten, tollten wie die Kinder über das Parkett. Ob wir wirklich realisierten, dass es vorbei war? Oder ob wir einfach nur hysterisch waren, panisch, dass gleich die Tür auffliegen würde und Kugler mit seinen Schergen den anderen die Fresse polieren würde? Ich weiß es nicht mehr.

Ich weiß nur noch, dass wir irgendwann Arm in Arm auf dem Boden lagen, völlig erschöpft, und die Beamten uns aufhelfen mussten. Meine Beine waren wie Pudding, mein Gesicht brannte von der ganzen Heulerei, und ich musste mich an die Wand lehnen, damit ich nicht umfiel. Die Polizistin sagte zu ihren Kollegen, dass ich einen Arzt bräuchte, sie hätte meine Verletzungen im Bad gesehen.

Ich hörte mich aufgeregt sagen: »Nein, nein, ich brauche keinen Arzt, brauche ich nicht, alles gut.«

Ich war frei.

*

Der Funkverkehr rauschte und knackte durch den Flur. »Nein, keine weiteren Personen, keine Verletzten … nein, nur zwei junge Frauen … ja, der ist bereits festgesetzt, ist uns direkt vor der Haustür in die Arme gelaufen … Nein, müssen mehr sein, noch keine Auskunft über weitere Mädchen. Informationen folgen.«

Während einige der Beamten die Wohnung auseinandernahmen, wurden Jasmin und ich in der Küche verhört. Wo die anderen Mädchen seien? Wir erzählten, dass sie einkaufen seien, sicher bald zurückkämen. Aus dem Ofen, der nie angefeuert wurde, holten wir die Kassenbücher, die Trixi so penibel geführt hatte. In der Schrankwand waren diverse Videobänder, Fotos und »Werkzeuge« verstaut. Unter anderem ein Schlagstock, die Peitsche und ein Elektroschocker, mit dem Kugler auch mich mehrfach traktiert hatte.

Noch während sich die Beamten in der Wohnung zu schaffen machten und selbst den Kühlschrank unter die

Lupe nahmen, wurden Jasmin und ich zur Polizeidienststelle gefahren. Vorher hatte mich der Leiter des Sondereinsatzkommandos noch einmal gefragt, ob ich nicht doch einen Arzt bräuchte. »Sind Sie ganz sicher? Ich sehe doch, dass Sie Schmerzen haben. Vielleicht sollten wir wirklich einen Krankenwagen …?«

Ich hatte alles, was ich brauchte.

Auf der Dienststelle sollten Jasmin und ich nacheinander vernommen werden. Während wir noch auf dem Flur warteten, ging die Tür auf und Lea kam in Begleitung eines Beamten herein. Ich sprang von meinem Stuhl auf, lief auf sie zu, und wir fielen uns in die Arme.

Irgendwann wurde ich ins Vernehmungszimmer gerufen, um meine Aussage zu machen. Ich wollte erzählen, wie ich da hineingeraten war. *Wo war der Anfang? Wo die Mitte? Wo irgendein Halt?*

»Also. Wir hatten Streit … nein, eigentlich wie immer. Und dann bin ich nach der Schule nicht mehr … nein, das war nicht das erste Mal. Deshalb sag ich ja, es war wie immer.« Ich musste meine Schilderung immer wieder unterbrechen. Ich heulte unkontrolliert, geriet ins Stocken, hatte Mühe, die Dinge zeitlich einzuordnen. »Und dann sind wir in diese WG gekommen, das hat er uns gesagt, Mädchen-WG hat er gesagt, weil es ja so kalt ist draußen und dass wir nicht im Freien schlafen sollten oder unter einer Brücke. Fand ich in Ordnung, echt.«

Je mehr es ins Detail ging, umso mehr Probleme hatte ich. *Kugler hört jedes Wort. Das wird dir noch leidtun, wenn du ihn jetzt hinhängst. Die Sau hat dir das angetan, halt's Maul, Kugler, stimmt doch alles. Weil du nicht aufgepasst hast, mir nicht zugehört, sie nicht befolgt hast. Regeln, Mandy, Regeln. Die gibt es im Leben, und du hast es immer noch nicht begriffen.*

»Können Sie sagen, was Ihnen im Jasmin angetan wurde?«

Die Stimme des Beamten kam von ganz weit weg. Es klang wie eine Schallplatte, von 45 auf 33 runterschaltet.

Nichts? Alles! Kann ich nicht sagen. Muss ich kotzen. Weiß ich nicht. Ich hab mich eingepisst vor Angst. Hab sie hängen sehn. Plitsch, klick, plitsch, klick. Bin mit dem Kopf gegen die Schrankwand geflogen, die Bettwäsche hatte Tigermuster, ach, das dachten Sie sich? Und im Kopfteil ein Radio ... Nein, Tina Turner eher, so Kuschelrock-Sachen. Was wir machen mussten? Hm. Blasen fünfzig, GV hundert, anal vierhundert, Sonderwünsche extra. Nein, nur mit Gummi. Kind, weißt du eigentlich, wie du dich anhörst? Du siehst aus wie eine Hure! Wie eine Hure.

»Erzählen Sie doch mal. Erzählen Sie doch mal. Und wann war das? Und wer hat Ihnen das angetan?«

Ich ... also, das geht so. Nein, weg, da ist man weg, richtig weg, ich weiß auch nicht. Der Suizidversuch? Ja, das war am Anfang. Eine Bleibe, ein Dach über dem Kopf, mehr nicht.

Es war qualvoll.

Zum Schluss wurde ich von dem vernehmenden Beamten gefragt, ob ich gegen Kugler Strafantrag wegen Vergewaltigung und Körperverletzung stellen möchte. Ich bejahte und fragte anschließend noch nach den Männern, die im Jasmin verkehrten. Würde man die auch zur Verantwortung ziehen?

Ich bekam darauf keine wirkliche Antwort. Der Beamte meinte, jetzt ginge es vorrangig um »den Zuhälter«, alles Weitere würde man sehen.

Das Protokoll mit meiner Unterschrift trägt das Datum vom 28. Januar 1993.

Nach der Unterzeichnung sollte ich draußen auf dem Flur warten. Nach einer Weile sah ich Ines und Trixi auf mich zukommen. Wir stürzten aufeinander zu, fielen uns in die Arme und weinten. Danach sank ich völlig erschöpft zu

Boden. Ich konnte nicht mehr, mein Körper resignierte. Zwei Polizeibeamte brachten mich in einen Sanitätsraum, wo ich mich auf eine Liege legen konnte, dann riefen sie den Notarzt. Während der ganzen Zeit weinte ich leise vor mich hin.

Der Rettungswagen kam, zwei Sanitäter und ein Arzt, der mich gleich untersuchen wollte. Ich wehrte mich, wollte nicht, dass mir irgendjemand zu nahe kam, noch nicht einmal ein Arzt. Er sprach beruhigend auf mich ein, hielt meine Hand und tröstete mich. Als er die Verletzungen an meinem Oberkörper sah, stiegen ihm die Tränen in die Augen. Er meinte, dass ich mit ins Krankenhaus fahren müsse, damit man mich dort genauer untersuchen könne.

Im Krankenhaus angekommen, musste ich warten. Ich lag in einem Klinikbett auf dem Flur, die Hektik um mich herum, die Neonröhren über mir, machten mir Angst. Ich fürchtete mich vor der Untersuchung, vor allem vor der gynäkologischen. Ich schämte mich. Da waren auch Wunden. Wunden, von denen ich selbst hier in diesem Buch nicht schreiben kann, weil ich mich nicht daran erinnern will. Schnitte, Stiche. Verbrennungen. Ich wollte einfach nur noch weg.

Keiner nahm Notiz davon, dass ich plötzlich aufstand und aus der Klinik lief.

Als ich auf der Straße stand, wusste ich nicht, wohin.

Im Morgengrauen schellte ich an der Wohnungstür, Jasmin öffnete. Auch Trixi und Ines waren wieder da. Wir räumten auf und freuten uns über unsere neugewonnene Freiheit. Wir wollten zusammenbleiben, uns nie wieder trennen. Gemeinsam in der Wohnung leben. Wir dachten nicht darüber nach, ob das funktionieren könnte und wie das überhaupt funktionieren sollte.

Hauptsache, wir waren zusammen und füreinander da. Nach Hause? Das konnte sich keine von uns vorstellen.

Spießrutenlaufen

Vermeintlich frei steh ich nun in der Tür zum Leben
Den Schmerz, die Angst noch in der Brust ganz tief
Wissend, das Leben wie zuvor wird's nie wieder geben
Nichts läuft jetzt mehr, so wie es vor langem mal lief

Jasmin erzählte uns, dass die Polizei sie während ihrer Vernehmung unter Druck gesetzt habe. Sie war die Einzige von uns, die bereits volljährig war. Außerdem war sie schwanger. Von ihm. Die Beamten hätten zu ihr gesagt, sie solle auspacken. Andernfalls würde sie das Kind im Knast zur Welt bringen.

Irgendwann am Nachmittag klingelte es an der Haustür. Keine rührte sich, Kuglers Arm reichte weit. Es schellte erneut, laut und durchdringend. Jasmin öffnete vorsichtig die Tür. Einer der Polizisten, die uns befreit hatten, stand im Treppenhaus.

»Kann ich reinkommen?«

Er musste mitbekommen haben, dass wir nach unserer Vernehmung die Merseburger als Treffpunkt vereinbart hatten. Im Nachhinein muss man sich fragen, warum Polizei und Behörden das überhaupt zugelassen haben, zumal, was uns Minderjährige anging. Eine der vielen Ungereimtheiten, die weitere nach sich ziehen sollte. So war in der *Leipziger Morgenpost* am 12. Februar 1993 zu lesen: *Eine Sprecherin des Leipziger Jugendamtes: »Wir können die*

Kinder nicht aus dem Bordell nehmen, weil die Eltern einver-
standen sind.« Mandys Vater J. dazu: »Eine Unverschämtheit.
Wir wollten unseren Kindern helfen, doch das Jugendamt hat
uns nie unterstützt.« Meine Eltern erfuhren übrigens aus der
Zeitung von unserer Befreiung.

Jasmin bat den Polizisten ins Wohnzimmer, wir anderen
kamen dazu. Er redete uns ins Gewissen, meinte, wir sollten es doch noch einmal probieren mit dem Schritt zurück
ins normale Leben. Wieder zu Hause wohnen, wieder zur
Schule gehen, alles zurück auf Los. »Es gibt Leute, die euch
dabei helfen können, Psychologen, Spezialisten, mit denen
ihr über eure Erlebnisse sprechen könnt. Ihr seid noch so
jung, ihr schafft das!«

Ich glaubte nicht daran, schaltete geistig ab, bekam kaum
noch mit, was er uns alles erzählte.

Mitten in seinem Redeschwall hörten wir plötzlich, dass
sich jemand an der Tür zu schaffen machte.

»Wer außer euch hat noch einen Schlüssel?« Der Polizist
blickte hektisch von einer zur anderen.

Jasmin meinte, dass nur Kugler einen habe.

Der Beamte sprang vom Sofa auf und postierte sich hinter der Tür.

Es war Kuglers Ehefrau, die offenbar nicht damit gerechnet hatte, jemanden in der Wohnung anzutreffen.
Aber sie fing sich schnell und keifte sofort los. Jasmin sei
an allem schuld, sie sei eine Schlampe, eine Hure, die ihren
Mann vom rechten Weg abgebracht habe. Und nun sei sie
auch noch schwanger, das würde ja schon alles sagen. Der
Polizist unterbrach sie. Wollte wissen, wo sie den Schlüssel
herhabe, warum sie überhaupt von der Wohnung wisse und
ob sie mit ihrem Mann unter einer Decke stecke. Das sei
Beihilfe zur Prostitution. Er nahm ihre Personalien auf,
ließ sich den Schlüssel geben und warf sie hinaus.

Es war irgendwie eine absurde Situation.

Als er gegangen war, sprachen wir über das, was er uns mit auf den Weg gegeben hatte. Die eindringliche Bitte, zurück ins Leben zu gehen, weg aus dem Jasmin. Keine von uns konnte sich das vorstellen, ja, wir machten uns sogar darüber lustig.

Die Nacht verbrachten wir gemeinsam in der Wohnung in der Merseburger Straße. Wie früher. Zu dritt im Bett im Schlafzimmer, zwei von uns auf der Couch.

Ich lag lange wach. Wie würde meine Mutter reagieren, wenn ich vor der Tür stand? Was wusste sie von dem, was mir passiert war? Hatte sie mich überhaupt vermisst? Die Zweifel waren sofort wieder da. Die innere Zerrissenheit. *Du gehörst nicht mehr dazu, es gibt kein Zurück.* Wie eine Glasscheibe stand die Zeit im Jasmin zwischen mir und meinem alten Leben. Ich würde machen können, was ich wollte, wie ein Vogel würde ich dagegen fliegen, immer wieder, hilflos, ohnmächtig.

Bis zum Morgen wälzte ich mich unruhig hin und her. *Wenn du es nicht versuchst, hast du schon verloren. Vielleicht geht es ja gut, vielleicht wird ja alles wieder gut.*

Gegen Mittag traf ich eine Entscheidung. Ich verabschiedete mich von den anderen, zog die Tür hinter mir zu und ging durch das Treppenhaus hinunter. Vor der Haustür warteten Dutzende Journalisten, die sich wie die Geier auf mich stürzten.

»Mandy, was machst du jetzt?«

»Wie geht es dir?«

»Wo gehst du hin? Sag doch was!«

Ich wusste nicht, wie ich mit diesem Ansturm umgehen sollte, war hin- und hergerissen zwischen dem Gefühl, mich schützen, mein Gesicht verbergen zu wollen, und dem Impuls, alles herauszuschreien zu wollen. Niemand hatte uns darauf vorbereitet. Ich weiß nicht mehr, was ich genau sagte, außer, dass ich am Montag wieder zur Schule gehen wollte.

An den Weg nach Hause habe ich kaum Erinnerungen. Meine Mutter öffnete die Tür, fiel mir um den Hals. Wir fingen beide an zu heulen. Sie wirkte glücklich, gleichzeitig hilflos und völlig mit der Situation überfordert. Wir gingen ins Wohnzimmer und setzten uns. Keiner brachte einen Ton heraus. Es war qualvoll. Sie traute sich nicht, irgendetwas zu fragen, ich hatte nicht den Mut, etwas zu erzählen. Wo hätte ich anfangen sollen, wo aufhören? Ich wollte sie nicht belasten, wollte stark sein. Einer der wenigen Sätze, die ich an jenem Tag zu ihr sagte, war: »Ich schäme mich dafür, dass ich meinen Körper an Männer verkauft habe.«

Was für eine schiefe Wahrnehmung. Als hätte ich das freiwillig getan. Als hätte ich mich ganz bewusst dafür entschieden. Aber dieser Satz drückte letztlich aus, was ich empfand. Schuld.

Es dauerte nicht lange, bis die Journalisten auch bei meinen Eltern auftauchten. Am Anfang wies Jakob sie noch ab, dann gaben sie doch die ersten Interviews.

»Am Montag geht Mandy wieder in die Schule. Es wird nicht leicht, doch ich sagte ihr, dass es immer einen neuen Anfang gibt.« So meine Mutter. Und Jakob: »Wir sind froh, dass sie wieder zu Hause ist. Wir geben Mandy nicht auf.«

Und ich? Ich dachte tatsächlich, ich könnte einfach die Schule zu Ende machen, alles vergessen und hinter mir lassen. Aber so einfach war das nicht.

Als ich an meinem »ersten Schultag« morgens das Haus verließ, um zur Straßenbahnhaltestelle zu gehen, rollte ein weißer BMW neben mir her. Im Schritttempo, ein paar Meter hinter mir. Ich beschleunigte meine Schritte, am Ende rannte ich. An der Haltestelle warteten zwei meiner Klassenkameraden auf die Bahn. Völlig außer Atem suchte ich hinter ihnen Schutz. Ich hatte Angst. *Reiß dich zusammen. Das ist nur ein dummer Zufall. Es geht nicht um dich, wer weiß, warum die so langsam fahren.*

Auf Höhe der Haltestelle bremste der Wagen kurz ab. Der Typ auf dem Beifahrersitz hatte die Fensterscheibe geöffnet, sein rechter Arm hing lässig über die Tür. Er sah mich durchdringend an, hob seine linke Hand, formte mit den Fingern eine Pistole und drückte ab. Dann gaben sie Gas und fuhren mit quietschenden Reifen davon.

In diesem Moment wusste ich, dass ich keine Chance hatte. Es war eine unmissverständliche Drohung gewesen, früher oder später würden sie mich kriegen. Und dann?

Während meine Schulkameraden mich mit großen Augen anglotzten, rang ich um Fassung. Versuchte, das, was soeben passiert war, einfach wegzuschieben. Hat doch sonst immer funktioniert. Es gelang mir nicht. Ich hatte Kugler mit meiner Aussage belastet. Mehr als einmal hatte er uns in schillernden Farben ausgemalt, was passieren würde, wenn wir ihn hinhängen würden. Mit meiner Rückkehr nach zu Hause hatte ich auch noch meine Familie in Gefahr gebracht. Ich sah das Schwein vor mir auf der Couch sitzen. »Das wollt ihr euch nicht wirklich vorstellen … Nein, das könnt ihr euch gar nicht vorstellen! Ich habe meine Kontakte. Gute Kontakte. Ganz nach oben. Und die helfen mir, da kann ich mich drauf verlassen. Das ist nicht so wie bei euch, ich kenn euch doch. Selbst wenn ich im Knast sitzen sollte, werde ich euch kriegen. Ich hab da meine Leute, und die spuren, da könnt ihr einen drauf lassen.«

Es war ein Fehler. Ich hätte nichts sagen dürfen. Ihn nicht belasten. Scheiße noch mal, es war richtig. Wieso musste ich auch erzählen, was wir im Jasmin machen mussten. Hab doch eh nicht alles erzählt, nur die harmlosen Sachen. Harmlos? Hast wohl eher nicht begriffen, was dir da eigentlich zugestoßen ist.

Ist doch egal jetzt … Die Polizei wird uns beschützen. Und? Wo sind die Bullen jetzt? Keiner zu sehen. In die Schule gehen. Pah. Alles wird wieder normal. Schöne Normalität. Was mach ich überhaupt hier? Wieso stehe ich an dieser blöden Haltestelle? In der ersten Stunde ist Mathe. Guckt nicht so doof. Ich kannte die auch nicht.

Ich zitterte am ganzen Körper. Die Angst kam in Wellen, sie überrollte mich. Ich zweifelte mit einem Mal an allem. An meiner Aussage. An meinem »neuen« alten Leben, an allem. Warum war jetzt keines der anderen Mädchen da? Ihnen müsste ich nichts erklären, sie wüssten genau, was in mir vorgeht. Sie waren mein Halt, nicht meine Eltern, nicht mein Zuhause, nicht meine Schulkameraden. Mit denen hatte ich früher schon nichts anfangen können, angepasste Duckmäuser. Was war das für eine Welt, in die ich geworfen war? Sie war mir einfach nur fremd, hier gehörte ich nicht mehr hin.

In der Straßenbahn setzte ich mich allein in eine Bank. Sollten die anderen beiden doch denken, was sie wollten. Ich starrte aus dem Fenster, Straßen und Häuser zogen wie im Film an mir vorbei. Alles wie früher, nichts hat sich geändert. *Falsch! Du hast dich geändert, du bist nicht mehr wie früher. Wolltest doch immer anders sein. Nicht so wie die Langweiler, die Streber, die immer brav nach Hause gerannt sind und ihre Hausaufgaben gemacht haben. Fein, Mami, ja, Mami. Um halb zehn bin ich wieder da, versprochen. Das ist die Quittung, du hast es nicht anders gewollt.*

Die Straßenbahn hielt mit einem energischen Ruck. Ich griff meine Tasche und ging zur Tür. Als ich ausstieg, sah ich den BMW vor der Schule stehen. Ich zog den Kopf ein und mischte mich unter die ganzen Schüler, die schwatzend und lärmend auf das Gebäude zuströmten.

Bloß weg von der Straße. Noch vor dem Gong war ich im Klassenzimmer. Meine Mitschüler trudelten langsam ein, sie musterten mich, dann kamen die ersten auf mich zu und löcherten mich mit Fragen.

»Sag mal, ich hab da was in der Zeitung gelesen …«

»Das warst doch du, oder?«

»Wie ist das denn passiert?«

»Pack ich ja gar nicht.«

»Deshalb warst du so lang nicht hier. Is echt 'ne irre Geschichte.«

Ich wusste überhaupt nicht, was ich sagen sollte.

Als der Lehrer den Klassenraum betrat, war alles in Aufruhr. Er merkte, dass Unterricht sinnlos war, die Schüler mit mir beschäftigt waren. Ich denke, er hat es nur gut gemeint, als er sagte, dass wir die Stunde nutzen sollten, um alle Fragen aus dem Weg zu räumen. Aber ich kam nun mal nicht von einem Auslandsjahr zurück, von dem ich tolle Geschichten hätte erzählen können. Sondern direkt aus einem Alptraum, den ich nun vorne an der Tafel stehend schildern sollte.

Ich stand vor der Klasse, zwanzig Augenpaare auf mich gerichtet, und kämpfte mit den Tränen. Ich schämte mich, traute mich aber nicht, nein zu sagen. *Altes Muster, haha.*

»Mandy, erzähl doch mal, wie bist du da reingeraten?«

»Wie viele Männer kamen da?«

»Musstest du richtig mit denen ins Bett gehen?«

»Wie bist du da wieder rausgekommen?«

Was sagt man auf solche Fragen? Ich antwortete wie in Trance, wie ein Roboter, mit monotoner, blecherner Stimme, ohne jede Emotion. Es war ein einziger Alptraum, die Fortsetzung des Alptraums, in dem ich mich die letzten Wochen über befunden hatte.

Ich bemühte mich, Antworten zu finden, auch wenn ich selbst keine hatte. Ich war froh, als der Gong die nächste Stunde einläutete.

Als ich mittags aus dem Gebäude trat, stand der BMW

immer noch da. Der Beifahrer, irgendwoher kannte ich den, grinste mich breit an. Sie starteten den Wagen, rollten wieder langsam neben mir her. Bis nach Hause. Ich stürzte die Treppen hoch in den ersten Stock, knallte die Tür hinter mir zu und hockte mich auf den Boden. Niemand war da. *Warum ist eigentlich nie jemand da?* Wie ein Fremdkörper stolperte ich durch die Wohnung. Das war nicht mehr ich. *Was war ich denn? Wer war ich denn?* Ich wusste es nicht. In der Küche schmierte ich mir ein Brot, den Rest des Nachmittags über hockte ich in meinem Kinderzimmer und starrte Löcher in die Decke. Ich habe mich selten so allein gefühlt wie an diesem ersten Tag meines neuen alten Lebens.

Am nächsten Morgen dann das gleiche Spiel. Selbst vom Pausenhof aus sah ich den BMW. Sie waren überall. *Du hast keine Chance.* Nach der vierten Stunde hielt ich es nicht mehr aus und verließ fluchtartig die Schule. Über den Notausgang. Einigen Freunden sagte ich, dass ich zurückmüsse, in die Wohnung, zu den anderen Mädels, und dass ich meine Familie nicht in Gefahr bringen wolle. Sie sahen mich an, als hätte ich gesagt, dass ich zum Mond reisen würde.

Ich fuhr ohne Umweg in die Merseburger Straße zurück, in der Hoffnung, dass die anderen noch da sein und wir gemeinsam eine Lösung finden würden. Einen anderen Ausweg sah ich nicht. Meine Eltern informierte ich nicht. Ich war so kopflos, dass ich schlicht nicht daran dachte, was ich ihnen mit meinem neuerlichen Verschwinden antat.

Hätte ich länger durchhalten sollen? Vielleicht ja. Für meine Umwelt muss ich genauso wie vom anderen Stern gewirkt haben wie die auf mich. Aber ich hatte keine Kraft und keinen Blick dafür. Wie auch. Es gab kein »Kriseninterventionsteam«, das sich um uns und unsere Familien gekümmert hätte. Keinen Therapeuten, den man uns zur Seite gestellt hätte. Die Einzigen, die um uns herum waren,

waren die Leute von der Presse. Eine hungrige Meute, die auf Sensationen lauerte. Nicht um Mitfühlen oder Einfühlen ging es, nur um Auflage. In der *Leipziger Zeitung* gab es sogar eine Fortsetzungsserie mit dem Titel »Die Kinder vom Club Jasmin«. Und ich »lieferte« die Schlagzeile: »Mandy weinte – ich bring mich um.« Niemand kümmerte sich darum, was in uns vorging. Man hatte die Geschichte im Kasten, fertig, aus. Die Trümmer muss jeder allein wegräumen.

Bei den Mädchen vom Jasmin jedenfalls musste ich mich nicht erklären, sie wussten, mit welchen Gedanken, welchen Vorwürfen, welchen Ängsten ich mich quälte.

Als ich in der Merseburger Straße ankam, waren alle bis auf Ines dort. Ich erzählte aufgelöst, dass ich auf Schritt und Tritt verfolgt würde. Die anderen warfen sich einen vielsagenden Blick zu. Ich war offenbar nicht die Einzige, auch sie waren »gewarnt« worden. Sie erzählten mir, dass Kuglers Leute bei ihnen gewesen waren. »Wir sollen das, was wir gegenüber der Polizei und der Presse gesagt haben, zurücknehmen. Und klarstellen, dass wir alles freiwillig gemacht haben. Kugler soll als guter Kerl rüberkommen, der es nur gut mit uns gemeint hat. Wenn wir das nicht hinkriegen, seien wir so gut wie tot. Und dass es keinen Ort auf der Welt gebe, an dem wir uns dann noch verstecken könnten.«

Ich konnte nicht glauben, was sie mir erzählten, und rutschte unruhig auf dem Sofa hin und her: »Und? Was habt ihr gesagt?«

»Was hätten wir sagen sollen? Dass uns das alles sehr leidtut und dass wir alles dafür tun werden, dass er wieder freikommt. Das haben wir gesagt.«

Wie weit kann einen Angst bringen? Vergessen, was diese Schweine uns angetan haben? Aus dem Gedächtnis getilgt? Was ist dir dein eigenes Leben wert? Wann fängst du an, es aufzuwiegen? Was für eine Gehirnwäsche hatten wir eigentlich durchlaufen? Tatsächlich hatte ich auch mich schon dabei ertappt, dass ich ein schlechtes Gewissen hatte. Kugler gegenüber! Nicht zu fassen. Aber sie haben uns gefügig gemacht, mit Gewalt und Demütigungen. Man beißt nicht die Hand, die einen füttert. Und Gewalt, nun, die gehört nun einmal dazu in diesem Milieu. Diesen Satz mussten wir uns später vor Gericht anhören.

Am nächsten Tag gingen Lea und ich am späten Nachmittag in der Stadt bummeln. Ich weiß noch, dass es an diesem Tag saukalt war und Lea einen roten Wollmantel trug. Während wir uns vor einem Schaufenster die Nasen plattdrückten, hörten wir hinter uns plötzlich Schreie. *Ein Unfall? War jemand umgekippt?* Ich drehte mich um, wie man sich eben so umdreht, wenn man einen Schrei hört. Mit einer Mischung aus Neugier und Unbehagen. Ein paar Meter von uns entfernt stand ein Mann mit Sonnenbrille auf der Nase. Er trug eine schwarze Mütze, eine dunkle Bomberjacke und Jeans. Sein rechter Arm war ausgestreckt, in der Hand hielt er eine Waffe. Er zielte direkt auf uns. Ich packte Lea und riss sie zu Boden, dann krachte es. Die Kugel riss ein Loch in den Ärmel von Leas Mantel. Hatte er uns nicht getroffen, weil er uns nur warnen wollte? Oder hatten wir einfach Schwein gehabt? Als ich hochblickte, war der Typ weg. Wir waren völlig aufgelöst, rannten kopflos die Straße entlang. Was nun? Erst mal beruhigen. Und dann? Wer könnte uns helfen?

Nach einigem Hin und Her entschieden wir uns, zur *Morgenpost* zu gehen. Vielleicht könnten uns die beiden Redakteure sagen, was wir jetzt machen sollten. Zu zwei der Journalisten hatten wir Vertrauen gefasst, sie hatten uns das Gefühl gegeben, auf unserer Seite zu stehen. Sie hörten sich an, was passiert war, und rieten uns, zur Polizei zu gehen und Anzeige zu erstatten. Wirklich wohl fühlte ich mich bei dem Gedanken nicht. Machten wir damit den nächsten Fehler? Zum zweiten Mal »hauen wir den Gutmenschen Kugler in die Pfanne« – zumindest aus seiner Sicht. Und was, wenn wir an einen Polizisten gerieten, der auf Kuglers Gehaltsliste stand? Die Presse hatte bereits darüber berichtet, dass einer der Hintermänner ein Uniformträger war. Seit elf Jahren im Dienst, stellvertretender Revierleiter und Dienstgruppenführer.

Ich weiß nicht, wie oft die beiden Journalisten den Satz wiederholt haben, dass die Polizei auf unserer Seite stünde. Am Ende gingen wir tatsächlich von der Redaktion zur Dienststelle.

Lea und ich nahmen auf zwei Stühlen Platz, hinter einem großen Schreibtisch saß der Beamte. Er machte auf uns einen eher gelangweilten Eindruck, anfangs hatte ich sogar das Gefühl, dass er uns nicht wirklich ernst nahm. Er tippte unsere Aussagen runter, hin und wieder stellte er ein paar Fragen über das Jasmin und was wir dort alles so gemacht hätten. Die ganze Situation war irgendwie seltsam. Ich warf Lea einen Blick zu – *Vorsicht!*

Nachdem er das Protokoll aufgenommen hatte, las er uns alles vor, fragte nach der Richtigkeit und ließ uns anschließend unterschreiben. Wir stellten Anzeige gegen Unbekannt – und hörten nie wieder etwas. Weder, dass die Ermittlungen aufgenommen, noch, dass sie irgendwann eingestellt wurden. Es war, als hätte das alles gar nicht stattgefunden. Nur in meiner Jugendamtsakte findet sich ein Vermerk: *Nochmals verwiesen auf die Gefährdung der Mädchen. Mandy und Lea waren in Leipzig Gefahren ausgesetzt, auf die Mädchen wurde geschossen, nur Lea wurde getroffen. Möglich, dass … ein Kopfgeld ausgesetzt [wurde]. … Familie wird beschattet.*

*

Die unmissverständliche Drohung zeigte Wirkung.

Unter der Überschrift »Die Mädchen vom Kinderbordell« erschien ein Foto von uns, neben dem folgender Text stand: *Szene am Frühstückstisch. Die Mädchen vom Kinderbordell fühlen sich wohl und warten gemeinsam auf ihren Freund und Zuhälter K.*

Und in einem Fernsehbeitrag, der von RTL ausgestrahlt wurde, hockten Lea und ich auf dem Sofa und sagten in die Kamera, dass Kugler kein schlechter Mensch sei und wir freiwillig im Jasmin geblieben waren.

Kurz darauf erlitt ich einen Nervenzusammenbruch.

Meine Eltern hatten sich inzwischen entschieden, um Hilfe zu ersuchen. Sie sprachen beim Jugendamt vor, der Sachbearbeiter schloss sich mit der Polizei kurz, man suchte gemeinsam nach einer Lösung. Eines war so sicher wie das Amen in der Kirche: Ich musste Leipzig so schnell wie möglich verlassen. Nicht nur wegen der Schießerei, sondern auch, weil inzwischen aktenkundig war, dass einige der anderen Mädchen aus Angst bereits Teile ihrer Aussagen zurückgezogen hatten. Auch bei der Polizei war man sich mittlerweile im Klaren darüber, dass das nicht freiwillig, sondern auf massiven Druck hin geschehen war. Und dass man die »Mädchen vom Jasmin« zum Schweigen bringen wollte, und zwar mit allen Mitteln.

Auch der Weiße Ring bot meinen Eltern Hilfe an. Es gebe die Möglichkeit, mich anonym in einem SOS-Kinderdorf in der Nähe von München unterzubringen. Am Ende entschied man sich, die Hilfe eines Vereins anzunehmen, der aufgrund der Fernsehberichte Kontakt zum Jugendamt aufgenommen hatte.

Mein Leben sollte wieder einmal eine abrupte Kehrtwende nehmen.

Flucht aus Leipzig

Mein Körper ist frei, aber meine Seele
Weint und schreit
Umhüllt von widerlichen Gedanken
Eingeflochten in tausend Erinnerungen
Die immer und immer wieder schmerzen

In Begleitung der beiden Journalisten von der *Morgenpost* fuhr ich zurück nach Hause. Ich heulte den ganzen Weg über, konnte mich auch in der Wohnung kaum beruhigen. Jakob sagte mir, dass ich wegmüsste, raus aus Leipzig, irgendwo ein neues Leben anfangen. Dass ich uns alle in Gefahr bringe, wenn ich bliebe. Ich wusste nicht, wie ich damit umgehen sollte. Aber hatte ich eine andere Wahl?

In einer Nacht-und-Nebel-Aktion brachten meine Eltern mich ein paar Tage später aus Leipzig fort. Mein einziges Gepäck war ein Rucksack, in den ich ein paar Klamotten, ein Schulheft mit meinen Gedichten, das Bild meines Vaters und ein paar Kassetten gestopft hatte.

Hunderte Kilometer von zu Hause entfernt, hielten wir mitten in der Pampa auf einem Parkplatz. Das war der vereinbarte Treffpunkt.

Draußen war es dunkel und eiskalt. Jakob trat von einem Fuß auf den anderen, durch die Scheibe konnte ich sehen, dass sich die weißen Wölkchen seines Atems kaum auflösten. Ich hockte im Wagen und fühlte mich schrecklich. Wo würde ich hinkommen? Ich hatte Angst vor fremden Menschen, einer neuen Umgebung. Davor, alles zurückzulassen, was mir einst wichtig gewesen war und inzwischen doch nur noch fremd. Und das, was ich so gerne zurückgelassen hätte, hatte ich sowieso mit im Gepäck. In meinem Rucksack im Kopf, im Bauch. Wohin damit? Den konnte ich nicht einfach am Parkplatz liegenlassen, ihn nicht aus dem Fenster werfen, husch und weg. Dass ich ihn mein Leben lang auf dem Rücken tragen würde, das habe ich damals aber nicht begriffen.

Ich musste an die Diskussionen der vergangenen Tage denken. Der Weiße Ring, das SOS-Kinderdorf. Vielleicht ein Ticket zum Mond. Genau so kam es mir vor. Unbekannte Welten, so oder so. Vielleicht wäre der Mond gar nicht so schlecht gewesen?

Ein Auto rollte auf den Parkplatz und hielt vor unserem Dacia an. Meine Mutter stieg aus. »Bleib bitte sitzen, wir regeln das.«

Da standen wir mit dem alten Dacia von meinem Stiefvater.

Ich sah einen Mann und eine Frau aussteigen, sie gingen auf meine Eltern zu, stoppten, man unterhielt sich kurz, Jakob deutete mit dem Kopf nach hinten. *Da sitzt er, unser kleiner Problemfall.*

Gemeinsam kamen sie zu mir ans Auto. Jakob öffnete die Tür. »Kannst jetzt rauskommen, Mandy.«

Die beiden lächelten und stellten sich vor.

»Hallo, Mandy, ich bin Horst«, sagte er und gab mir die Hand. »Und das ist Karin, meine Frau.«

»Hallo«, stammelte ich und blickte auf den Boden. Das tue ich immer, wenn ich mich unsicher oder unwohl fühle.

Viel Zeit für eine Annäherung gab es nicht.

Meine Mutter nahm mich in den Arm und hielt mich fest, während Jakob meinen Rucksack aus dem Auto holte. »Guck dir mal ein paar Tage an, ob es dir dort gefällt.« Sie kämpfte mit den Tränen. Ihr Satz ließ auf die Möglichkeit hoffen, dass ich zurückkönnte, wenn ich mich dort in meinem neuen Zuhause nicht wohl fühlen würde. Ich klammerte mich an ihn, packte ihn ganz oben hinein in meinen Rucksack. Die Tatsache, dass es kein Zurück geben würde, schob ich weit fort.

Mama drückte mich noch einmal. »Ich melde mich in den nächsten Tagen, ich will doch wissen, wie es dir geht, ich weiß ja gar nicht, wo du jetzt hinkommst!«

Das Einzige, was sie wussten, war, dass der »Verein zum Schutz unserer Kinder e. V.« sich meiner annehmen würde. Was das genau bedeutete, wohin ich kommen würde, wussten sie nicht. Alles zu meinem Schutz.

Egal, wie fremd ich mich gefühlt hatte, egal, wie dünn die Verbindung mit meiner Mutter zwischenzeitlich gewesen war: Dieser Abschied war grausam und irgendwie endgültig. Sie hatte mich früher verlassen, wenn sie trank und nicht da war. Ich hatte sie verlassen, weil ich die Regeln nicht ausgehalten hatte, frei sein wollte. Eltern sind doof, Pubertät eben. Das hier war anders. Keiner von uns hatte sich dafür entschieden. Ein Abschied von außen, aufgezwungen und doch ohne Alternative. Es war scheiße. Schnell, schnell da durch, bevor man es gar nicht mehr aushält.

Meine Eltern stiegen ins Auto und winkten, als sie losfuhren. Ich stand auf dem Parkplatz zwischen einem fremden Ehepaar und blickte den Rücklichtern des alten weißen Dacia hinterher. Dass es ein Abschied für lange Zeit sein würde, ahnte ich, als ich zu den fremden Menschen in den fremden Wagen stieg. Ich wusste allerdings nicht, dass meine Mutter bereits das Sorgerecht an den Verein überschrieben hatte. Und dass sie ein Schriftstück unterzeichnet hatte, dass sie Stillschweigen darüber wahren würde, wo ich hingebracht wurde. Als sie mir auf dem Parkplatz gesagt hatte, dass sie sich melden würde, dass ich zurückkommen könnte, wenn es mir nicht gefiele, hatte sie schlicht gelogen.

Diese Lüge tat weh. Ich habe mich verdammt allein gefühlt, als sie nicht anrief. Und mir wieder all die Fragen gestellt, die ich mir zuvor schon gestellt hatte: Liebt sie mich nicht genug? Was hab ich jetzt wieder falsch gemacht? Heute weiß ich, dass es eine Lüge war, die meiner Mutter nicht leichtgefallen ist. Wissen macht erpressbar, und ein Zurück hätte vielleicht meinen Tod bedeuten können. Sie hatte nicht nur mich schützen müssen, sondern auch sich selbst. Damals haute mir das aber so richtig den Boden unter den Füßen weg.

*

Fünf Wochen gingen ins Land, bis ich zum ersten Mal wieder die Stimme meiner Mutter hörte. Kontrolliert unter dem wachsamen Auge des Vereinsvorsitzenden. Es fiel mir schwer, nett zu ihr zu sein. Ich war wütend, weil sie sich so lang Zeit gelassen hatte, sich zu melden.

»Du hast es mir versprochen!« Ich hätte mich ohrfeigen können, dass ich wie ein kleines Kind klang. Die Tränen standen mir in den Augen, ich musste mich räuspern, damit ich mich wieder fing. »Außerdem hast du gesagt, ich kann selbst entscheiden, ob ich bleiben will oder nicht!«, stieß ich wütend hervor. Ich fühlte mich im Stich gelassen, es spielte gar keine Rolle, ob ich bleiben wollte oder nicht.

Sie schluckte, suchte nach Erklärungen, Entschuldigungen für ihr Schweigen. Ihre Sätze ließen mich nach außen hin völlig kalt. »Das hast du jetzt davon! Ich komm nie, nie wieder zurück und das ist deine Schuld!«

Egal, dass es aus anderen Gründen kein Zurück mehr für mich geben würde. Egal, dass sie diesmal wirklich nichts dafür konnte. In diesem Moment schwappte alles hoch. Ich wollte ihr weh tun, weil sie mir so weh getan hatte. Ich wollte ihr die Schuld geben, am besten an allem, weil sie mir nie zugehört hatte, an mir gezweifelt und mir die Tür vor der Nase zugeknallt hatte. Ich hasste sie, weil der Glaube ihr wichtiger gewesen war als ich. Ich hasste sie, weil sie offenbar alles dafür tat, dass noch das letzte Fünkchen Vertrauen zwischen uns verglühen würde. Warum hatte sie mich vor der Welt da draußen nicht gewarnt? Stattdessen Verbote ausgesprochen, ohne sie zu erklären. Regeln gesetzt, die ich zu diesem Zeitpunkt nicht verstand. Wenn sie nur gesagt hätte, dass die Verbote dafür da seien, mich zu schützen, hätte ich vielleicht lernen können, vorsichtiger zu sein. Mit mir und mit den Leuten, auf die ich mich eingelassen habe. So hat sie mich doch regelrecht aus dem Haus getrieben!

Zutiefst verletzt war ich, einmal mehr. Und ungerecht, ich weiß. Aber welches Kind ist schon gerecht seinen Eltern gegenüber?

Mein neues Leben

Schritte, mutig zu begehen
Neue Wege zu verstehen
Und in des Schaffens süßer Hast
Die Schatten vergessen, jedoch nur fast

Die erste Zeit verbrachte ich in der Familie des Vereinsvorsitzenden. Ich wurde von Anfang an in alles mitein-
bezogen – und zum Babysitter deklariert. Auch wenn ich
mich manchmal etwas ausgenutzt fühlte, erledigte ich alles,
ohne mich darüber zu beschweren. Ich redete in dieser Zeit
sowieso kaum und zog mich, wann immer es ging, auf die
Terrasse hinter dem Haus zurück.

Mein neues Zuhause lag in einem noblen Wohnviertel in
der Nähe des Erlenhofsees im schönen Westerwald. Hier
sollte ich zur Ruhe kommen, später zu einer anderen Pflegefamilie wechseln und, sobald etwas Geeignetes gefunden
war, in einem Internat wieder in die Schule gehen.

Es war ein Tag im April, als Horst aus dem Büro kam und
mit mir sprechen wollte. Wir setzten uns in die Küche, und
er sagte mir, dass noch einmal zwei Polizeibeamte aus Leipzig kommen würden, um mir ein paar Fragen zu stellen und
mit mir über die nötigen Sicherheitsvorkehrungen zu sprechen. Ich sollte unter Zeugenschutz stehen, als Kronzeugin
der Anklage im bevorstehenden Prozess gegen Kugler; einige der anderen Zeuginnen hatten ihre Aussagen bereits
widerrufen. Ich schien plötzlich allein zu stehen.

Der Tag, an dem ich mit den beiden Beamten in der Küche saß, machte mir noch einmal bewusst, dass das Leben, das ich einmal gehabt hatte, nicht mehr existent war. Ich musste noch einmal detailliert schildern, was geschehen war. Ich würgte jeden Satz hinaus, zeitweise weinte und zitterte ich so sehr, dass ich nicht weitersprechen konnte. Am Ende des neunseitigen Protokolls steht auf einem Beiblatt, das ich damals allerdings nicht kannte: *Während der Vernehmung der Zeugin hinterließ sie einen durch das Geschehen geprägten Eindruck. Frl. Schm. brach öfters in Tränen aus bei der Darstellung ihrer Erlebnisse. Bei manchen Passagen ihrer Schilderung war noch ein deutliches Zittern am Körper zu verzeichnen. Die Vernehmung musste mehrmals unterbrochen werden, bis Frl. Schm. sich beruhigt hatte.*

Bevor die Beamten gingen, erklärten sie mir, dass meine Akten von nun an unter einem Decknamen geführt würden, dass ich niemandem erzählen dürfe, was ich in der Vergangenheit erlebt hatte, mein Aufenthaltsort unter allen Umständen geheim gehalten werden müsse. Nur ein kleiner Kreis von eingeweihten Personen, zu denen auch meine spätere Pflegefamilie und der Leiter des Internats gehörten, wüsste von meiner Vergangenheit.

Kurz nach diesem Treffen bekam ich Besuch von meiner neuen Pflegemutter.

Ich mochte Anke, eine junge, adrette Frau, von unserer ersten Begegnung an. Sie war interessiert, fragte mich vieles, aber wollte nichts aus der Zeit im Jasmin wissen. Diese Phase meines Lebens war tabu, sie schien erst einmal völlig unwichtig für sie zu sein. Nach unserem ersten Treffen konnte ich es kaum abwarten, zu ihr zu ziehen. Sie hatte zwei Kinder, und ich mochte ihre lockere, unbeschwerte Art.

Der Tag, an dem sie mich abholte, war ein Freudentag für

mich. Einer der ersten seit langer Zeit. Als wir in meinem neuen Zuhause ankamen, wartete der Rest der Familie bereits auf uns. Ihr Sohn war damals neun oder zehn Jahre alt, die Tochter knuffig und süß mit ihren zwei Jahren. Ich verliebte mich gleich in die Kleine und fühlte mich von Anfang an von der ganzen Familie angenommen. Anke strahlte pure Lebensfreude aus, die mir mehr als guttat. Und der kleine Ort im Westerwald, fernab von jedem Großstadtgetümmel, schien perfekt für einen Neuanfang.

In den ersten Tagen bei der neuen Familie war alles noch sehr aufregend. Ich fühlte mich wohl, hatte ein schönes Zimmer, spielte mit der Kleinen, kam auf andere Gedanken. Aber dann, als langsam der Alltag einkehrte, begann es. Eine Zurückgezogenheit in mich selbst, die mir nicht guttat. Manchmal bekam ich nicht einmal mit, wenn mich beim Abendbrot jemand ansprach. Meine Gedanken waren weit weg, weg von der Gegenwart. Als Nächstes kamen die Alpträume, das Zittern und dieser Druck auf der Brust. Diese unsichtbaren Schlingen, die das Atmen so verdammt schwermachen, die Lungen einschnüren, die waren nun meine täglichen Begleiter. Ich hatte das Gefühl, zu fallen, ins Bodenlose, ins Nichts. Die Bilder und Erlebnisse der letzten Monate rollten wie ein führerloser Vierzigtonner auf mich zu. Immer wieder brach ich, scheinbar ohne Grund, in Tränen aus. Nachts hatte ich unerklärliche Schmerzen, wälzte mich hin und her, fand keine Ruhe.

Auch tagsüber hatte ich mich immer weniger unter Kontrolle. Ich wollte nicht, dass meine Pflegeeltern davon etwas mitbekamen, ich schämte mich allein bei der Vorstellung, dass sie wussten, was ich »getan« hatte. Aber es gab Momente, an denen ich überhaupt nicht mehr aufhören konnte zu heulen. Der ganze Schmerz, das Elend, die ganze Angst, die ich so lange zu deckeln versucht hatte, suchten sich ein

Ventil. Mein Körper rebellierte. Es gab Tage, an denen ich kaum einen Bissen herunterbrachte, und andere, an denen ich vor Verzweiflung so viel in mich hineinschlang, dass danach nur noch der Weg zur Toilette blieb.

Reden? Das konnte ich nicht.

Anke hatte irgendwann einen Arzt geholt, der mir eine Beruhigungsspritze gab, wenn mich die Bilder mal wieder vollkommen aus dem Hier und Jetzt gerissen hatten. Unbarmherzig, quälend. An manchen Tagen wollte ich nicht einmal den Arzt an mich heranlassen, niemand durfte mich dann berühren. Von einer Sekunde auf die nächste verlor ich vollkommen die Kontrolle über mich.

Auch heute leide ich noch unter diesen Flashbacks, wenngleich sie nicht mehr ganz so häufig kommen, nicht mehr ganz so heftig sind, dass sie mich völlig außer Gefecht setzen. Aber sie laugen mich aus. Der Tag danach ist immer sehr schwierig. Meist bin ich vollkommen übermüdet, jeder Handgriff fällt mir schwer, gleichzeitig bin ich voller Tatendrang. Als wäre ich zwei, als würden ein depressiver und ein manischer Teil miteinander ringen, wer die Oberhand behält. Das emotionale Chaos ist absolut.

Kurz nach meiner Befreiung stand in der Zeitung: *Mandy weinte. »Eines Tages bringe ich mich um.«*

Dreizehn Jahre später schreibe ich in die alte Kladde mit meinen Gedichten folgenden Text:

Was ist los, was ist nur los mit mir?
Ich liege in der Badewanne und habe das Gefühl,
dass mich das Wasser nicht berührt.
Dass mein Körper, meine Seele nichts mehr spürt.
Kann meinen Geist, meine Gedanken nicht halten,
ich sinke ins Bodenlose, ich sinke ins Nichts.
Ich spüre, wie ich mich löse,

mit meinem Geist von dieser Welt.
Halt mich fest, reiß mich heraus aus diesem Loch,
durch das Tor in eine neue Welt.

*

Nach einigen Wochen der Eingewöhnung war es so weit: Ich sollte das Internat kennenlernen, auf dem ich meine mittlere Reife machen sollte. Schüchtern und vollkommen unsicher gab ich dem Internatsleiter die Hand. Zum Glück stand Anke hinter mir. Wir setzten uns gemeinsam mit dem Vereinsvorsitzenden an den Tisch in seinem Büro. Die Herren erklärten mir, dass ich mit keinem der Internatsbewohner über meine Herkunft reden, niemandem erzählen dürfe, was mir zugestoßen war. Die Sicherheit der anderen Kinder im Internat dürfe unter keinen Umständen gefährdet werden. Sollte ich mich nicht daran halten, müsste ich das Internat verlassen. Das Risiko, dem die anderen Kinder dann ausgesetzt wären, könne er nicht eingehen. Freundlich, aber direkt, der Internatsleiter.

Ich hatte eine grobe Ahnung, warum mir dieser »Maulkorb« umgehängt wurde, fühlte mich aber trotzdem im ersten Moment zurückgesetzt. Kannte ich ja schon. Erst als erwachsene Frau erfuhr ich von dem Aufwand, der damals betrieben wurde, um mich und die anderen Kinder zu schützen. Im Alltag fiel es mir nicht schwer, mich an die strengen Vorgaben zu halten. Nicht zuletzt, weil ich selbst froh darüber war, dass keiner etwas über meine Vergangenheit wusste. Die Fragestunde in meiner alten Schule hatte ich nur allzu gut in Erinnerung. Außerdem konnte ich mich so hinter dem Gedanken verstecken, die Zeit im Jasmin wäre tatsächlich nie passiert.

Nach dem Gespräch wurde ich der Gruppe im Mädchenhaus vorgestellt, wo ich die Woche über wohnen würde.

Dort begegnete ich zum ersten Mal der Frau, die bis heute ein wichtiger Teil meines Lebens ist. Frau Reichling, unserer Gruppenleiterin. Dabei war sie viel mehr, sie war die Gruppenmama, eine Frau mit wahnsinnig viel Herz am rechten Fleck. Keines der Kinder hätte irgendetwas getan, das sie enttäuschte. Heute, zwanzig Jahre später, ist sie eine Freundin, die ich nicht mehr missen möchte. Aber es sollten viele Jahre vergehen, bis sich unsere Wege nach meinem Schulabschluss erneut kreuzten.

Da stand ich nun also wieder vor einem Neuanfang, unsicher und mit wenig Gepäck, das kannte ich ja schon, und bemühte mich, mich ins Internatsleben zu stürzen. Ich blieb eine Außenseiterin, war einsamer, als ich mir das eingestehen mochte. Ich freute mich auf die Wochenenden bei meiner Pflegefamilie. Anke tat alles, um mir die kurze Zeit daheim zu versüßen. Wir machten Ausflüge, spielten gemeinsam Karten – und gingen hin und wieder mit einer Freundin meiner Pflegemutter in die Disko. Ins Extra Drei in Koblenz.

Dort hatte ich eine schicksalhafte Begegnung. Ich war nicht gut drauf gewesen, Anke und ihre Freundin hatten mich regelrecht beschwatzt, dass ich mitkam. Gelangweilt nippte ich an meiner Cola, die Musik war Mist, ich stand nur da und zog ein Gesicht. Endlich signalisierten mir die beiden: Zeit zum Aufbruch. Der Weg zur Garderobe führte über einen langen Flur, an dessen Ende auch die Kasse am Einlass war. Während wir darauf warteten, endlich rauszukommen, standen auf der anderen Seite all die Leute, die noch rein wollten. Wir liefen Richtung Ausgang, dabei fiel mir ein Mann auf, der an einem der Stehtische im Gang zwischen den verschiedenen Tanzflächen der Disko stand. Als ich an ihm vorbeiging, trafen sich unsere Augen für einen Sekundenbruchteil. Er gefiel mir, aber ich senkte meinen Blick sofort. Vor der Garderobe gab es eine riesige Schlange, wir reihten uns ein. Mehrmals drehte ich mich um, unauffällig, wie ich dachte. Aber jedes Mal sah er mir direkt in die Augen, mal lächelte er, dann hielt er seinen Kopf etwas schief und zum Abschied winkte er mir schüchtern zu.

Mein Herz pochte, und ich konnte den Laden gar nicht schnell genug verlassen.

In den nächsten Tagen ging mir dieser Mann nicht mehr aus dem Kopf. Ich wollte ihn unbedingt wiedersehen. Ich weiß nicht, wie oft ich Anke in jener Woche am Telefon gesagt habe, wie schön der Abend im Extra Drei gewesen war. Und dass wir das doch bald mal wiederholen sollten. Sie blickte mich prüfend an, sagte aber nichts. Am Freitag meinte sie beiläufig: »Na? Sollen wir morgen noch mal tanzen gehen?« Ich wäre ihr am liebsten sofort um den Hals gefallen. Stattdessen sagte ich: »Hm. Wenn du unbedingt willst …«

Ich war super aufgeregt und hatte Stunden vor dem Spiegel zugebracht. Ich trug einen lila Zweiteiler, ein Geschenk von Anke. Typisch Neunziger, das Oberteil bis unters Kinn zugeknöpft, mit Stehkragen, aber weiten Fledermausärmeln. Die Hose war nicht besser und ebenfalls sehr weit geschnitten, wie eine Pumphose.

Gleich hinter der Kasse setzte ich mich von Anke ab. »Mal sehen, was heute so los ist«, murmelte ich, dann düste ich los. Im Extra Drei gab es drei Tanzbereiche. In einem Saal liefen hauptsächlich Foxtrott und Schlager, im nächsten spielten sie Charts, im dritten eher rockigere Stücke. Da sah ich als Erstes nach. Nervös umklammerte ich das Geländer an der Tanzfläche. Alles war dicht gedrängt, aus einer Maschine wurde immer wieder künstlicher Nebel in die Menge geblasen. Ich sah – nichts, zumindest nicht ihn. Enttäuscht drehte ich mich um, dann blickte ich in diese

Augen. Er hatte die ganze Zeit neben mir gestanden, keine zwei Meter weg. Ich tat so, als hätte ich es nicht bemerkt, und stürzte an ihm vorbei nach draußen. *Na, das war ja noch mal gutgegangen.* Auf dem Flur traf ich Anke, bei ihr drückte ich mich eine ganze Weile herum, bis ich den Mut fasste, noch einmal zurückzugehen. *Jetzt ganz cool. Nicht, dass es auffällt. Nicht, dass der tatsächlich denkt, ich meine ihn.*

Mit festem Schritt und selbstbewusst bahnte ich mir den Weg zur Theke, um mir etwas zu trinken zu bestellen. Ich kramte gerade die Märker aus dem Geldbeutel, als mich jemand am linken Arm packte. *Du Penner! Fass mich nicht an!* Ich drehte mich um. Da stand er. Braun gebrannt, mit blond gesträhntem Haar, im Nacken etwas länger, und einer Jeansjacke an. Er fragte mich, ob er meinen Drink bezahlen dürfe, ich hätte mir ja eben etwas bestellt. Ich nickte, brachte keinen Ton über die Lippen. Er orderte ebenfalls etwas und sagte dann: »Findest du es nicht auch wahnsinnig laut hier?« Ich nickte wieder und folgte ihm in einen etwas ruhigeren Bereich, in dem ein paar Sofas zum Abhängen standen. Wir setzten uns und redeten den ganzen Abend lang.

Irgendwann kam Anke und meinte, dass wir jetzt gehen müssten. Ich sprang so schnell auf, dass ich überhaupt nicht in die Verlegenheit kam, sie vorstellen zu müssen. Ich wollte nicht, dass er mitbekam, dass sie meine Pflegemutter war, denn ich hatte ihm erzählt, dass ich bereits achtzehn sei. »Tschüs, bis bald mal, man sieht sich!«, mit diesen Worten ließ ich ihn sitzen und eilte hinter Anke her.

Noch im Auto fragte ich sie beiläufig: »Sag mal, wie fandst du eigentlich den Typen, mit dem ich mich unterhalten hab?«

Sie sagte ganz trocken: »Was willst du denn mit 'nem Kerl, der aussieht wie Matthias Reim, nur zwanzig Jahre älter?«

Das fand ich überhaupt nicht! Für mich sah er eher aus

wie Dieter Bohlen. Aus heutiger Sicht nicht wirklich ein Unterschied, damals aber ein echtes Kriterium. Cooler eben.

Nach Ankes niederschmetterndem Satz ging mir dieser Kerl erst recht nicht mehr aus dem Kopf. Trotzdem dauerte es, bis ich feststellte: Du hast dich völlig in diesen Mann verknallt. Ich musste ihn treffen, unbedingt, in meinem Kopf drehte sich alles darum, wie ich Anke dazu bringen konnte, so schnell wie möglich wieder mit mir ins Extra Drei zu gurken.

Die Gelegenheit dazu kam unverhofft. Anke hatte mir gesagt, dass sie am darauffolgenden Wochenende nicht da sei, ich sah meine Felle schon davonschwimmen. Am Mittwoch gab es ein Treffen mit meiner ersten Familie, Karin war gekommen, um sich zu erkundigen, wie es läuft. Anke erzählte, dass mir die Ausflüge ins Extra ganz guttäten. »Ach, ist ja lustig. Eine Freundin von mir geht da auch immer hin. Donnerstags meistens.« Eine Steilvorlage. Ich hatte den Satz im Vorbeigehen aufgeschnappt und lugte ins Zimmer. »Darf ich?« Anke holte tief Luft – und nickte. »Dein Glück, dass übermorgen Feiertag ist.«

Einen Tag später betrat ich im Schlepptau von Karins Freundin das Extra Drei. Schon an der Garderobe war ich aufgeregt. *Donnerstag! Wahrscheinlich kommt er nur am Samstag. Feiertag morgen, keine Panik.*

Als ich den Gang entlangging, sah ich ihn schon sitzen, auf »unserem« Sofa. Er lächelte und winkte mir zu, stand auf und zupfte seine Klamotten zurecht. »Ich hab gewusst, dass du heute kommst!«, sagte er. »Setz dich doch.«

Da saßen wir wieder auf demselben Sofa wie ein paar Tage zuvor und unterhielten uns. Zwischendurch ließ ich mich von Zeit zu Zeit bei Karins Freundin blicken. »Nee, alles klar, nee, tanzen is heut nich so.«

Als er anfing, Fragen zu stellen, machte ich dicht. Ganz normale Fragen, die man eben so stellt, wenn man sich gerade kennenlernt. Ganz normale Fragen, die ich mal eben nicht so beantworten konnte und wollte. Ich weiß noch, dass ich ihn anblaffte: »Warum können wir nicht einfach reden? Ich hab keinen Bock auf irgendwelche Fragen!« Trotzdem gab er mir an diesem Abend seine Telefonnummer.

Es dauerte ein paar Tage, bis ich den Mut fand, ihn anzurufen. Ich hatte den Zeitpunkt genau abgepasst, Anke war nicht zu Hause. Wir telefonierten nur kurz, ich gab vor, keine Zeit zu haben. Als er mir vorschlug, dass wir uns doch mal außerhalb der Disko treffen könnten, steckte ich in der Scheiße. *Das ist doch jetzt mit Ansage!* Ich hatte ihn angelogen, gesagt, dass ich bereits achtzehn sei. Und nun konnte ich ihm eigentlich nicht zusagen, weil ich erst um Erlaubnis fragen musste. *Augen zu und durch.* Ich verabredete mich mit ihm für den übernächsten Tag, irgendwie würde ich es schon schaffen davonzuwitschen. *Du machst schon wieder den gleichen Mist wie in Leipzig. Lügen, Lügen, nichts als Lügen.*

Am Tag vor unserem Treffen, sinnigerweise vor der Sparkasse am Ort, kam Horst bei uns vorbei. Er war zu meiner Mutter gefahren, um meine persönlichen Sachen und weitere Kleidungsstücke für mich zu holen. Als ich den blauen Müllsack leerte, drehte ich durch. In dem Sack waren nur Sachen, die ich schon seit Urzeiten nicht mehr trug. Mädchenslips, die mir meine Großmutter vor Jahren geschenkt hatte, mit Aufdrucken, Bärchen und Blümchen drauf. Blusen und T-Shirts, die völlig verwaschen waren, alles mit einem Grauschleier überzogen. Strickpullover von anno Tobak, ausgeleiert und verschossen. Was hatte sie sich dabei gedacht? Eine kleine Lektion, weil ich meine Sachen seit meinem elften Jahr selbst wusch? Meine Mutter hatte es nie hinbekommen, die Sachen farblich zu trennen, ich war schon als Kind pingelig gewesen und hatte meine Hemdchen im Waschbecken gewaschen und anschließend in unserem

Kinderzimmer vor dem Kachelofen aufgehängt. Sie schmiss einfach alles zusammen. Genau wie jetzt mit dem Müllsack. Rein damit und weg das Zeug, ohne Hirn und Verstand. Auf dem Boden vor mir lag nur Schrott. Meine guten Klamotten, die hatte sie alle behalten. *Siehste. Scheißegal ist der das, wie du hier rumläufst. Hat sich doch noch nie Gedanken über dich gemacht. Wobei – was sollen denn die Nachbarn denken? Muss sie irgendwie vergessen haben, ihren Standardspruch von früher.*

Ich schraubte mich so in diese Sache hinein, dass ich einen Heulkrampf bekam und der Hausarzt mal wieder antanzen musste, weil ich mich nicht beruhigen konnte.

Am Tag nach meinem Nervenzusammenbruch hatte ich mich also nun verabredet mit dem Mann, der mir den Kopf verdreht hatte und mich alles um mich herum vergessen ließ. Ich gab Anke gegenüber vor, spazieren gehen zu wollen. Ich merkte, dass sie unsicher war, aber sie ließ mich gehen. Ich trabte aufgeregt los. Wolfgang wartete schon vor der Sparkasse. Wir begrüßten uns, standen etwas unschlüssig herum, dann schlug er vor, gemeinsam nach Koblenz ans Deutsche Eck zu fahren. Ich ahnte, dass mein Ausflug noch Folgen haben würde, traute mich aber nicht, irgendetwas dagegen zu sagen. Ich wollte ja mit ihm zusammen sein, wäre wahrscheinlich auch mit ihm nach Buxtehude gefahren.

Auf der Fahrt wanderte seine Hand in Richtung meines Oberschenkels. Wütend schlug ich sie weg. »Ey, was soll das!« Er sah mich überrascht, aber keineswegs verärgert an.

Die Zeit mit ihm verging wie im Flug, ich sah nicht einmal auf die Uhr. Es war bereits dunkel, als er mich wieder an der Sparkasse absetzte. Wolfgang drückte meine Hand, er spürte, dass es für einen Kuss noch zu früh war. Trotzdem hatte ich Schmetterlinge im Bauch. Die flatterten allerdings eilig davon, als ich zu Hause die Tür öffnete.

Anke und ihr Mann waren völlig aufgelöst. Meine Pflegeeltern tobten, konnten sich kaum noch beruhigen. Stundenlang hatten sie die ganze Umgebung abgesucht, weil sie glaubten, ich hätte mir etwas angetan. »Mandy, verdammt noch mal. Du wolltest kurz spazieren gehen! Was sollen wir denn denken, wenn du erst Stunden später zurückkommst? Bei all dem, was hier in den letzten Wochen los war?« Aufgrund meiner unkontrollierten Heulattacken, der geistigen Abwesenheit, der Fress- und Kotzanfälle und überhaupt meiner Geschichte galt ich als stark suizidgefährdet. Ich möchte mir gar nicht vorstellen, wie ich in dieser Situation reagiert hätte. Ich bekomme schon Zustände, wenn ich meinen Sohn vom Fenster aus nicht mehr sehen kann, weil er sich in irgendeinen Winkel des Gartens verdrückt hat.

Zu allem Überfluss hatte ein Nachbar erzählt, er habe gesehen, dass ich zu einem Mann in eine dunkle Limousine gestiegen sei. Der Super-GAU. Alle Alarmglocken mussten in den Köpfen meiner Pflegeeltern geschrillt haben. Sie sind da, sie haben sie gefunden, sie bringen sie um. Das Zeugenschutzprogramm hat nicht funktioniert, und wir sind schuld. Wir hätten die Leine kürzer halten sollen. Und, und, und.

Und was machte ich? Fühlte mich unverstanden, gegängelt, wollte nicht sagen, wo ich gewesen war, und schon gar nicht, mit wem. Ich hatte überhaupt kein Gespür dafür, was sie durchgemacht hatten. Ganz nach dem Motto: Die Freiheit nehm ich mir, ihr könnt mir gar nichts.

Konnten sie doch! Mein unangemeldeter Ausflug hatte zur Folge, dass ich noch am selben Abend zur Familie des Vereinsvorsitzenden zurückmusste. Ich fühlte mich abgeschoben und abgewiesen, einmal mehr unverstanden.

Hätte ich einfach erzählen sollen, dass ich jemanden kennengelernt habe, »Du weißt schon, Matthias Reim aus der Disko«? Ein Mann, rund zwanzig Jahre älter? Wie hätte das denn ausgesehen?

Ich litt wie ein Hund darunter, nicht mehr bei Anke zu sein. Ich hatte sie tierisch enttäuscht und das Gefühl, das nie wiedergutmachen zu können. Ich fühlte mich schlecht, weil ich sie angelogen hatte, gleichzeitig fand ich es mies, dass sie mich beim ersten Problem »abgeschoben« hatte. Ich wollte nicht bei Karin und Horst sein, wo ich manchmal das Gefühl hatte, es sowieso niemandem recht machen zu können. Und ich hatte ein schlechtes Gewissen Wolfgang gegenüber. Ich hatte geflunkert, was mein Alter anging, und wollte das schnellstmöglich richtigstellen, nachdem ich so plötzlich vom Erdboden verschluckt war.

Ich bat Horst, ob ich kurz telefonieren dürfe. Er sah mich erstaunt an, nickte jedoch nach einem kurzen Zögern und ging aus dem Büro. Aufgeregt wählte ich Wolfgangs Nummer. Als er abhob, sprudelte ich sofort los. Dass ich unbedingt mit ihm reden müsse, aber nicht wisse, wann und wo. Ich hätte wenig Zeit, und überhaupt sei gerade alles Mist. Doch ich würde ihn wieder anrufen. Lauter wirres Zeug.

Kaum hatte ich das Büro verlassen, drückte Horst auf die Wahlwiederholungstaste. Ich hatte keine Ahnung, dass es so etwas überhaupt gab, zu Hause hatten wir kein Telefon.

Am nächsten Tag klingelte es an der Tür. Ich eilte aus meinem Zimmer in der Hoffnung, dass Anke draußen stehen könnte. Horst war schneller gewesen. Als er öffnete, traf mich fast der Schlag. Draußen stand Wolfgang, verlegen grinsend, die Hände in den Hosentaschen vergraben. Horst bat ihn herein – und schickte mich zurück auf mein Zimmer. Wie ein ungezogenes Kind. Er würde mich holen, wenn sie fertig seien. Ich schwankte zwischen Fassungslosigkeit, Ratlosigkeit und Panik. Der nächste Fehler, ich hatte schon wieder Mist gebaut. Wieder gegen eine Regel verstoßen, auch noch gelogen. Wie ein Tier im Käfig tigerte ich hin und her. Die Minuten verrannen nur langsam. *Was hatten die alles zu bereden? Wieso war Wolfgang überhaupt hier?* Ich zermarterte mir den Kopf, fand aber keine Antwort auf meine Fragen.

Endlich hörte ich Horst nach mir rufen. Als ich die Küche betrat und unsicher von einem zum anderen sah, war klar, dass Wolfgang Bescheid wusste. Wie viel und was genau er wusste, erfuhr ich, nachdem Horst uns allein gelassen hatte.

Wolfgang nahm meine Hände, sah mich lange und sehr ernst an und sagte: »Es ist alles okay, alles wird gut. Du musst keine Angst haben.«

Er erzählte, dass Horst ihn angerufen und er am Anfang überhaupt nicht begriffen habe, worum es ging. Wie und wo er mich kennengelernt habe, dass er kein Umgang für mich sei und die Finger von mir lassen solle. Dass das hier kein Spiel sei, ich unter seinem Schutz stünde, er für meine Sicherheit verantwortlich sei. Als er endlich zu Wort kam, schlug Wolfgang ein Treffen vor. Er würde kein Spiel spielen, habe Gefühle für mich, die er nicht einfach nach Belieben abstellen könne. Am Ende habe Horst eingewilligt.

Während des Gesprächs selbst schwieg Horst über meine Vergangenheit, er wollte keinerlei Risiko eingehen. Das Einzige, was er sagte, war, dass er niemandem mitteilen dürfe, wer ich sei und wo ich wohnte, eine Schutzmaßnahme, um mein Leben nicht zu gefährden. Dann bombardierte er Wolfgang mit Fragen. Er erfuhr, dass er gerade in Scheidung lebte, einen Job und ein geregeltes Einkommen hatte. Ich weiß nicht, worüber sie sonst noch redeten, am Ende muss Horst jedenfalls den Eindruck gewonnen haben, dass Wolfgang kein schlechter Kerl ist, sondern einer, der mir guttun könnte.

Von da an besuchte er mich regelmäßig – er war mein Bodyguard, mein Fels, der Mann, bei dem ich mich sicher fühlte. Es dauerte über ein halbes Jahr, bis ich zulassen konnte, dass wir uns auch körperlich etwas näher kamen. Ich mochte seine Nähe, mehr als Kuscheln war aber nicht. Ich ertrug Berührungen nur schwer. Den Grund dafür suchte ich bei mir. Ich mochte mich nicht, mochte vor allem meinen Körper nicht. Er gehörte nicht zu mir, war Objekt, ein Stück Fleisch. Getreten, geschunden, verletzt. Dass er auch schöne Gefühle auslösen konnte, war mir fremd. Ich hatte die Zeit im Jasmin nur deshalb durchgestanden, weil ich ihn von mir abgetrennt, meine Emotionen gekappt hatte. Es gab keine Verbindung zwischen meinem Körper und meinem Ich.

Wolfgang hatte viel Geduld mit mir und Verständnis, trotzdem wusste ich, dass das nicht ewig so gehen würde. Nachdem ich mich einmal überwunden hatte, kam ich etwas besser mit Nähe zurecht, schlafen konnte ich aber nur mit ihm, wenn es stockdunkel war. Auch beim Ausziehen musste das Licht aus sein, ich konnte mich nicht nackt zeigen.

Später sagte Wolfgang mir einmal, er habe das gar nicht so schlimm gefunden, eher reizvoll. Eine Frau, die eben nicht jeder haben könne. »Ich wollte einfach herausfinden, was unter diesen ganzen Schichten steckt – und damit meine ich nicht nur deine weiten Klamotten«, meinte er grinsend. Seine Worte machten mich stolz. Ich war es wert, dass man auf mich wartete. Er meinte mich, mich ganz allein.

*

Nach zwei Wochen bei Horst und Karin durfte ich wieder zurück zu Anke und ihrer Familie. Sie hatte mir verziehen, ich war überglücklich. Die Woche über war ich im Internat, an den Wochenenden warteten meine Liebe auf mich und meine Pflegeeltern. Ich hätte glücklich sein können, nach außen sah auch alles ganz wunderbar aus. Ich hängte mich in der Schule richtig rein, war ehrgeizig und paukte in jeder freien Minute. Ich musste fast ein ganzes Schuljahr aufholen. Meine Leistungen waren gut, ich hätte allen Grund gehabt, stolz auf mich zu sein.

Aber die Vergangenheit holte mich mit Riesenschritten ein. Nachts verschanzte ich mich hinter meinen Büchern, nur um ja nicht einzuschlafen. Ich hatte Angst vor den Träumen, kämpfte mit völliger Erschöpfung und Übermüdung. Die Angst nahm mit jeder Nacht zu, in der ich doch irgendwann weggedämmert war und schweißgebadet aufwachte.

Die Erinnerungen überfielen mich mit der Zeit auch tagsüber. Ich war unkonzentriert, ging innerlich auf Rückzug, ließ niemanden mehr an mich heran und wirkte vollkommen verstört auf andere. Meine Mitbewohnerin im Internat bezog in dieser Zeit ein anderes Zimmer, sie fand wegen mir und meinen Schlafstörungen keine Ruhe mehr. Nacht für Nacht tigerte ich allein im Zimmer umher, bekam Heulkrämpfe und baute körperlich immer mehr ab.

An einem Wochenende rief Anke den Notarzt, der mich mit Beruhigungsspritzen erst mal außer Gefecht setzte. Doch auf Dauer war das keine Lösung. Horst und Anke setzten sich zusammen. Der Arzt war überdeutlich gewesen, hatte dringend eine spezielle Therapie gefordert, möglichst stationär. Die beiden sagten mir, dass ich – sofern ich einverstanden sei – für sechs Monate in eine Spezialklinik kommen sollte. Das sei das Beste für mich.

Ich war hin- und hergerissen. Ich wusste, dass es so nicht weitergehen konnte, ich hatte angefangen, mich zu ritzen, und war nur noch ein Wrack. Aber die Vorstellung, für sechs Monate eingesperrt zu sein, fand ich unerträglich. Wieder rausgerissen aus einem Zuhause, all die Mühe in der Schule umsonst. Und Wolfgang ein halbes Jahr nicht zu sehen war undenkbar. Er gab mir doch alles, was ich brauchte. Oder nicht? Ich wusste überhaupt nichts mehr.

Am Ende willigte ich ein, mir die Klinik wenigstens mal

anzusehen. Gemeinsam mit Horst und Wolfgang fuhr ich dort hin. Die Leiterin, eine Trauma-Psychologin, die mich auch behandeln sollte, zeigte uns die Klinik. Ich mochte sie nicht, vom ersten Moment an nicht. Während des Rundgangs machte ich völlig dicht. Die ganze Atmosphäre war bedrückend, eine Mischung aus Krankenhaus und Knast. Ich klammerte mich immer fester an Wolfgangs Arm, fing irgendwann sogar an zu weinen. Hier würde ich es keine zwei Tage aushalten, das wusste ich.

Beim Abschlussgespräch in ihrem Büro sagte ich der Psychologin, dass ich keinesfalls stationär hierherkommen würde. Meinetwegen würde ich mir »draußen« einen Therapeuten suchen, aber hier, das gehe gar nicht. Sie sah mich lange und eindringlich an. »Gut, Mandy. Ich will sehen, wen ich für dich finden kann. Die Notwendigkeit an sich ist dir aber klar, oder?« War sie mir natürlich nicht. »Eine Traumatisierung, die nicht behandelt wird, kann schwerwiegende Folgen haben. Nicht heute, vielleicht auch nicht morgen, aber übermorgen. Verdrängung funktioniert in diesem Fall nicht, zumindest nicht auf Dauer. Sie macht alles nur noch schlimmer.«

Sie sollte recht behalten mit dem, was sie an jenem Tag zu mir sagte.

Ich wollte davon nichts hören. *Musst dich halt zusammenreißen, dann kriegen die anderen auch nicht mit, wenn es dir nicht gutgeht. Kontrolle, es geht doch immer um Kontrolle. Darum, den Schein zu wahren.* Darin wurde ich tatsächlich besser. Im Internat schaffte ich es meistens, mir nichts anmerken zu lassen, wenn es mir so richtig scheiße ging. Nur einem konnte ich nichts vormachen. Herrn Meiling, dem Internatsleiter.

Jeden Mittag, wenn sich die Schüler im Speisesaal des Internats trafen, fühlte ich mich von ihm beobachtet. So gut es ging, mied ich den direkten Blickkontakt mit ihm, drückte mich schnell mit meinem Tablett an ihm vorbei. Aber er hatte sehr feine Antennen für das, was mit mir los war. Als ich ihm einmal besonders auffällig aus dem Weg gegangen war und mich ins hinterste Eck des Speisesaals verdrückt hatte, kam er mir einfach hinterher. Er tippte mir auf die Schulter und sagte: »Kommst du bitte nach dem Essen gleich zu mir ins Büro?«

Ich stammelte nur ein schüchternes »Ja«, obwohl ich ihn am liebsten angeschrien, hätte. Steht's mir jetzt schon auf die Stirn geschrieben, oder was? *Mandy, die Mandy, die packt's mal wieder nicht. Und für den Fall, dass die anderen das bis dahin noch nicht mitbekommen haben – jetzt haben sie's. Großartig. Großes Kino, Herr Meiling, wirklich.*

Ich fühlte mich ertappt und fand das beschissen. Mit einer Mischung aus Wut und Angst klopfte ich an seine Tür. Er saß ganz entspannt hinter seinem Schreibtisch und sagte: »Setz dich doch. Meinst du nicht, wir sollten mal in Ruhe über alles reden?«

Nein, meine ich nicht.

Ich kaute auf meiner Unterlippe herum und blickte trotzig auf den Boden.

Er sah mich nur schweigend an.

Super, das kann ja dauern.

Ich richtete mich auf und verschränkte die Arme. *Reden. Worüber denn? Ah, auf dem Foto da, das muss seine Frau sein. Sieht ganz nett aus ... Aber der Kalender da an der Wand ist scheußlich. Kann der nicht mal aufhören, mich anzusehen? Pfff. Öde. Gleich geht der Unterricht wieder los, dann komm ich hier raus.*

Kam ich nicht. Er ließ mich so lange da sitzen, bis ich den Mund aufmachte. Weichgekocht durch Schweigen, das mir irgendwann unerträglich wurde.

Und da saß ich dann und redete zum ersten Mal mit einem weitgehend Fremden darüber, dass ich oft diesen

Druck auf der Brust spürte und in mir ein Gefühl unbändiger Wut. Dass ich unkontrolliert zu zittern anfing, von einer ständigen Unruhe sei. Dass ich dann aber wieder stundenlang an eine Stelle an der Wand starren konnte und nichts spürte. Nur völlige Taubheit. Dass ich keine Freude mehr spüren könnte, alles nur schwarz war. Dass ich nicht wisse, welchen Zustand ich schlimmer fände. Den getriebenen oder den dumpfen. Um aus dem dumpfen herauszukommen, könnte ich mir wenigstens weh tun, irgendwann würde ich dann wieder etwas spüren. Wenn ich völlig hibbelig war, gab es nichts, was mich von diesem Trip herunterbrachte.

Er hörte mir zu, ohne mich zu unterbrechen. Am Ende fragte er mich, ob ich es nicht mal mit Sport versuchen wollte. Schließlich gebe es im Internat jede Menge Angebote. »Du brauchst ein anderes Ventil für diesen Druck, du kannst das nicht immer nur gegen dich richten.«

Ich zögerte. »Und was soll das bringen?«

»Sieh's dir doch erst mal an! Was hältst du davon, wenn wir morgen gemeinsam Badminton spielen?«

Super Idee, auch noch mit dem Direx. Was soll das überhaupt sein? Badminton!

Er wartete meine Antwort gar nicht erst ab und sagte einfach: »Fein! Dann sehen wir uns morgen um 15 Uhr in der Turnhalle.« Damit wandte er sich geschäftig seinen Unterlagen zu, das Gespräch war beendet.

Wortlos verließ ich sein Büro und ging auf mein Zimmer. *Das werden wir ja noch sehen. Ich mach mich hier doch nicht zum Affen.*

Als ich am darauffolgenden Mittag mal wieder eilig an ihm vorbeisteuern wollte, lächelte er mich aufmunternd an und sagte: »Nicht vergessen! Wir sehen uns pünktlich um drei.«

Also gut.

Ich schlüpfte in meine Turnsachen und stapfte hinüber zur Sporthalle.

Super, er hätte mir ja gleich sagen können, dass er mit mir Federball spielen will! Ist doch Kinderkram. Ping, Ping, immer schön hin und her, wie früher auf der Wiese hinterm Haus.

Am Anfang war es auch eher Ping, Ping, nur über das Netz eben, aber dann legte er richtig los. Meiling hetzte mich von einer Ecke des Feldes in die andere, ich stürzte nach vorne, raste nach hinten und konnte gar nicht fassen, was der Typ mit dem Ball alles anstellte. Ich war flatschnass und völlig außer Atem, und froh, dass er nach einer Weile sagte: »Na? Pause gefällig?« Ich ließ mich erschöpft auf eine Bank fallen. Er musterte mich belustigt, legte mir dann die Hand auf die Schulter und fragte: »Und? Wie fühlst du dich jetzt?«

Ich grinste ihn schief an. Ja, es tat mir gut, und ich fühlte mich danach richtig lebendig. Irgendwie befreiter. Von da an wiederholten wir unsere »Federballduelle« regelmäßig. Ich hatte zum ersten Mal ein Ventil gefunden, das nach außen ging, nicht nach innen, um den Druck auf meiner Brust zumindest für einige Zeit zu lindern.

Doch dann kam ein Tag, der meine positive Sicht auf den Internatsleiter vorübergehend ins Wanken brachte. Der Tag, den ich nie in meinem Leben vergessen werde. Diesmal war es Herr Meiling, der mich im Speisesaal schnitt. Er sagte keinen Ton und schien nicht sonderlich gut auf mich zu sprechen zu sein. Er wirkte richtig angepisst. Ich nahm's zur Kenntnis und dachte mir nichts weiter dabei. Als ich nach dem Mittagessen auf mein Zimmer gehen wollte, kam meine Gruppenleiterin auf mich zu. »Dicke Luft, du sollst zum Direktor kommen. Jetzt gleich.«

»Was ist denn los?«

»Das wird er dir dann schon selbst erklären.«

Auf dem Weg zu seinem Büro ging ich in Gedanken die letzten Tage durch. Ich hatte weder eine Klausur vergeigt noch mich danebenbenommen. Keine Ahnung, was der ganze Aufriss sollte.

Ich hatte kaum die Tür hinter mir zugemacht, als Meiling loslegte.

»Was war das für ein Typ, der dich gestern abgeholt hat?«

Ich wusste im ersten Moment gar nicht, was er meinte.

»Mandy, es geht nicht, dass solche Leute vor dem Internatsgelände herumlungern. Dieser Mann ist sicher doppelt so alt wie du, trägt eine dicke Goldkette um den Hals, ist braun gebrannt und hat blonde Strähnen im Haar. Tut mir leid, aber der sieht aus wie ein Zuhälter. Du solltest dich von solchen Leuten fernhalten, du bringst alle hier in Gefahr!«

Der Groschen fiel nur langsam. Wegen »Typen wie diesem« war ich hier anonym untergebracht. Das Internat war ein enormes Risiko eingegangen, die Kontakte des »Milieus« reichten weit, es war nicht auszuschließen, dass mich Kuglers Schergen hier ausfindig machten. Für Meiling, oder wer auch immer mich tags zuvor gesehen hatte, musste es so gewirkt haben, als sei »Tag X« da und ich zurück in den Fängen der Vergangenheit.

Das wäre die rationale Sichtweise gewesen.

Stattdessen platzte ich.

»Sie haben doch überhaupt keine Ahnung. Sie kennen ihn doch überhaupt nicht, also können Sie es gar nicht beurteilen!«, schrie ich.

»Ich will ihn auch nicht kennenlernen!«, konterte Meiling.

»Na toll! Hauptsache, eine gefestigte Meinung. Hätte ich von Ihnen nicht erwartet. Nicht von Ihnen! Was unterstellen Sie mir hier eigentlich? Dass ich mich gleich dem nächsten Zuhälter an den Hals schmeiße? Vielen Dank auch für Ihr Vertrauen!«

Ich stand wütend auf und knallte die Tür hinter mir zu. In

meinem Zimmer warf ich mich aufs Bett und heulte mir die Augen aus. Ich verstand die Welt nicht mehr. *Die Scheißerwachsenen sind doch alle gleich. Macht einen auf Kumpel und spielt mit mir Badminton, aber Zuhören ist nicht. Schublade auf und rein damit. Mich hat er auch schön in eine gesteckt. Ist ja klar, dass alle, die mit mir zu tun haben, auch aus dem Dreck kommen. Pack zu Pack, das passt doch.*

Irgendwann klopfte Gudrun an der Tür, meine Gruppenleiterin. Sie versuchte, mich zu beruhigen, und meinte eher zaghaft: »Du hättest vielleicht sagen sollen, dass du einen Freund hast …«

Der Vorfall führte dazu, dass eine große Krisensitzung einberufen wurde: Horst und meine Pflegeeltern mussten beim Direktor antanzen und Stellung beziehen. Ich wurde nicht dazugebeten.

Einige Tage später sah ich während einer Freistunde, dass Wolfgangs Auto auf dem Parkplatz stand. Komisch, wir waren doch gar nicht verabredet? Ich hockte mich vor das Mädchenhaus, von dem aus man einen guten Blick auf den Verwaltungstrakt hat. Tatsächlich ging nach einer Weile die Tür von Meilings Büro auf, heraus kamen der Herr Direktor – und Wolfgang. Sie lachten und gaben sich die Hand. Wolfgang entdeckte mich als Erster und winkte mir zu: »Los, komm her!« Als ich näher kam, hörte ich Meiling sagen: »Das bekommen wir schon hin.«

Jeden Mittwoch besuchte Wolfgang mich nun ganz offiziell im Internat, und abends telefonierten wir. Ich blockierte regelmäßig die Telefonzelle in unserem Mädchenhaus. Wir schmiedeten Zukunftspläne. Eigentlich wollte ich nach meinem Abschluss im Sommer 1994 für zwei Jahre nach Frankreich gehen. An eine Schule für Mode- und Textildesign. Nun aber gab es Wolfgang. Eine Beziehung auf Distanz konnten wir uns beide nicht vorstellen; der Gedanke, ihn zu verlieren, war für mich äußerst bedrohlich.

Wolfgang bestärkte mich darin: »Daran gehen die meisten Beziehungen kaputt, früher oder später.« Anstatt mich auf mich zu konzentrieren – was ich damals wohl gar nicht gekonnt hätte –, übernahm ich bereitwillig seine Lebensplanung. Ich könnte ihm bei dem ganzen Papierkram helfen, im Büro arbeiten, während er auf dem Bau unterwegs war. Wenn das Geschäft gut lief, könnte ich mich später immer noch um meine eigene Karriere kümmern.

Viele Jahre habe ich genau nach diesem Prinzip funktioniert. Ich wollte allen alles recht machen und merkte noch nicht einmal, dass ich selbst dabei auf der Strecke blieb. Ich hatte doch sowieso keine Bedürfnisse, also konnte ich mich auch um andere kümmern, die solche Bedürfnisse hatten. Die mich brauchten. Ich brauchte mich nicht. Willenlos, selbstlos, seelenlos, eine Marionette, deren Fäden andere in der Hand hatten. Wenn diese Marionette mal ins Stolpern geriet, gab sie sich selbst die Schuld. Wenn sie einen Fehler machte, jemand patzig oder gar aggressiv reagierte. Die Stimme, die manchmal zaghaft sagte, du wirst ausgenutzt, wurde sofort zum Schweigen gebracht. *Du bist undankbar und egoistisch.* Ein Satz, der perfekt funktionierte. Ich weiß nicht, ob ich nicht wollte oder nicht anders konnte. Vielleicht eine Mischung aus beidem. Hätte ich nach meinen Bedürfnissen gesucht, hätte ich in mich hineinhören müssen. Ich wollte nicht in mich hineinhören, hatte Angst vor den bösen Stimmen der Vergangenheit.

Aber die waren nicht nur in meinem Inneren.

Im November 1993, an meinem siebzehnten Geburtstag, verlobte ich mich mit Wolfgang. Endlich ein neues Leben!

Kurz darauf wurde ich ins Büro des Internatsleiters gerufen. Ich war überrascht, als ich dort auf Horst und Anke traf. Alle drei machten sehr ernste Gesichter.

Herr Meiling sagte: »Wir haben die Mitteilung erhalten, dass im Jugendamt in Leipzig eingebrochen wurde. Die

Verantwortlichen dort gehen davon aus, dass jemand versucht hat, an deine Akte heranzukommen ...«

Er machte eine Pause.

»... um deinen Aufenthaltsort herauszufinden.«

Es war eine Bombe.

»Wir haben allerdings die Hoffnung, dass dies nicht gelungen ist. Weil deine Akten und die Korrespondenz zwischen uns und den Behörden nicht mit deinem echten Namen geführt werden. Trotzdem solltest du sehr vorsichtig sein, in allem, was du tust.«

Ich musste schlucken, konnte kaum mehr hören, was Meiling weiter sagte. »... merkwürdig erscheint, ... sofort Meldung machen ... bla.« Es rauschte alles an mir vorbei.

Meine Vergangenheit war wie ein alter riesiger Krake, der mit seinen langen Tentakeln nach mir zu greifen versuchte. *Wenn du mich hinhängst, ich krieg dich, auch noch aus dem Knast raus. Ich pack dich, drück dir den Hals zu, so lange, bis du das Maul hältst. Es liegt nur an dir, wenn ich dir weh tun muss, vergiss das nicht. Allein an dir. Halt einfach das Maul!* Seine Stimme hallte durch meinen Kopf. Sein fettes Gesicht vor meinem, ganz nah. Ich krallte meine Finger in die Lehne des Sessels, alles um mich drehte sich. Die Blätter des hässlichen Kalenders wehten durch das Zimmer, ratsch und weg. Das gerahmte Bild auf dem Schreibtisch, die Stifte tanzten Polka vor meinen Augen, Ankes Hand, die nach mir griff, war plötzlich riesengroß. Horst sprang auf, ein Glas Wasser, wir brauchen ein Glas Wasser! Danach weiß ich nichts mehr. Als ich wieder zu mir kam, lag ich auf dem Zweisitzer in Meilings Büro, Anke fächelte mir Luft zu. »Alles gut, Mandy, alles gut, wir sind da.«

Benommen setzte ich mich auf.

»Was ist denn passiert?«

Meiling räusperte sich, keiner sagte ein Wort.

Nach einer gefühlten Ewigkeit fasste Anke noch einmal zusammen, was geschehen war. »Weißt du, sie haben es probiert, aber sie hatten keinen Erfolg damit. Und das ist doch die gute Nachricht. Dass du geschützt bist! Wir schützen dich, das Internat, alle passen auf dich auf! Das ist wichtig, gerade jetzt ...«

Wieso gerade jetzt? Ist doch alles schön, alles gut, alles fein. Wir heiraten, mein neues Leben, mein Fels, ich bin sicher.

»Mandy ... der Prozess ... hast du das schon vergessen?« Anke sah mich mit großen Augen an.

Der Prozess. Gegen Kugler und den Polizeibeamten, der das Jasmin gemeinsam mit dem Zuhälter geführt hatte. Ich hatte den Termin verdrängt. Nichts sollte die rosa Wolke, auf der ich mich so in Sicherheit gewiegt hatte, beschmutzen.

Die nächsten Wochen waren die Hölle. Ich bestand nur noch aus Angst. Wenn ich über den Flur ging, wenn ich in meinem Zimmer war, wenn ich das Internatsgelände verließ. Die Angst war allgegenwärtig. Wenn ich allein in den Krämerladen um die Ecke ging, um mir ein Schulheft zu kaufen oder irgendwelche Süßigkeiten, bekam ich Panikattacken. Jeder Schritt fiel mir schwer, immer und überall hatte ich das Gefühl, beobachtet und verfolgt zu werden. Bei jedem Geräusch zuckte ich zusammen. Ich hatte Wahnvorstellungen, hörte das Klicken des russischen Roulettes, spürte den kalten Lauf an meiner Schläfe. Ich sah den Kraken vor mir, fett und schleimig, hörte, wie er mit seinen Armen über den Boden rutschte, hinter mir her. Langsam, aber unaufhörlich. Ich schob nachts den Schreibtisch vor die Tür, zog mir das Kissen über die Ohren, aber ich wusste, das Monster war da. *Mandy, Kleines, sei doch nicht so naiv. Das bisschen Holz, ein Leichtes für mich. Krrtsch, Krrtsch. Siehst du? Schon bin ich da. Ich lass dich nicht los, ich will dich doch nicht verlieren.*

Der Prozess

Geplant und mächtig wachten sie, die schlafenden Hund
Über meiner schon längst dem Tod geweihten Hoffnung.
Verlogen, betrogen um bittere Klarheit
stehe ich im Ertrag ihrer Saat.

Am Tag der Verhandlung, bei der ich als Zeugin geladen
war, wurde ich von mehreren Polizeibeamten in Zivil abgeholt. Mit Horst und der Internatsleitung war abgesprochen,
dass sie mich sicher zum Gericht und zurückbringen und
mich nicht aus den Augen lassen sollten. Wolfgang durfte
ebenfalls mitkommen. Es war vereinbart worden, dass wir
mit dem Zug nach Leipzig fahren sollten, wo uns direkt auf
dem Bahnsteig eine Polizeieskorte in Empfang nehmen
sollte. Selbst das Abteil und die Sitzplätze waren vorher
genau festgelegt worden.

Die Fahrt war für mich ein Höllentrip.

Die Beamten versuchten, mir meine Angst zu nehmen.
Die Verhandlung würde ohne die Anwesenheit der Täter
stattfinden, ich würde Kugler nicht gegenüberstehen, niemand würde mich beeinflussen wollen, alles würde gut
werden. Auch Wolfgang redete unablässig beruhigend auf
mich ein. »Schatz, nur noch ein letzter Schritt, dann hast
du alles hinter dir. Und diesen Schritt schaffst du, ich bin
bei dir.« Ich sah ihn unsicher und mit verheulten Augen an.
»Und wenn gar nichts mehr geht, haben wir immer noch die
Wunderpille!« Einer seiner Freunde litt an Angstzuständen

und hatte Wolfgang eine seiner Tabletten mitgegeben – für den Notfall. Mit zitternden Fingern drückte ich sie aus der silbrigen Verpackung und spülte sie mit einem Schluck Wasser herunter. Sie machte mich tatsächlich etwas ruhiger, auch wenn die Wirkung deutlich nachgelassen hatte, bis wir in Leipzig ankamen.

Auf dem Bahnhof war alles für unsere Ankunft bereit. Großes Kino. Der ganze Wirbel hatte zur Folge, dass ich mich nur noch unsicherer fühlte. Die Bedrohung war jede Sekunde spürbar. Wir sollten so lange sitzen bleiben, bis uns uniformierte Beamte aus dem Abteil führten. Über den Bahnsteig ging es auf kürzestem Weg zu einem Transporter, der uns zum Gericht fuhr. Dort wimmelte es von Menschen, Presseleuten und Kameras. Darauf hatte mich niemand vorbereitet. Und auch nicht darauf, dass meine Mutter und mein Stiefvater da waren. Es war das erste Mal, dass wir uns nach dem Abschied am Parkplatz wiedersahen, fast ein Jahr war seitdem vergangen.

Umringt von Beamten, betrat ich das Gericht, das damals in der Angerstraße 40–44 untergebracht war. Auf dem Flur umarmte ich kurz meine Mutter, ein längeres Gespräch war nicht möglich. Ich musste warten, bis ich als Zeugin aufgerufen wurde.

Dann betrat ich den Gerichtssaal. Rechts und links vom Eingang befanden sich Stuhlreihen für das »Publikum«, meine Mutter und mein Stiefvater saßen in der ersten Reihe. Links hatte die Verteidigung Platz genommen, rechts die Staatsanwaltschaft, an der Stirnseite der Richter mit seinen Beisitzern. In der Mitte befand sich der Zeugenstand. Ein kleines Pult mit Stuhl. Wie auf dem Pranger.

Wie gelähmt blieb ich in der Tür stehen.

»Bitte, Fräulein Schmidtmann, kommen Sie nach vorne.«

Meine Schritte waren unsicher, schwer, als hätte ich Blei in den Beinen, den Kopf hielt ich gesenkt.

Als ich ihn hob, blickte ich direkt in seine Augen. Das Schwein sah mich an, weidete sich an meiner Angst.

Der Zeugenstand bewegte sich plötzlich, es war, als würde er sich mit jedem Schritt weiter von mir entfernen. Ich streckte die Hand aus, griff ins Leere, alles drehte sich.

»Den Stuhl! Bringt ihr doch den Stuhl.«

Bevor ich wegsackte, packte mich jemand und hievte mich auf die Sitzfläche. Wolfgang, mein Fels in der Brandung.

Ein Beamter brachte mir ein Glas Wasser, aus der Ferne hörte ich, dass jemand die Frage stellte, ob man den Saal räumen solle. Stühlerücken, Murren. Die Presse und alle, die keine Angehörigen waren, mussten den Saal verlassen.

»Fräulein Schmidtmann, geht es wieder? Können wir anfangen?«

Die Stimme des Richters war ruhig, freundlich.

Ich nickte.

Bei der anschließenden Befragung hatte ich Mühe, die Fragen zu verstehen. Die Laute liefen ineinander über, ein einziger Brei, aus dem ich nur einzelne Wortfetzen heraushören konnte. Bis heute kann ich mich nicht genau daran erinnern, welche Fragen mir an jenem Tag gestellt wurden.

Nur die folgende Fragenserie ist mir fest im Gedächtnis geblieben. Vielleicht, weil ich sie so unglaublich schäbig fand.

»Fräulein Schmidtmann, hatten Sie, bevor Sie ins Jasmin kamen, schon einmal Geschlechtsverkehr?«, fragte Kuglers Verteidigerin.

»Ist es richtig, dass Sie bereits vor dem Jasmin ungewollten Sex hatten?«

Ich zuckte zusammen und blieb stumm.

»Fräulein Schmidtmann, ist es richtig, dass Sie als Kind missbraucht worden sind?«

Die Frage dröhnte in meinen Ohren.

Mandy, hey, stell dich nicht so an! Wir mögen uns doch, du liebst mich doch, oder? Und wenn man sich liebt, dann macht man so was. Ist so, ich weiß das.

Wo hatten sie das denn jetzt her? Und was hatte das mit dem Jasmin zu tun? Ich drehte mich um und sah panisch zu meiner Mutter. Sie nickte unmerklich und schloss die Augen. *Wieso kam diese Geschichte jetzt auf den Tisch?*

Diese Geschichte. Auch so eine Scheißgeschichte, weggedrückt und Teppich drüber. Ich war acht, als es begann, und zehn, als meine Mutter Anzeige erstattete. Gegen meinen Cousin. Er war noch nicht volljährig, bekam eine Verwarnung. Bei Wiederholung wurde ihm eine strafrechtliche Verfolgung angedroht.

Von vorn kam in sehr ruhigem Ton: »Sie müssen diese Frage beantworten, Fräulein Schmidtmann.«

Ich nickte und antwortete mit: »Ja.«

Erklärte das irgendetwas? Gab die Tatsache, dass ich schon früher missbraucht worden war, anderen das Recht, das Gleiche zu tun? Wird die Tat dadurch weniger schlimm?

Die Dämonen waren sofort zur Stelle. *Du bist schuld. Du hast die Weichen selbst gestellt. Der Weg ist vorgezeichnet.*

Ich saß auf meinem Stuhl, zerpflückte ein Papiertaschentuch, war unfähig, auch nur einen Satz herauszubringen.

An den Rest der Vernehmung habe ich keinerlei Erinnerungen. Noch nicht einmal an den Weg zurück zum Bahnhof. Ein kompletter Blackout.

Meine Erinnerung setzt erst wieder im Zug ein. Ich heulte fast die ganze Fahrt über. Aus Wut und Enttäuschung. Über mich selbst. Ich hatte stark sein wollen, klar in meiner Aussage. Hatte sagen wollen, was dieses Schwein uns alles angetan hatte. Stattdessen hatte ich versagt. Kläglich. Und dafür hasste ich mich.

Wolfgang redete auf mich ein: »Es ist vorbei, es ist alles

vorbei. Kugler wird bestraft werden, du musst keine Angst mehr vor ihm haben. Der geht in den Bau.« Er drückte meine Hand. »Und wir schauen jetzt gemeinsam nach vorne, lassen die Vergangenheit hinter uns.«

Nach vorne schauen, das klang gut. Einfach alles vergessen. Mit den Jahren bekam ich richtig Übung darin, Wolfgang vorzuspielen, dass ich tatsächlich alles vergessen hatte. Nur selten, wenn ich nachts im Schlaf schrie und schweißgebadet aufsprang, bekam er mit, dass das nicht so klappte. Aber auch da hatte ich Ausreden. Der Film vorhin, du weißt schon, diese Szene, wo ich mich so erschrocken habe. Wir wollten uns beide nur allzu gern hinter solchen Erklärungen verstecken.

Am Tag nach der Verhandlung ging ich zurück ins Internat, als wäre nichts geschehen. An den Wochenenden wälzte ich nun neben meinen Schulbüchern auch Ratgeber über Selbständigkeit und dicke Schinken mit den VOBs der Berufsgenossenschaft. Alles für mein neues Leben, das in drei Monaten, nach meinem Schulabschluss, endlich beginnen sollte!

Kinderlachen

Die Saat der Zeit sollte Neues bringen
Die Sonne hell und die Sterne klar
Ich hörte die Natur und die Liebe singen
Ein neues Leben, ach, wie wunderbar

Ich war bei Anke zu Besuch. Wir tranken Kaffee, gegen Abend wollte Wolfgang mich abholen. Zwischen zwei Bissen Kuchen sagte ich ihr, dass ich das Gefühl habe, schwanger zu sein, mich jedoch nicht traute, einen Test zu machen. Sie ließ die Gabel sinken und starrte mich ungläubig an. »Na, also das will ich jetzt aber genauer wissen.« Gemeinsam fuhren wir in die nächste Apotheke, um einen Test zu holen. Zurück im Haus, schob sie mich ins Badezimmer. Sie lachte und sagte: »Ich lass dich erst wieder raus, wenn du den Test gemacht hast.«

Ich hockte mich auf den Badewannenrand und öffnete die Pappschachtel. Der Test ist nur zur Anwendung außerhalb des menschlichen Körpers vorgesehen. Nicht verschlucken. Sie brauchen einen sauberen, trockenen Behälter und eine Uhr, las ich auf dem Beipackzettel. Ich steckte den Kopf aus der Tür. »Anke! Ich brauche einen Becher!« Als ich die ganze Angelegenheit vorschriftsmäßig hinter mich gebracht hatte, lief ich nervös auf und ab. Wenn das Resultat positiv ist (zwei Linien), kontaktieren Sie bitte Ihren Arzt und lassen sich die Schwangerschaft durch eine klinische Laboruntersuchung bestätigen. Wenn das Resultat negativ ist (eine

Linie) und Sie dennoch den Verdacht haben, schwanger zu sein, können Sie den Test ein paar Tage später wiederholen. Lesen Sie auch weiter unter »Einschränkungen«. Das Ergebnis sollte innerhalb von fünf Minuten ablesbar sein.

Was ist, wenn? Und was, wenn nicht? Wolfgang wollte so gerne Kinder.

Anke klopfte energisch an die Tür und fragte: »Was machst du denn so lange?«

»Bin gleich so weit.« Die fünf Minuten mussten längst vorbei sein.

Ich nahm allen Mut zusammen und sah auf den Teststreifen. Zwei Linien! Eine eigene, kleine Familie! Ich stieß einen Schrei aus und stürzte aus dem Bad. Ich freute mich so riesig, und Anke freute sich mit mir. Wolfgang würde selig sein. Und erst die Schwiegereltern. Die Familie meines Verlobten hatte mich mit offenen Armen aufgenommen, ich hatte von Anfang an ein sehr gutes und herzliches Verhältnis mit meiner zukünftigen Schwiegermutter. Für sie war ich in den ersten Jahren unserer Beziehung und Ehe diejenige, die sie mit meiner schusseligen, schüchternen Art immer wieder zum Lachen brachte. Ich hatte eine Familie gefunden, wie ich sie mir immer gewünscht hatte.

Meine Vergangenheit blieb unausgesprochen – und das war mir nur recht. Sie wussten zwar, dass ich etwas Schlimmes erlebt hatte, aber Fragen stellten sie nicht. Wozu auch, alles lief perfekt. Ich heiratete den Mann, der mein Leben vermeintlich verzaubert und ihm einen Sinn und den nötigen Halt gegeben hatte. Kurze Zeit später, im Februar 1995, kam unser erster Sohn zur Welt.

Meine Mutter ist bei keinem der Ereignisse dabei gewesen. Sie war gegen die Beziehung, meinte, dass ich damit die Vergangenheit in gewisser Weise fortsetzte. Ich wollte ihre Einwände nicht hören. Sie war doch schuld an allem! Weil sie es zugelassen hatte. Mich nicht beschützt, mir nicht zugehört hatte. Weil sie sich nur hinter Verboten und Regeln, Kritik und der Bibel verschanzt hatte. Verständnis? Fehlanzeige. Nicht einmal jetzt. In den darauffolgenden Jahren riss der Kontakt zu ihr immer wieder ab, auch über längere Zeit. Ihre Anwesenheit stresste mich, mir knallten wegen jedem noch so kleinen Anlass die Sicherungen durch. Weg, ich schob sie weg, sie gehörte zur Vergangenheit, die ich nun endlich überwunden glaubte.

Mein neues Familienglück hingegen war perfekt. Wolfgang hatte seinen eigenen Handwerksbetrieb gegründet, noch während ich meinen Schulabschluss machte. Nun stürzte ich mich voller Elan in meine neuen Aufgaben. Ein Kind, ein Unternehmen, ein liebender Ehemann. Nicht nach Frankreich gehen, keine eigene Ausbildung machen, keinen Psychologen aufsuchen und das Erlebte in irgendeiner Form aufarbeiten. Das mit der Ausbildung habe ich nicht bereut, trotz allem nicht.

Ich war siebzehn und blond und kämpfte um meine Position in der Handwerksbranche. Das war keine leichte Aufgabe, aber ich war ehrgeizig und wollte mir nicht die Butter vom Brot nehmen lassen. Nur nicht stehen bleiben, laufen, einfach weiterlaufen. Run, run. Wie Forrest Gump. Mit neunzehn übernahm ich die Geschäftsleitung unserer Firma, hielt die Papiere in Schuss und machte die Buchhaltung, was mir noch einmal einen Schub gab, was Selbstbewusstsein und Selbstwertgefühl anging. Wolfgang und ich stürzten uns in die Arbeit, ich im Büro, er draußen auf dem Bau. Er war ein fleißiger, korrekter Chef, die Auftragslage war gut, finanziell lief es immer besser.

Der erste Dämpfer kam, als wir merkten, dass mit unserem Sohn etwas nicht stimmte. Raphael war zwar nicht aggressiv, aber extrem unruhig, hatte einen enormen Bewegungsdrang und konnte sich nicht still mit etwas beschäftigen. Ich hielt ihn zunächst nur für sehr aufgeweckt und munter, kein Grund zur Besorgnis. Nachdem er aber immer heftiger reagierte, wenn Leute zu Besuch kamen, manchmal deswegen sogar mit dem Kopf auf die Fliesen schlug, beschlossen wir, einen Arzt aufzusuchen. Da stand ich nun mit meinem vierjährigen Jungen an der Hand in der Aula eines heiltherapeutischen Zentrums. Ein IQ-Test sollte gemacht werden, ebenso sollten seine visuelle Wahrnehmung und sein Reaktionsvermögen geprüft werden. Bei der Untersuchung hatte mein Sohn einen Riesenspaß damit, den Herrn Doktor mit Plüschtieren zu bewerfen und das Maßband zur Feststellung der Körpergröße immer wieder bis zum Anschlag herauszuziehen, um es dann mit einem lauten Ratschen zurückschnalzen zu lassen. »Lass das bitte!«, hatte ich ihn mehrmals ermahnt, mir war das alles sehr peinlich. Der Arzt lachte nur und sagte: »Nicht er muss sich ändern, sondern Sie. Sie müssen begreifen lernen, dass seine Welt so völlig in Ordnung ist.«

Ich sah ihn irritiert an. »Ihr Sohn hat ADHS, er ist hyperaktiv. Das hängt mit seinem Stoffwechsel zusammen, er läuft ständig auf Hochtouren. Aber es gibt Mittel und Wege, das in den Griff zu bekommen.«

Ich musste lernen, dass das Bild, das eine Gesellschaft von Kindern hat – davon, wie sie zu sein haben und wie besser nicht –, nicht auf meinen Sohn zutraf. Er war anders, brauchte Hilfe, um sich im Alltag zurechtzufinden. Die vermeintlich einfachsten Dinge überforderten ihn, anderes langweilte ihn nach kürzester Zeit, dann wurde er unruhig. »Regeln und Rituale«, hatte der Arzt gesagt, würden helfen.

Ich wälzte Bücher, besuchte Seminare, tauschte mich mit anderen betroffenen Eltern aus. Die nächsten zehn Jahre lang war mein Alltag auf meinen Sohn ausgerichtet. Feste Essenszeiten, Pausen, Lernzeiten, Pausen, je einmal die Woche Ergotherapie, Judo und Gitarrenunterricht. Keine Zeit für eigene Bedürfnisse, keine Zeit, sich hängenzulassen. Keine Zeit, mich überhaupt wahrzunehmen. Unsichtbar. Je weniger ich da war, umso mehr stürzte ich mich auf die Bedürfnisse meines Umfelds. Mein Sohn brauchte mich. Mein Mann. Die Firma. Der Haushalt. Es ist schön, gebraucht zu werden. Es ist schön, gesagt zu bekommen: »Wie du das alles so hinbekommst, ich würde das nicht schaffen!« oder »Du musst ja Nerven haben wie Drahtseile.« Ich definierte mich ausschließlich über meine Aufgaben, über meine Rolle.

Dieses »Lebensprinzip« bekam Risse, als es in meiner Ehe zu kriseln begann. Eigentlich der Klassiker. Wir waren beide so viel mit anderen Dingen beschäftigt, dass wir uns selbst, unsere Liebe aus den Augen verloren. Wolfgang war nie ein Mann großer Worte gewesen, besondere Gesten lagen ihm nicht. Nun nahm das Schweigen zwischen uns immer mehr Raum ein. Ich fühlte mich allein, zur inneren Einsamkeit kam die äußere dazu. In den vergangenen Jahren hatte ich kaum private Kontakte zu anderen Menschen gepflegt, noch nicht einmal zu meinen Geschwistern. Ich hatte mir eingeredet, dass mir nichts fehlen würde, dass ich alles hätte, was man sich nur wünschen kann. Das änderte sich durch einen Zufall.

Eine Freundin erzählte mir von einem verwahrlosten, völlig verängstigten Pferd, das sie aus einem Bretterverschlag geholt und beim nahe gelegenen Reiterhof untergebracht habe. Dort sollte Betty das Gnadenbrot erhalten. Ob ich nicht einmal mitkommen wolle? Ich zögerte. Es war Jahre her, dass ich zum letzten Mal auf einem Pferd gesessen hatte, irgendwo auf dem Land. Andererseits, warum nicht? Das Tier zog mich magisch an. Ich hatte das Gefühl, als würde ich in mein Inneres blicken. Betty war scheu, hatte Angst vor Menschen, das Vertrauen in sie verloren. Wann immer ich etwas Zeit hatte, ging ich zu ihr in den Stall. Wolfgang spottete schon, ob ich nicht gleich mein Bettzeug mitnehmen wolle, um in Bettys Box zu übernachten. Ich genoss jede Sekunde mit ihr, es war, als würde uns etwas ganz Besonderes verbinden. Je mehr sie ihre Scheu überwand, umso stärker merkte ich, was mir fehlte. Wenn sie mir vertraute, wie konnte ich mir nicht vertrauen? Dieses Tier war so einfühlsam, spürte jede meiner Stimmungsschwankungen, stupste mich einfach an oder brachte mich mit irgendeinem Blödsinn zum Lachen. Es war eine Nähe ohne Bedingungen, ohne den Zwang, einer Rolle gerecht werden zu müssen.

Vernehmung am See

Von Tag zu Tag rannte ich und fiel
Jahr für Jahr stand ich schmerzend wieder auf,
um erneut klagend, verzweifelt zu fallen
durch Worte, die von Hoffnung sprachen.
Vergebens?

An einem Vormittag im Jahr 2000 ging ich gedankenverloren zum Briefkasten. Mein Bruder war gerade da, wir wollten die Außenfassade unseres Hauses renovieren. Ich war in Gedanken beim Mittagessen, das ich noch kochen musste, und bei der Farbe des Anstrichs, über die wir uns noch immer nicht einig waren. Ich fischte die Post heraus – Werbung, nichts als Werbung – und warf den ganzen Schwung auf den Küchentisch. Ein Umschlag rutschte heraus und fiel auf den Boden. *Bestimmt eine Rechnung.* Ich bückte mich und hielt inne. Das Schreiben war an mich adressiert. Durch das Fenster des Umschlags sah ich die Anschrift der Kriminaldirektion Leipzig.

Mit zitternden Fingern riss ich den Brief auf. Ein einfacher Formbrief, ein paar Zeilen nur, mit der Bitte, mich umgehend telefonisch mit der zuständigen Dienststelle in Verbindung zu setzen. Mehr nicht.

Was sollte das? Wozu? Tausend Gedanken schossen mir durch den Kopf.

Beim Mittagessen zeigte ich den Brief Wolfgang und meinem Bruder. Mein Mann riet mir, gar nicht darauf zu reagieren. »Lass dich da bloß nicht drauf ein, wer weiß, ob das eine Falle ist.«

Zwei Tage rang ich mit mir, dann griff ich zum Hörer.

Ich sprach mit einem Mann, der sehr freundlich war, und merkte, wie sehr mich dieses Schreiben aus dem Tritt gebracht hatte. Er versuchte, mich zu beruhigen, und erklärte mir, dass überraschend noch einmal Bewegung in den Fall gekommen sei. Kugler, der wegen guter Führung nach 34 Monaten vorzeitig aus der Haft entlassen worden war, habe nun, Jahre später, angedeutet, möglicherweise doch in vollem Umfang auszusagen. Man habe sich deswegen entschieden, Kontakt zu den Mädchen aus dem Jasmin aufzunehmen. In einem persönlichen Gespräch wolle man mir alles Weitere erläutern. Außer, dass es um »Identifizierungen« ginge, könne er mir am Telefon leider nichts weiter sagen.

Die Paranoia war sofort wieder da.

»Woher soll ich wissen, dass Sie wirklich von der Polizei sind? Ich habe eine Nummer angerufen, Sie haben sich gemeldet – woher soll ich wissen, dass Sie mich nicht aus dem Weg räumen wollen?«

»Sie müssen nicht nach Leipzig kommen, wenn Sie das nicht wollen. Wir können auch eine Polizeidienststelle in Ihrer Umgebung mit der Befragung betrauen.«

Das fehlte mir gerade noch. Ich wollte nicht, dass irgendjemand am Ort etwas von meiner Vergangenheit erfuhr, und bat um Bedenkzeit.

Wolfgang und mein Bruder waren sich einig. »Lass die Finger davon. Bislang hat keiner einen Grund gehabt, dich umzubringen. Du hast ja vor Gericht niemanden belastet, und das solltest du auch jetzt nicht.«

Aber eben genau das war mein Problem. Ich hatte das Gefühl, vor Gericht versagt zu haben.

Die Vorgänge im Jasmin waren damals nicht wirklich untersucht worden. Kugler und sein Polizistenfreund waren die Bauernopfer, diejenigen, die ihren Kopf nicht aus der Schlinge hatten ziehen können. Beim Prozess waren beide »nur« wegen Menschenhandels in Tateinheit mit Zuhälterei und Förderung der Prostitution bzw. wegen der Förderung sexueller Handlungen Minderjähriger angeklagt worden. Und nicht auch wegen schwerer Körperverletzung und Vergewaltigung.

Kugler bekam vier Jahre, sein Kumpan ein Jahr auf Bewährung. Die Ermittlungen damals hatten nur an der Oberfläche gekratzt, das Offensichtliche war geahndet worden, der Rest war Schweigen und Gleichgültigkeit. Niemand hatte sich zum Beispiel für die Kunden interessiert, obwohl sich in den Akten aus den Jahren 1993/94 bereits konkrete Hinweise auf bestimmte Freier fanden. Sie blieben unbehelligt.

Später erfuhr ich, dass Kugler bei seiner erneuten Vernehmung im Mai 2000 Folgendes zu Protokoll gab: Er habe seine Anwältin so verstanden, dass er mit zehn Jahren Haft oder mehr rechnen müsse, wenn er sich zur Kundschaft der Mädchen äußere, aber nur mit vier, wenn er keine »dreckige Wäsche« wasche. Die Anwältin sagte gegenüber der Presse, sie erinnere sich zwar an einen Deal, doch leider nicht an jede Einzelheit. Das milde Urteil hatte nicht nur in den Medien, sondern auch in Juristenkreisen für Verwunderung gesorgt. Für mehr allerdings auch nicht.

Ich besprach die Sache mit meinem Bruder. Er hörte mir schweigend zu und sagte dann: »Wenn du da noch mal durchwillst, musst du es machen.«

Wolfgang war in seiner Ablehnung sehr klar. Ich erzählte ihm, dass ich gemeinsam mit meinem Bruder nach Rathendorf fahren wolle, um den Geburtstag meines Neffen zu feiern. Am übernächsten Abend würden wir zurück sein.

Gegen halb neun brachen wir auf in die alte Heimat. Mit dem Handy rief ich in der Leipziger Dienststelle an, um alles Weitere zu klären. Am nächsten Vormittag würde ich zwei Beamte in Zivil an einer gut einsehbaren Tankstelle in Borna treffen, von dort aus dann zu einem versteckten Ort fahren, wo die Befragung stattfinden sollte. Keine große Sache, hatte er noch gesagt, aber für mich war es wie die Besteigung des Mount Everest.

Ich war unglaublich nervös und froh, dass mein Bruder dabei war.

Wir standen schon eine Weile an der Tankstelle, als ein roter Wagen auf das Gelände fuhr und hielt. Durch den Außenspiegel sah ich, dass ein Mann ausstieg und langsam auf uns zukam. Er blieb vor der Beifahrertür stehen und lächelte mich an. Ich gab mir einen Ruck und öffnete das Fenster, aber nur einen Spaltbreit. Der Herr stellte sich als Werner Meiser vor und zeigte mir seinen Dienstausweis. Alles in bester Ordnung.

In Kolonne fuhren wir zu einem Parkplatz in der Nähe eines kleinen Sees bei Borna. Wir stiegen aus, der zweite Beamte kam auf mich zu, um sich vorzustellen. »Schmidt, angenehm.« Er wirkte angespannt. Meiser, der das folgende Gespräch dominierte, versuchte, mir die Aufregung zu nehmen. Wir unterhielten uns über Belanglosigkeiten, das Wetter, dies und das. Bis ich mich so weit beruhigt hatte, dass ich eine Frage stellte, die mich seit dem Schreiben umgetrieben hatte. Warum nach all den Jahren erneut ermittelt wurde. Meiser antwortete ausweichend. Er könne nur so viel sagen, dass Kugler sich an die Polizei gewandt habe, da er um sein Leben fürchte. Er sei bereit, unter Umständen vollumfänglich auszusagen, auch wenn er sich damit möglicherweise selbst belasten würde. Außerdem hätten sich bei Ermittlungen im Zusammenhang mit einem Attentat auf einen Manager der Leipziger Wohnungsbaugesellschaft Spuren zum Jasmin ergeben. Der leitende Ermittler hätte angeordnet, den Fall noch einmal aufzurollen.

Ich sah ihn ungläubig an.

Er erzählte mir, dass er bereits mit Lea gesprochen habe, die mich herzlich grüßen ließe und ihn gebeten habe, mir ihre Handynummer zu geben. Ich freute mich darüber, seit meinem Weggang ins Internat hatte ich nichts mehr von ihr gehört. Die kleine Lea. Meisers nächster Satz traf mich völlig unvorbereitet. Er sagte, dass sie ein Kind mit Kugler bekommen habe. Die Tränen stiegen mir in die Augen. Das Gefühl, dass ich sie im Stich gelassen hatte, für sie verantwortlich gewesen war und versagt hatte, drückte mir fast die Luft ab. Ich hatte es psychisch nicht geschafft, mich von meiner Vergangenheit zu lösen, sie aber hatte sich auf ganz andere Weise erneut in eine Abhängigkeit von unserem Peiniger begeben. Es war wie ein Schlag ins Gesicht. Das schönste Geschenk im Leben einer Frau ist ein Kind, heißt es so schön. Von ihm? Von diesem Schwein? Ein Kind, das einen jeden Tag an die eigenen Qualen erinnert? Dass Meiser mir sagte, sie habe sich inzwischen von ihm getrennt, machte es nicht besser. Wie viele Jahre hatte sie an ihn verschwendet?

Heute weiß ich, dass es sich um eine Form des Stockholm-Syndroms handelt. Opfer, die eine Beziehung mit dem Täter eingehen, seine Sicht auf die Dinge übernehmen, um den maximalen Kontrollverlust über das eigene Leben zu kompensieren. Kugler war ja kein schlechter Mensch, *eigentlich. Aktion und Reaktion, selbst schuld, nicht er war böse, sondern wir.*

Wie betäubt steckte ich den Zettel mit der Handynummer ein.

Meiser wollte wissen, wie es mir in den letzten Jahren ergangen war. Ich erzählte stolz von dem, was ich alles geschafft hatte, von der Firma, meiner Familie und davon, wie viel Glück ich offenbar gehabt hatte. Denn auch Jasmin hatte den Absprung nicht geschafft.

Für die eigentliche Vernehmung, die um 9.45 Uhr begann und um 22.30 Uhr, so der Vermerk auf dem Protokoll, endete, stieg ich zu den beiden Beamten ins Auto, mein Bruder musste draußen warten. Schmidt fragte mich, ob ich damit einverstanden sei, dass sie die Befragung auf Band aufnähmen. Ich stimmte zu. Dann sollte ich erzählen, von Anfang an. Ich sprach vom Tod meines Vaters, von unserem Umzug, von den zunehmenden Schwierigkeiten daheim und den Gründen, weshalb ich immer wieder von zu Hause abgehauen war. Davon, dass mich als notorische Schulschwänzerin und Ausreißerin keiner wirklich vermisste, als ich im Winter 1992 verschwand. Davon, wie Lea und ich ins Jasmin geraten waren, von der Zeit auf dem Strich und in der Wohnung, bis zu unserer Befreiung. Ich musste wieder neu ansetzen, jeder Satz kostete eine enorme Kraft. Ich erzählte von meinem Auftritt als Zeugin im Prozess gegen Kugler, von meinem Nervenzusammenbruch und den Gefühlen, versagt zu haben. Von der Zeit nach dem Urteil, über das ich nicht etwa vom Gericht informiert worden war, sondern von Herrn Meiling. Und der wiederum hatte es aus der Presse erfahren. In den Tagen danach war ich nicht in der Lage gewesen, am Unterricht teilzunehmen. Ich saß in meinem Zimmer und heulte, bekam mich innerlich überhaupt nicht strukturiert. Schon als Kind war ich sehr pingelig gewesen. Nach der Befreiung aus dem Jasmin war ich regelrecht zwanghaft geworden. In meinem Zimmer im Internat und bei Anke war alles wie mit dem Lineal ausgerichtet, nichts lag unordentlich herum. Ich musste alle Dinge des täglichen Lebens in mehrfacher Ausführung vorrätig haben, Duschgel etwa oder Shampoo, sonst drehte ich durch. In den Tagen und Nächten nach dem Urteil spitzte ich wie eine Wahnsinnige immer wieder meine Stifte an, so stark, dass sie beim ersten Kontakt mit einem Blatt Papier sofort abbrachen. Und dann wieder von vorn. Die Angst, einzuschlafen, die Panik vor den Alpträumen war so groß, dass ich nächtelang meine ganzen Schulhefte und Ordner neu abschrieb, fein säuberlich, beim ersten Fehler, der ersten Unsauberkeit, fing ich wieder von neuem an. Ich presste mich in ein starres Korsett aus Äußerlichkeiten, um damit die innere Unordnung wegzudrücken.

Nachdem ich das alles erzählt hatte, reichte Schmidt seinem Kollegen drei rote Mappen mit Lichtbildern. Sie baten mich, die Bilder in Ruhe durchzusehen. Falls ich jemanden erkennen würde, sollte ich sagen, woher und welche Erinnerungen ich damit verband.

Mappe für Mappe blätterte ich durch. Es gibt Gesichter, die vergisst man nicht. Ich erkannte mehrere Männer als Kunden des Jasmin, darunter einen, den Trixi bei ihrer Befragung ebenfalls identifiziert hatte. Aber das erfuhr ich erst viel später. Es waren dieselben Männer, die ich acht Jahre später noch einmal identifizieren sollte.

Namen nannten die beiden Beamten nicht, auch nicht auf meine Nachfrage; die Gesichter auf den Fotos blieben für mich bis auf weiteres anonym, ich kannte die Herren nur unter ihrem »Kundennamen«.

Zu diesen Fotomappen gab es im Nachhinein einige Ungereimtheiten. In den Akten sind nicht alle Bilder aufgelistet; inzwischen haben die beiden Beamten vor Gericht eingeräumt, dass sie mir Fotos und Zeitungsausschnitte vorgelegt haben, die keine offiziellen Bestandteile der Lichtbildmappen gewesen waren. Ein kleines Versehen? Was auch immer der Grund gewesen sein mag – die Folgen sind schwerwiegend. Denn die Ergebnisse der Identifizierung können so nicht vor Gericht verwendet werden. Die Auswirkungen dessen reichen bis in die Gegenwart.

Als wir fertig waren, standen wir noch eine Weile vor dem Wagen, bevor wir uns verabschiedeten. Schmidt und Meiser bedankten sich für meine Unterstützung und sagten zum Abschied einen Satz, der sich tief in mein Gedächtnis eingegraben hat. »Übrigens ... Wenn Sie in den kommenden Tagen die Schlagzeile in der Zeitung lesen, ›Zwei Polizisten im See ertränkt‹, dann wissen Sie, warum.« Es war ein schlechter Scherz.

Der Weg zurück war quälend lang. Die erste Teilstrecke fuhr ich, ich hatte mir eingebildet, es würde mich auf andere Gedanken bringen. Aber je länger es dauerte, umso mehr Mühe hatte ich, mich zu konzentrieren. Die Bilder, diese verdammten Bilder kamen nach oben. Die Fotos mischten sich mit Szenen aus dem Jasmin. Herren in feinem Zwirn, das Haar akkurat geschnitten, erfolgreich, Kugler lädt ein, und die bessere Gesellschaft kommt. *Frischfleisch, klar, extra für euch! Meine Tochter ist so alt wie du. Wie fühlt man sich eigentlich, wenn man mit der Tochter ins Bett steigt? Apfelbrüste. Sie sind so schön fest, wenn sie noch jung sind, so unverbraucht, so unverdorben. Und dann kommt Papi, und der Apfel ist ganz schnell faul. Sauer. Vergoren. Dann muss die Nächste her.*

»Pass doch auf!«

Mein Bruder griff energisch ins Steuer. »Ich denke, wir wechseln jetzt mal. Du brauchst 'ne Pause.«

In der nächsten Parkbucht fuhr ich raus. Er hatte recht, ich konnte wirklich nicht mehr. Ich nahm auf dem Beifahrersitz Platz und heulte. Meine Kräfte schwanden im Sekundentakt.

Wolfgang öffnete die Tür. Er sah mich nur an, dann sagte er: »Du hast dich doch mit ihnen getroffen, stimmt's? Das hättest du nicht tun sollen, das wühlt alles wieder auf. Du musst das Ganze endlich vergessen!«

Wie soll ich das jemals vergessen?

»Ich kann nicht länger so tun, als gebe es meine Vergangenheit nicht!«, sagte ich und stürmte an ihm vorbei. Gutgemeinte Ratschläge brauchte ich jetzt wie ein Loch im Kopf. Ich schloss mich im Badezimmer ein, brauste mich minutenlang heiß ab, den ganzen Dreck abwaschen. Ich wollte die Bilder wegspülen, sehen, wie die Farbe aus ihnen wich, dunkle Rinnsale auf dem Weg in den Abfluss. Hinterher fühlte ich mich etwas besser.

Wolfgang und mein Bruder saßen im Wohnzimmer. Sie hörten auf zu reden, als ich hereinkam. Ein langes Schweigen. Ich nahm mir ein Glas Wein, setzte mich in den Lehnstuhl und starrte vor mich hin.

»Hör mal … also wir haben uns überlegt, dass es vielleicht besser wäre, wenn du einen Anwalt einschalten würdest. Diese Vernehmung heute war doch etwas seltsam. Außerdem hat dich das psychisch total runtergezogen. Du musst dich schützen.«

»Ich schaff das schon, keine Sorge.«

Ich versuchte, die Belastung zu verharmlosen. Aber mein Körper sprach eine ganz andere Sprache. Ich hatte mich überschätzt. *Es war doch alles weg gewesen. So lange Zeit gutgegangen. Schön weggepackt in den Schubladen tief unten.*

Die folgende Nacht war die Erste seit langem, in der ich wieder mit Flashbacks und Schlaflosigkeit zu kämpfen hatte. Auch tagsüber war ich völlig von der Rolle. Alles, was ich in der Zeit davor vermeintlich so gut hatte beiseiteschieben können, war wieder da. Meine Emotionen ließen sich nicht mehr kontrollieren, ich fühlte mich um Jahre zurückkatapultiert. Die schleichende Entfremdung zu Wolfgang gab mir den Rest. Im Nachhinein denke ich, dass ich mich bei ihm so lange sicher und beschützt gefühlt habe, weil ich meine Vergangenheit außen vor lassen konnte. Weil er nicht wirklich wollte, dass ich mich damit auseinandersetzte – und das war mir jahrelang nur recht gewesen. Nicht denken, nicht reden, nicht graben. Ja, ich hatte sogar Angst, dass er mich, wenn er zu viel aus meiner Zeit im Jasmin wüsste, als Nutte sehen könnte. Dass er mich ablehnen und zurückweisen könnte. Dass dieses Wissen uns hemmen, unsere Liebe kaputtmachen würde.

Jetzt, wo mir alles wieder um die Ohren flog, war er zwar da, aber wir hatten uns längst viel zu weit voneinander entfernt. Keiner von uns beiden hatte den Mut, den anderen in sein Innerstes blicken zu lassen. »In guten wie in schlechten Zeiten«, das hatten wir uns versprochen, aber die schlechten, die auch in die guten hineinreichten, hatte nicht zuletzt ich selbst beharrlich ausgeklammert.

*

Kurze Zeit später suchte ich tatsächlich einen Anwalt auf und bat ihn, Akteneinsicht zu beantragen. Vielleicht könnten die Unterlagen Aufschluss über mögliche Täter geben, die noch nicht zur Verantwortung gezogen worden waren. Sofern es dahingehende Hinweise gebe, könnte ich Anzeige wegen Körperverletzung und / oder Vergewaltigung stellen. Mein Anwalt verfügte, dass sämtliche Kontakte nur über ihn zu laufen haben, um mich keinen weiteren Belastungen auszusetzen.

Ich hoffte und wartete. Aber nichts geschah.

Die Mauer bekommt Risse

Ich möchte schreien, möchte weinen
Kann meine Stimme aber nicht hören
und meine Tränen nicht schmecken

Im Jahr vor der Vernehmung am See hatte ich zum ersten Mal einen Therapeuten aufgesucht. Weil ich nicht mehr in den Keller hinuntergehen konnte. Die gelben Kacheln erinnerten mich an den Kühlraum in der Schweinemastanlage. Weil ich nur noch mit Mühe körperliche Nähe zulassen konnte und in Panik verfiel, wenn es nur an der Haustür klingelte. Weil ich immer häufiger Selbstmordgedanken hatte, kaum noch etwas essen konnte. Schwere Angstzustände wurden zu einem festen Bestandteil des Alltags. Ich schlief nicht mehr, betäubte mich tagsüber mit Arbeit und war so am Anschlag, dass ich glaubte, verrückt zu werden. Ich bekam Krampfanfälle, wurde mehrmals ins Krankenhaus eingeliefert. Mein Hausarzt verschrieb mir ein starkes Beruhigungsmittel. Das dämpfte mich etwas, nahm mir aber nicht die Angst. Und die übertrug ich sogar auf Wolfgang. Wenn er mich wegen irgendeiner Kleinigkeit kritisierte, hatte ich Angst vor einer Bestrafung, wartete auf einen Schlag, eine Demütigung.

Die alten Mechanismen hatten mich fest im Griff, ich konnte nichts dagegen tun. Ich sehnte mich nach Zärtlichkeit, konnte sie gleichzeitig nicht ertragen, hatte das Gefühl, Nähe würde nur auf Sex reduziert. Ich fühlte mich gegängelt und kontrolliert, eingesperrt. Heute glaube ich, wir haben beide ein gewisses Bild des anderen geliebt, nicht den Menschen dahinter. Für mich stand Wolfgang jahrelang auf einem Podest, der unantastbare Retter, der Fels in der Brandung. Für ihn war ich wohl das schützenswerte Wesen, keine Partnerin auf Augenhöhe. Eine Illusion, der wir beide lange hinterherjagten. Nach fünf Jahren Ehe hatte ich zwar hin und wieder den Gedanken, dass das auf Dauer nicht gutgehen könnte, scheute aber die Konsequenzen. Eine Seite in mir sagte: Ich bin bereit, alles für diese Liebe aufzugeben, auch mich selbst. Die andere sagte: Ich muss gehen, oder ich gehe zugrunde. Ich zweifelte nie daran, dass Wolfgang mich liebt, auf seine Weise. Suchte nach Gründen, warum er das vielleicht nicht so ausdrücken konnte oder warum ich dies oder jenes nicht zulassen konnte.

Ich blieb, und ich hoffte. Wir waren doch so stolz gewesen auf das, was wir gemeinsam geschaffen hatten. Aber auch dieses gemeinsame Fundament bröckelte. Wir konnten die Firma nicht länger halten, sie wurde aufgelöst, ich stieg aus der Geschäftsführung aus und musste mir eine neue Arbeit suchen. Wolfgang war nun nicht mehr länger sein eigener Chef, sondern nur noch Teilhaber in einem größeren Handwerksbetrieb. Ich selbst fand vorerst eine Teilzeitstelle als Aushilfe in einem medizinischen Labor.

Außer zur Arbeit ging ich kaum noch unter Menschen. Mein Zustand verschlechterte sich zusehends, ich konnte nicht mehr zum Einkaufen gehen, in manchen Wochen schaffte ich es nicht einmal zur Sitzung mit meinem Therapeuten. Ich zog mich zurück in mein Schneckenhaus und mauerte mich immer stärker ein. Bei einer Größe von 1,70 wog ich gerade noch 48 Kilo. Ich hatte jeden Halt verloren, die Vergangenheit fraß meine Zukunft auf. Das Einzige, was mich damals am Leben hielt, war mein Sohn. Hätte es ihn nicht gegeben, hätte ich mich wohl umgebracht.

Mein Therapeut mühte sich nach Kräften, aber ich blieb tief unten im Loch sitzen. Über Jahre.

2004 war ich an einem absoluten Tiefpunkt angelangt. Ich hatte aufgehört zu malen, etwas, das mir immer dabei geholfen hatte, mich auszudrücken. Ich war leer, fühlte mich wie tot. In mein Heft habe ich damals folgenden Text geschrieben:

Wieder denke ich daran, wieder Bilder in meinem Kopf,
die mir die Luft zum Atmen nehmen.
Meine Angst, meine Ohnmacht hängt wie ein Kloß in
*   meinem Hals.*
Ich will schreien, weinend um mich schlagen.
Und bin doch regungslos, fühle mich wie gelähmt.
Ich will nicht mehr, bin kraftlos und leer,
sitze in einem Loch, komm nicht raus.
Wieder kann ich kaum atmen,
ich werde erdrückt, überrollt von Erinnerungen,
die ich nicht mehr ertragen kann und will.

Während einer Sitzung fragte mich mein Therapeut auf den Kopf zu, ob ich mich umbringen wolle. Ich verneinte zwar, aber er glaubte mir nicht. Ich bräuchte Abstand, von allem, sagte er. Und dann stellte er mich vor die Wahl: Entweder ich würde freiwillig in eine Klinik gehen, oder er würde mich einweisen lassen.

*

In der Klinik bekam ich ein Einzelzimmer. Ich wusste nicht, dass das wegen meiner Schlafstörungen veranlasst worden war, merkte nur, dass mich die anderen schräg ansahen. Aha, Privatpatientin, die muss es ja dicke haben.

Meine Besuche im Speisesaal gerieten zum Spießrutenlauf. Manchmal musste ich auf dem Weg zum Tisch mehrmals stehen bleiben und das Tablett absetzen. Schweißausbrüche, Schwindelgefühle, Zittern. Dass die anderen mir dabei zusahen, manche nur dumpf glotzend, andere interessiert, machte es noch schlimmer. Schwäche zeigen ging gar nicht. Jeder noch so kleine Moment des Kontrollverlusts war ein Alptraum. Ich wollte nicht, dass irgendjemand mich so sah. Mitleid machte mich wütend. Als nach ein paar Tagen ein Mann aufstand, um mir zu helfen, ein kräftiger Kerl mit Glatze, der mich an Meister Proper erinnerte, rissen wir so lange an meinem Tablett herum, bis es auf den Boden knallte. Er ließ die Arme sinken und sah mich an. *Geh weg. Geh weg! Ich hab alles im Griff. Sieh, was du angerichtet hast. Tölpelhaft. Da. Jetzt kommen sie schon angelaufen.*

Ich hätte ihn würgen können. Der erste Mensch, der mir in der Klinik die Hand gereicht hatte. Und ich hatte nichts als Verachtung für diesen Mann übrig. Weil in mir nichts als Verachtung war. Weil ich schwach war, es nicht einmal auf die Reihe bekam, allein mit einem Tablett durch einen Saal zu gehen. Weil ich keine gute Ehefrau war. Meinen Sohn im Stich gelassen hatte. Versagt hatte. Wie immer. Ein Häufchen Elend. Ein Stück Dreck.

Der Mann war in die Hocke gegangen und klaubte die Speisereste vom Boden. Ich verspürte den unbändigen Impuls, das Tablett mit dem Fuß an die Wand zu treten. Alles zertreten, mich zertreten, wie eine Schabe. Stattdessen bückte ich mich, lächelte ihn an, hob das Besteck auf und legte es zurück neben den Teller. »Schöne Bescherung, was? Hab eh keinen Hunger.« Heute ist Olaf übrigens mein bester Freund.

In der Sitzung am Nachmittag meinte meine Therapeutin, das sei doch ein großer Fortschritt gewesen.

»Ich meine damit, dass Sie zum ersten Mal, seit Sie hier

sind, Hilfe angenommen haben. Heute Mittag, mit dem Tablett.«

Großartig, hat sie meine Entgleisung auch noch gesehen.

Die erste Zeit in der Klinik war eine Tortur. Nachts kam ich gar nicht erst zur Ruhe, tigerte in meinem Zimmer herum wie zu meinen schlimmsten Zeiten im Internat. Tagsüber igelte ich mich ein. Die Stunden vergingen quälend langsam, ich hatte in den ersten vierzehn Tagen – außer den Gesprächen mit den Psychologen – keinerlei Tagesprogramm. Bei den Gesprächen selbst ging es weniger um die eigentliche Ursache meiner Probleme als um meine gegenwärtige Situation. Zwischen mir und Wolfgang war eine Kontaktsperre verhängt worden, nichts sollte mich ablenken. Erst später fand eine gemeinsame Therapiesitzung für uns als Paar statt. Dabei wurde er auch gefragt, ob ihn etwas an mir stören würde. Wolfgang grinste und sagte, außer der Tatsache, dass er jeden Morgen nach der Zuckerdose auf dem Frühstückstisch suchen müsse, würde ihm nichts fehlen, er sei glücklich mit mir. Während des Klinikaufenthalts töpferte ich ihm eine Zuckerdose mit seinem Namen drauf. Als könnte ich damit unsere Probleme lösen …

In den ersten Wochen kämpfte ich vor allem damit, mein Gewicht zu halten. Es war noch einmal um drei Kilo abgesackt, wenn ich es nicht stabilisieren könnte, würde man abbrechen und mich in ein Krankenhaus einweisen lassen. Das wollte ich auf keinen Fall. Meine Mitpatienten, zu denen ich langsam Vertrauen fasste, unterstützten mich, jeder half dem anderen. Mit der Zeit fühlte ich mich angenommen, nicht länger allein. Und ich fand die Kraft, über mein Leben nachzudenken, über das, was ich wollte, was mir guttat.

Am Ende meines Klinikaufenthalts hatte ich eine Entscheidung getroffen. Ich wollte meine Teilzeitstelle im Labor in einen Vollzeitjob umwandeln – und mich von meinem Mann trennen.

Verlorene Blüte

Wie eine zarte Blüte wuchst du
geschützt in meinem Bauch heran
Doch riss man dich mir von der Wiese des Lebens
Noch bevor du zu blühen begannst

Wolfgang war geschockt, als ich ihn mit meinen Plänen konfrontierte. Er verstand nicht, dass ich die gemeinsamen Jahre »einfach so« wegwerfen wollte. Trotzdem versuchte er, mich bei der Suche nach einer Wohnung zu unterstützen. Vielleicht, weil er gehofft hat, dass das nur eine vorübergehende Phase sei, ich schon wieder zur Besinnung und zu ihm zurückkommen würde. Unsere vorübergehende Trennung löste in mir widersprüchliche Gefühle aus. Schwarz und weiß, richtig oder falsch, ich wusste es nicht. Vielleicht brauchte ich einfach nur Zeit? Wenn ich ihn sah, war mir alles zu viel. Wenn ich ihn nicht sah, vermisste ich ihn. Ich wusste überhaupt nichts mehr.

Die Entscheidung, wie es weitergehen würde, wurde mir abgenommen. An einem Abend hatten wir ungeschützten Sex, ich wurde schwanger und verlor damit meinen Job im Labor. Als werdende Mutter darf man dort nicht arbeiten. War das so vorbestimmt? Ich redete mir ein, dass nichts ohne Grund geschieht. Die Schwangerschaft war die Antwort auf die Frage, ob ich mich scheiden lassen sollte. Ich zog mit Raphael zurück zu Wolfgang. In der achten Woche erlitt ich eine Fehlgeburt, die uns sehr mitnahm.

In unserer Vorfreude hatten wir nur allzu bereitwillig die Uhren auf Anfang gestellt, immer wieder darüber geredet, dass wir uns seit jeher ein zweites Kind gewünscht hatten. Diesen Wunsch hatten wir zurückgestellt, nachdem Raphael die Diagnose ADHS bekommen hatte. Er brauchte all unsere Aufmerksamkeit, ein weiteres Kind hatte warten müssen.

War nun die Zeit dafür gekommen? Ich wusste es nicht. Begingen wir einen Fehler, den so viele Ehepaare machten? Die Beziehung kitten durch ein Kind? Eine Sache, die meistens schief geht. Aber wir schoben die Bedenken beiseite und waren selig, als ich kurz darauf erneut schwanger wurde. Die ersten Monate verliefen gut, gesundheitlich war ich in allerbester Verfassung. Auf dem Ultraschallbild war zu sehen, dass wir ein Mädchen bekommen sollten. Wir konnten unser Glück kaum fassen. Ich schonte mich, aß fleißig, nahm zu, legte nachts die Hände auf meinen dicker werdenden Bauch und sprach mit meiner Tochter.

In einer Nacht im August 2005 wurde ich von starken Schmerzen geweckt. Waren das schon die Wehen? Das konnte eigentlich nicht sein. Gegen drei Uhr packte mich Wolfgang ins Auto und fuhr mit mir in die Klinik. Es dauerte eine ganze Weile, bis die diensthabende Ärztin auftauchte. Sie wirkte etwas genervt von unserer Anwesenheit. Ich erzählte ihr, dass ich Wehen bekommen habe, und legte ihr meinen Mutterpass vor. Sie untersuchte mich kurz, tastete mich ab und sagte dann lapidar: »Sie haben sicher nur etwas gegessen, das Ihnen nicht bekommen ist. Für Wehen ist es viel zu früh.« Ich warf zaghaft ein, dass ich wisse, wie sich Wehen anfühlten, es sei nicht mein erstes Kind. Aber sie ließ sich nicht beirren, gab mir ein Mittel gegen Blähungen und setzte uns vor die Tür. Sie sehe keine Veranlassung, mich stationär aufzunehmen.

Wolfgang und ich fuhren nach Hause, ratlos und etwas

verwirrt. Gegen Morgen ließen die Schmerzen nach, ich schlief ein, am nächsten Morgen schien alles normal.

Tags darauf hatte ich geplant, eine Freundin zu besuchen, die Geburtstag hatte. Es ging mir nicht schlecht, also entschied ich mich, mit nach Bocholt zu fahren. Raphael tollte draußen im Garten herum, die anderen Gäste schwatzten in der Küche, ich hatte mich für einen Moment auf das Sofa gesetzt. Kurz durchatmen. Das unangenehme Ziehen im Bauch kam plötzlich. Vielleicht doch Blähungen? Ich stemmte mich aus der Couch hoch und ging ins Bad. Ich drehte den Wasserhahn auf und schwappte mir etwas kaltes Wasser ins Gesicht. Es ist einfach nur die Anstrengung, die Fahrt war wohl doch zu viel gewesen. Ich trocknete mir gerade das Gesicht, als ich eine Sturzblutung bekam. Ich schrie, presste meine Schenkel zusammen und versuchte selbst mit den Händen aufzuhalten, was sich offenbar nicht aufhalten ließ. *Ich verliere mein Kind!*

Der Notarzt kam schnell. Noch im Rettungswagen wurde ich an den Tropf angehängt, die Mienen der Sanitäter waren ernst. Und auch in der Klinik machte man mir keine Hoffnungen. Meine Werte würden darauf hindeuten, dass ich schon länger unter inneren Blutungen litt, ein Neugeborenes würde so etwas nicht überleben, auch mein Leben hinge an einem seidenen Faden.

Ärzte und Pfleger wuselten um mich herum, Nadeln wurden in meine Arme gebohrt, Geräte angeschlossen, zu viert hievten sie mich auf den Behandlungsstuhl. Die Gynäkologin fuhr mit dem Ultraschallgerät über meinen Bauch, ich wartete darauf, dass sie mir sagte, alles sei vorbei. Keine Herztöne mehr, es tut ihr sehr leid.

Sie tunkte den Taster noch einmal in Gleitflüssigkeit, fuhr immer wieder auf meinem Bauch hoch und runter. Dann rief sie aufgeregt: »Schauen Sie mal, die kleine Maus nuckelt am Daumen und strampelt fleißig mit den Beinchen!«

Plötzlich drängten sich alle um den Monitor herum, keiner konnte fassen, was auf dem Bildschirm zu sehen war.

Die anschließende Untersuchung ergab, dass sich die Plazenta zum Teil gelöst hatte und nach unten gerutscht war. Dabei waren Gefäße geplatzt, was die heftige Blutung ausgelöst hatte. Aber meine Tochter war noch in meinem Bauch.

Ich war in der 25. Woche und meine Werte waren verheerend. Mein Hämoglobinwert lag bei 4,7, ich hatte so viel Blut verloren, dass es in den nächsten Stunden nur darum ging, mich zu stabilisieren.

Ich wurde auf die Intensivstation verlegt, bekam Wehenhemmer und diverse Infusionslösungen, die mich wieder auf die Beine bringen sollten. Der Arzt hatte mir gesagt, dass die Wehen unbedingt gestoppt werden müssten, da er das Kind frühestens in vier Wochen holen könne. So lange müsse ich strikte Bettruhe einhalten. Vier Wochen sind eine lange Zeit.

Nach acht Tagen konnten die Wehenhemmer langsam abgesetzt werden, eine Zeitlang schien sich alles stabilisiert zu haben. Dafür bekam ich nun ein Mittel, das dafür sorgen sollte, dass sich die Lungen unserer Tochter schneller ausbildeten. Wolfgang war inzwischen nach Hause gefahren, er rief jeden Tag an.

Am 19. August platzte die Fruchtblase, ich wollte nicht akzeptieren, dass damit alles zu Ende sein sollte. Es war zu früh gewesen. Als meine Tochter auf die Welt kam, konnte sie nicht richtig atmen. Die Ärzte nabelten sie ab, warteten, bis ihr kurzer Kampf zu Ende war, und legten dann den winzigen Körper auf meinen Bauch, damit ich Abschied nehmen konnte. Die Hebamme machte ein Foto. Ich wollte das Kind nicht loslassen, klammerte mich an das kleine Ärmchen. *Nicht jetzt, bitte, noch nicht jetzt. Lasst sie mir noch einen Moment.*

»Es ist Zeit«, sagte irgendjemand in die Stille hinein. »Sie müssen in den OP. Wir wollen Sie nicht auch noch verlieren. Ihren Mann haben wir schon informiert, er ist bereits auf dem Weg.« Ich wurde für den Eingriff vorbereitet, danach weiß ich nichts mehr. Als ich in meinem Zimmer wieder zu mir kam, weinte ich leise vor mich hin. Alles war vorbei.

Gegen elf Uhr abends schoben sie ein zweites Bett in mein Zimmer, dicht neben meins, kurz darauf war Wolfgang da. Ich erinnere mich noch, dass eine Schwester ihn fragte, ob er heute schon etwas gegessen habe. Sie brachte Butterbrote und eine Kanne Tee. Alle waren unglaublich herzlich, bemüht, uns den Schmerz irgendwie zu erleichtern. Wolfgang legte sich zu mir, wir hielten uns fest, waren uns nah wie vielleicht noch nie während unserer gemeinsamen Zeit.

Nach einer Weile fragte ich ihn, ob er unsere Tochter sehen wolle und gab ihm das Foto. Ich habe Wolfgang noch nie so verzweifelt gesehen. Er ging ins Bad, krallte sich am Waschbecken fest, konnte sich nur mit Mühe auf den Beinen halten. Es war, als sei in diesem Moment etwas in ihm kaputtgegangen, als seien wir kaputtgegangen.

Am nächsten Morgen wurden wir ins Büro des Chefarztes gebeten. Er versuchte, uns so schonend wie möglich beizubringen, dass Amys winziger Körper obduziert werden müsse, erst dann könnten wir ihn zur Beerdigung abholen. Ich kann gar nicht sagen, was für ein Scheißgefühl es ist, so eine Einwilligung zu unterschreiben. Und noch viel weniger, was für ein Scheißgefühl es ist, dass dein eigenes Kind vielleicht einen unnötigen Tod gestorben ist.

Die nächsten Tage zu Hause liefen vor mir ab wie ein schlechter Film. Wolfgang war mit allem überfordert, ich musste mich um alles kümmern, selbst um den Termin beim örtlichen Bestatter. Ich blätterte durch die Kataloge mit den Särgen, als könnte ich nicht lesen.

»Wie soll die Ausstattung sein? Eher schlicht? Farbig? Wollen Sie einen Kranz oder lieber einen Bund mit Blumen? … Soll ein Spruch auf das Band? … Was soll in der Anzeige stehen?« Die Fragen hämmerten auf mich ein, ich brachte keinen Ton heraus.

Mit dem kleinen weißen Sarg im Kofferraum fuhren wir zurück in die Klinik. Amy wog kaum ein Kilo, der Gesetzgeber erlaubt in solchen Fällen, dass die Eltern einen so kleinen Wurm selbst überführen dürfen.

Die Beisetzung fand in kleinstem Kreis statt. Nur Wolfgang, Raphael und ich. Auf dem Band am Kranz stand: »Ruhe sanft in Gottes Hand, in Liebe Deine Eltern und Dein Bruder«.

In den ersten Jahren ging Wolfgang nie wieder ans Grab, er verdrängte alles, sprach auch nicht darüber, was dieser Verlust mit ihm machte. Zurück zur Tagesordnung, als sei nichts geschehen. Ich blieb mit meiner Trauer allein. Raphael dagegen, der sich sehr auf seine kleine Schwester gefreut hatte, war mir in dieser Zeit sehr nah. Bis heute geht er regelmäßig auf den Friedhof, auch allein. Für mich ist der Gang zum Grab meiner kleinen Perle bis heute einer der schwersten und schmerzhaftesten überhaupt, auch wenn alles schon Jahre zurückliegt.

Die folgende Zeit war überlagert von der Frage, was ich eigentlich noch alles auszuhalten hatte. Was das Leben für mich bereithielt, außer Schmerzen und Qualen. Das ewige Warum überlagerte alles. Ich hockte zu Hause, war schwer depressiv und quälte mich mit Selbstzweifeln. In der Nacht von Amys Tod hatte ich zum ersten Mal seit Jahren gebetet. Um Unterstützung gefleht, wie früher. Eisiges Schweigen. Nicht Gott, sondern sein Kollege aus der anderen Abteilung hatte mir die Hand gereicht. Auch wie früher.

Alles schien wie ein Kreislauf, ein endloses Déjà-vu. Ein

Hamsterrad, das sich immer schneller drehte. Aber anders als früher war ich immer weniger in der Lage, einfach weiterzulaufen. Ich fand keinen Halt mehr auf den Sprossen meines Lebens, flog vollends aus der Kurve. Wenn Raphael aus der Schule kam, riss ich mich zusammen. Sein Mittagessen stand auf dem Tisch, auch auf die Hausaufgaben hatte ich ein Auge. Ansonsten war ich weitgehend funktionsunfähig.

Im Dunkeln

Dich, du Leben, hassend gelebt und doch nie geliebt
Die Hoffnung, ganz feste will ich in mir halten
Ist die Chance zu leben, was mir jetzt nur blieb
Und die Kraft im Leben, in den nächsten Gang zu schalten

Seit der Totgeburt musste ich regelmäßig für einen Kon-
trolltermin zu meiner Frauenärztin. Reine Routine. Bei
einer dieser Routineuntersuchungen stellte sie fest, dass ich
erneut schwanger war. Eine Risikoschwangerschaft, bei
meiner Vorgeschichte. Ich will es kurz machen: Die neun
Monate bis zur Geburt meines Sohnes Luis waren ein einziges Auf und Ab. Ich war ständig den Tränen nahe, musste
viel liegen, war von der Angst, dass wieder etwas schiefgehen könnte, zerfressen. Als ich ihn im September 2006
in den Armen hielt, war alles vergessen. Er war kerngesund,
vom ersten Augenblick an ein Wonneproppen. Er war Amy
wie aus dem Gesicht geschnitten. Endlich schien es das
Leben gut mit mir zu meinen, unser Kleinfamilienidyll war
komplett.

Wolfgang kümmerte sich rührend um den Kleinen, ebenso Raphael, ich fand sogar Zeit und Muße, wieder den Pinsel in die Hand zu nehmen und zu malen. Das Malen war
für mich ein Ventil, das mir dabei half, sogar das Zittern
unter Kontrolle zu kriegen, wenn sich die Erinnerungen
in mein Bewusstsein graben wollten. Alles war so neu und
gut, dass ich kaum darüber nachdachte, dass etwas dieses

Glück zerstören könnte. Aber wer war ich, dass ich glücklich sein durfte? Wer war ich, dass ich mich in Sicherheit wiegen konnte?

Die Richtung, aus der der nächste Schlag kommen sollte, war allerdings neu. Es waren nicht die Dämonen aus der Vergangenheit, die mich einholten, sondern neue Dämonen. Ihren Namen kannte ich bereits.

Es war an einem Morgen in der Dusche, als ich eine Veränderung in meinem Körper spürte. Irgendetwas war anders als sonst. Panisch vereinbarte ich einen Termin mit der Frauenärztin. Sie versuchte, mich zu beruhigen, machte einen Abstrich und entnahm mehrere Proben. Sie verabschiedete mich mit der Bemerkung, dass ich einen Brief erhalten würde.

In den nächsten Tagen machte ich einen großen Bogen um den Briefkasten. Ich hatte Angst, dass mein mulmiges Gefühl Gewissheit werden würde.

Wolfgang war es, der nach der Arbeit die Post aus dem Kasten holte. Ich saß in der Küche und wartete mit einem frischen Kaffee auf ihn, wie jeden Tag. Er gab mir einen Kuss und legte die Post auf den Tisch. Der kleine Umschlag mit dem Stempel der Praxis lag gleich obenauf. Er enthielt ein kurzes Schreiben, nur die Aufforderung, mich mit meiner Frauenärztin in Verbindung zu setzen. Vermutlich waren die Laborwerte da. Ich griff zum Hörer, bisher hatte man mir meine Werte immer telefonisch mitgeteilt. Diesmal sagte mir die Sprechstundenhilfe nur, dass ich am nächsten Tag nach der offiziellen Behandlungszeit vorbeikommen solle. Das war ungewöhnlich. Oder vielmehr, das war nicht gut. »Es tut mir leid, mehr kann ich Ihnen momentan nicht sagen.«

Wolfgang versuchte, mich zu beruhigen. »Das ist sicher nichts Schlimmes, vielleicht hast du ja Eisenmangel. Wäre ja eigentlich kein Wunder.« *Vielleicht, eigentlich, Scheiße.*

In der Nacht bekam ich kein Auge zu, ich malte mir ein Schreckensszenario nach dem anderen aus. Es war der blanke Horror. Am nächsten Morgen war ich fahrig und nervös. Die Zeit bis zum Ende der Sprechstunde zog sich wie Kaugummi.

Als ich endlich drankam, sah mich meine Ärztin ernst an. Dann sagte sie:»Ich bin immer wieder verblüfft, wie gut Sie Ihren Körper kennen.« Der PAP-Virentest sei positiv gewesen, an sich kein Grund zur Sorge. »Viele Frauen tragen das in sich, es muss nicht sein, dass der Gebärmutterhalskrebs auch ausbricht. Momentan befinden Sie sich im Frühstadium, eine Vorstufe, die wir im Auge behalten müssen.« In drei Monaten solle ich zur Kontrolle erscheinen, wenn der Befund sich bis dahin nicht geändert hätte, müsste man eine Gewebeprobe durchführen.

Als ich nach Hause fuhr, dachte ich, dass sich der Krake einen anderen Weg gesucht hatte, um mein Leben endgültig zu zerstören.

Drei Monate später wurde eine Gewebeprobe entnommen. Ein befreundeter Arzt riet mir, eine zweite Meinung einzuholen, um Gewissheit zu erlangen. Das Ergebnis war ernüchternd. In einem zweiten Schritt wurde ambulant ein Teil des Gebärmutterhalses entfernt und genauer untersucht. Ich erfuhr erst hinterher, dass sie mir mehr Gewebe herausgeschnitten hatten als für einen Schnellschnitt notwendig. Fünf Tage später wurde ich in die Klinik einbestellt.

Der Tumor war bösartig und invasiv. Er war schnell gewachsen, niemand konnte sagen, wann und wo er zu streuen beginnen würde und ob er das nicht längst getan hatte. Die Lymphknoten und Eierstöcke schienen frei zu sein, was schon mal eine gute Nachricht war. Dennoch war Eile geboten. Chemo? Bestrahlung? Totaloperation? Oder alles auf einmal? Ich entschied mich für die OP. In sechs Wochen sollte sie stattfinden. Eine Entscheidung, die nicht ich gefällt hatte, sondern ein kleines fieses Tier namens Krebs.

Die nächsten sechs Wochen waren ein einziger Alptraum. Der Gedanke, dass ich meine Kinder nicht aufwachsen sehen würde, quälte mich. Mein zweiter Sohn war gerade mal ein Jahr alt, er würde sich an seine Mutter nicht mehr erinnern können. Ich hatte das Gefühl, ihn und Raphael im Stich zu lassen. Ich würde erneut versagen, wie bei meiner Mutter, bei Lea, wie vor Gericht, wie in meiner Ehe, wie überhaupt in meinem ganzen beschissenen Leben. Ein einziger roter Faden, zusammengedreht zu einer fetten Schlinge, die irgendjemand – *oder ich selbst?* – um meinen Hals gelegt hatte und die sich immer fester zuzog.

Wolfgang war keine Hilfe. Er machte einfach weiter wie zuvor, so, als gäbe es die Diagnose nicht. Es dauerte Wochen, bis ich ihn an einem Abend verzweifelt anschrie. Dass er mich nicht wahrnehmen und alles wegschieben würde. Ich hätte genauso gut mich selbst anschreien können. Er war überrascht über meinen Ausbruch, hielt sich die Hand an die Brust und schnappte nach Luft. *Super, gleich kippt er um und kriegt einen Infarkt.*

Hat mich diese Vorstellung geschreckt? Ich weiß es nicht mehr. Ich weiß nur noch, dass ich ihm alle »Unzulänglichkeiten« verzieh, als er sagte: »Ich will nicht dran denken, was das bedeuten kann, sonst dreh ich durch. Der Gedanke macht mich fertig.«

Das war das einzige Mal, dass die Frage, was wäre wenn, zwischen uns auftauchte. Eine Antwort hatten wir nicht.

*

Zwei Tage vor meiner Krebsoperation gingen wir gemeinsam mit unseren Kindern in einen Park in Koblenz. Wir machten Familienfotos, Bilder, die Glück und Freude ausstrahlen sollten. Ich wollte, dass meine Kinder mich so in Erinnerung behalten sollten, auch wenn ich wusste, dass wir ihnen hier etwas vorspielten, das es längst nicht mehr gab. Momentaufnahmen, die eine falsche Idylle herauf-beschworen, wie damals in dem Fotoautomaten auf dem Bahnhof, als Lea, Ines und ich für einen kurzen Moment frei waren.

Im Nachhinein war das Beste an dieser Diagnose die Tatsache, dass meine Vergangenheit für einige Jahre wieder fest in ihrer vertrauten Schublade verschwand. Ich hatte an-dere Sorgen, es war vermeintlich einfach, den Rest dahinter zu verstauen. Der verdammte Kleiderschrank. Immer noch ein Stück reinstopfen, mit immer noch größerer Kraft die Tür zurammen, den Schlüssel umdrehen, auch wenn das Schloss schon bedrohlich knackt. Weg damit. Flucht in den Alltag.

Jeden Morgen stand ich um halb sechs auf, schmierte Brote, kochte Kaffee und legte die Zeitung auf den Küchen-tisch. Jeden Morgen fragte ich mich, wer das einmal über-nehmen würde, wenn ich nicht mehr war. Der Gedanke, dass eines Tages eine andere Frau diese Lücke füllen könn-te, war unerträglich. Die wenigen Male, wenn ich diese Angst in Worte fassen konnte, wurde ich abgebügelt: »Was soll das denn, die Werte sind doch nicht schlecht, das wird schon. … Übrigens: Mach mir doch morgen bitte eine ande-re Wurst aufs Brot.«

Jawoll, Sir, ich ziehe das Laken noch mal glatt. Jawoll, Sir, ich habe versagt, knie mich gerne auf den Besen. Ich habe den Pudding gegessen, ich habe vergessen, dass es Göttinger war, nicht Leberwurst.

An den meisten Tagen schleppte ich mich im Morgen-grauen nur mit Mühe die Wendeltreppe nach unten. Ich war froh, dass das Licht in der Küche etwas gedämpfter war, eine Funzel, die mein Gesicht nicht wirklich ausleuchtete. Durch den Krebs hatte ich massiv abgenommen, Haut und Knochen, durchsichtig, mit tiefen Augenringen. Wenn mein Mann in die Küche kam, redete er ohne Punkt und Komma. Und wenn er nicht redete, pfiff er vor sich hin oder drehte sofort das Radio auf. Er konnte die Stille nicht ertragen. Genauso wenig wie ich den Lärm. Ich schwieg. War mundtot, das Getöse legte sich wie ein Film über mich, eine Zeitlupenfunktion.

»Guten Morgen allerseits, hier ist RPR 1, ein toller Tag, wir starten mit einem Song von Ich & Ich und ihrem Tophit ›So soll es bleiben‹.«

... *Bis jetzt fühl ich nur die Hälfte, von allem was geht, ich muss noch weitersuchen, weil immer noch was fehlt ...*

Ein bescheuerter Text. Aber er passte, zumindest wenn ich die letzte Zeile wegließ: *Wie endlich etwas in mir ruht, yeah, oh yeah.*

Rausgerissen

Jedes Sandkorn merkt man hart
Wenn's rund läuft, so bei ruhiger Fahrt
Und oft ist es, was man gerne vergisst
Dass die Schatten dunkler, wenn's Licht heller ist

Es war ein Tag wie jeder andere gewesen. Mein Mann hatte mich geweckt, die Kanne mit frischem Kaffee stand bereits auf dem Tisch. Seit meiner Schwangerschaft mit Amy hatte er diesen Part übernommen. Ich genoss das, denn ich brauchte morgens immer etwas Zeit und vor allem den Koffeinschock, um einigermaßen wach zu werden. Ich schlurfte die Wendeltreppe nach unten, froh, dass das Licht in der Küche gedämpft war. Wolfgang, ein absoluter Morgenmensch, redete ohne Punkt und Komma, dazwischen pfiff er ein Lied und bereitete seine Brote vor. Auch das machte er inzwischen selbst, ich hatte es nie richtig machen können. Entweder war die Butterschicht zu dick oder zu dünn oder die falsche Wurst drauf oder oder. Irgendwann hatte ich gestreikt.

Nach der zweiten Tasse Kaffee weckte ich Raphael, das war jeden Morgen ein ziemlicher Zirkus, bis er endlich aus den Federn kam und am Küchentisch seine Cornflakes knusperte.

Wenn meine beiden »Männer« aus dem Haus waren, nutzte ich die freie Zeit in meinem Atelier. Luis, der mich während der Nacht immer wieder gut auf Trab hielt, schlief morgens meistens bis zehn. Währenddessen stand ich an der Staffelei, die Küche verwandelte sich zum Atelier, der Geruch von Farben, Öl und Balsamterpentin verteilte sich im ganzen Haus. Bis heute ist die Kunst meine Zuflucht, mein bester Freund und Therapeut.

Als Raphael aus der Schule kam, aßen wir gemeinsam zu Mittag, er setzte sich an seine Hausaufgaben, und gegen 15 Uhr brachte ich ihn zum Gitarrenunterricht. Es war ein schöner Tag, und ich machte einen Spaziergang mit dem Kleinen am Ufer der Mosel, bis der Unterricht vorbei war. Ich setzte mich auf eine Bank, starrte auf das Wasser und wartete auf ein Boot, das die ungeordneten Wellen glätten würde. Es beruhigte mich zu sehen, wie sich selbst die heftigsten Wasserverwirbelungen nach einer gewissen Zeit legten. *Alles wird gut.*

Es war bereits gegen Abend, mein Mann schaute fern und Luis war eingeschlafen, während ich ihm die Flasche gegeben hatte. Diese »Zeremonie« hatte etwas sehr Beruhigendes für mich. Ich stand auf, legte ihn in sein Bettchen und schloss leise die Verbindungstür zwischen Kinder- und Wohnzimmer. Raphael, der mit seinen dreizehn Jahren so langsam in die Pubertät kam, war noch im Bad, ich hörte das Rauschen der Dusche. Wenn er fertig war, würde er zu uns nach oben kommen, »Gute Nacht, Mama, gute Nacht Papa.«

Ich ging langsam nach unten, machte noch einen Abstecher auf die Terrasse. Die Blumen dufteten, ich sog die Luft begierig ein.

Als ich ins Wohnzimmer zurückkam, zuckte mein Mann erschrocken zusammen. Nach fast vierzehn Jahren Ehe wusste ich sofort, dass etwas nicht stimmte. Ich sah auf den Fernseher – und sah mich. Mit gefärbten Haaren und einem schwarzen Balken über den Augen.

Der Beitrag riss mir den Boden unter den Füßen weg. Ich

fing an zu zittern, bekam keine Luft mehr. Die Schatten, die mich all die Jahre verfolgt hatten, standen plötzlich mitten in unserem Wohnzimmer. Bilder von Demütigung, Folter und Schmerz. Von Vergewaltigung, Qualen und Blut. Der Krake schlang seine Tentakel um mich und riss mich zu Boden. Wolfgang sagte gerade, dass es nicht der erste Bericht über das Jasmin gewesen sei, dass er mir aber nichts davon hatte erzählen wollen, als ich ein Geräusch im Flur hörte. Ich sprang auf und hielt die Tür von innen zu. Ich wollte nicht, dass Raphael auf diese Weise von meiner Vergangenheit erfuhr.

Verheult und hysterisch klammerte ich mich an das Türblatt.

»Was ist denn passiert? Mama? Bist du da?«

Erst, als ich die zaghafte Stimme hörte, wurde mir klar, was für einen Schreck ich ihm eingejagt haben musste. Ich wischte mir die Tränen aus dem Gesicht und öffnete die Tür.

»Alles klar, mein Großer. Wir haben uns nur gestritten. Ist aber schon wieder vorbei.«

»Oh. Das tut mir leid, Mama. Vertragt euch bitte wieder, ja?«

Dann nahm er mich in den Arm.

Mein Sohn nahm mich in den Arm! Was war ich eigentlich für eine Mutter, dass er das Gefühl hatte, mich schützen zu wollen? Verkehrte Welt.

*

Ein paar Tage später saß ich mit meinem Mann im Wohnzimmer, es war schon spät, als das Telefon klingelte. *Um diese Uhrzeit?* Das war sehr ungewöhnlich. Ich zögerte, bevor ich abhob.

»Hallo?«

Eine freundliche Männerstimme sagte: »Verzeihen Sie, dass ich zu so später Stunde noch störe. Spreche ich mit Mandy?«

Ich konnte die Stimme nicht einordnen: »Wer sind Sie?«

»Bitte, hören Sie mir einen Augenblick zu. Ich heiße Arndt Ginzel. Ich bin freier Journalist und recherchiere gemeinsam mit meinem Kollegen Thomas Datt im Fall Jasmin und im Sachsensumpf. Wir möchten herausfinden, was aus den Mädchen von damals geworden ist. Sind Sie die Mandy aus dem Jasmin?«

Mir fiel beinahe der Hörer aus der Hand.

»Wie kommen Sie darauf? Sie irren sich, das bin ich ganz sicher nicht.«

»Bitte, legen Sie nicht auf, geben Sie mir fünf Minuten.«

Ich sah zu meinem Mann hinüber, der mir mit einer Kopf-ab-Bewegung bedeutete, ich solle auflegen.

»Hören Sie, ich weiß, dass Sie Angst haben. Aber lassen Sie mich kurz erklären …«

Ich stand wie betäubt vor dem Telefon, den Hörer ans Ohr gepresst. Ich wollte nicht, dass er mir irgendetwas »erklärte«, konnte aber auch nicht auflegen. Ginzel redete und redete. *Fünf Minuten. Als könne man die Vergangenheit in fünf Minuten pressen.* Wortfetzen, die sich zu einem einzigen Brei vermengten. »… so froh, dass wir Sie gefunden haben … dachten, Sie seien tot.« *Wieso soll ich tot sein? Ach ja, Kugler hatte das irgendwann in einem Interview einmal behauptet. Hätte ihm wohl ganz gut in den Kram gepasst.*

»Und wieso glauben Sie, dass Sie mich jetzt gefunden haben?«

Ginzel erzählte, dass sie meinen vollen Namen in den 2000er-Akten entdeckt, Anfragen bei Einwohnermeldeämtern gestellt und schließlich meinen Namen gegoogelt hätten. Dabei seien sie auf der Startseite unserer Firma gelandet. Das Bild von mir als Geschäftsführerin hätte sie darin bestätigt, auf der richtigen Spur zu sein. *Scheiße noch mal. Wolfgang und ich hatten tausendmal darüber diskutiert. Kein Mensch wird dich erkennen, du hast doch ganz andere Haare. Das Bild muss raus, gleich morgen. Wenn die mich schon finden, ist das für die anderen ein Kinderspiel.*

»Und was wollen Sie nun von mir?«

»Wir würden uns gerne mit Ihnen über damals unterhalten, über die Zeit im Jasmin und wie es Ihnen danach ergangen ist.«

»Wozu soll das gut sein?«

Er erzählte mir, dass der Fall noch einmal aufgerollt werde. Ich verstand überhaupt nichts.

Aus den Unterlagen gehe hervor, dass bereits 1999/2000 Informationen über Kunden des Jasmin gesammelt worden seien. Während des Verfahrens gegen die Drahtzieher eines Mordanschlags sei auch Anklage wegen Missbrauchs Minderjähriger erhoben worden. Das Gericht habe die Anklage später nicht zugelassen, obwohl es die belastenden Aussagen nicht in Frage stellte – mit der lapidaren Begründung: Man könne nicht sicher nachweisen, dass es für die Kunden des Jasmin nicht ersichtlich gewesen sei, dass es sich um Minderjährige handelte, da die Mädchen geschminkt gewesen waren.

Die Worte wummerten in meinem Kopf. *Unverdauliche Erinnerungsfetzen. Die Angst in meinem Kopf. Die Angst im Nacken, wie zwei Hände, die immer fester zudrücken.*

»Bitte, reden Sie mit uns. Wir sind auf Ihrer Seite, wir wollen Ihnen helfen. Wir werden auch nichts von dem verwenden, es sei denn, Sie geben Ihre Einwilligung dazu … Hallo? Sind Sie noch dran?«

Vergiss das nie! Ich krieg dich, egal, wohin du dich verkriechst. Und dann bist du dran.

»Lassen Sie sich Zeit mit der Entscheidung.«

Du musst da durch, wenn du das hinter dir lassen willst. Ein

Trauma lässt sich nicht wegsperren. Es findet immer eine Ritze, durch die es sich quetschen kann. Es wird nach dir greifen, vor allem dann, wenn du nicht damit rechnest. Sagt mein Therapeut. Soll ich jetzt die Tür freiwillig aufmachen? Das Visier hochklappen, ohne Netz und doppelten Boden? Wegen zwei Journalisten?

»Wenn Sie möchten, schicke ich Ihnen gern ein paar Unterlagen, damit Sie sich ein Bild über unsere Arbeit machen können. Und wenn Sie dann immer noch wollen, melden Sie sich, ja?«

Ich nickte stumm in den Hörer und legte auf.

»Warum hast du nicht gleich aufgelegt?« Wolfgang sah mich verständnislos an. »Du brauchst jetzt endlich Ruhe. Aufregung ist das Letzte in deiner Situation. Außerdem hast du Familie, schon vergessen? Wenn die das mitkriegen, sitzen wir alle auf dem Präsentierteller. Willst du das? Mandy! Sieh mich an. Willst du das? Die Kinder gefährden?«

Ich stand immer noch wie angewurzelt neben dem Telefon. Meine Beine gaben nach, ich rutschte an der Wand nach unten.

Wolfgang hatte recht. Ich durfte meine Familie nicht in Gefahr bringen. Wie naiv war ich doch gerade wieder gewesen. Herr Ginzel – kann ja jeder sagen, er sei freier Journalist und wolle im Sachsensumpf recherchieren. Viel Vergnügen, sind schon andere darin versunken.

Wie würde mein Sohn damit umgehen, wenn er von meiner Vergangenheit erfuhr? Wenn seine Klassenkameraden in einem Gespräch zwischen den Eltern etwas aufschnappten wie: »Mandy K.? Ist das nicht die Mutter von x? Ist ja 'n Ding, Nutte war die.« Kinder können grausam sein. Erwachsene auch.

Eines Tages, das hatte ich mir vorgenommen, sollte er meine Geschichte erfahren. Aber von mir, nicht aus der

Zeitung oder dem Fernsehen. Ich wollte, dass er später einmal nachvollziehen kann, dass ich nicht wegen ihm oft so verzweifelt und traurig gewesen war. Was der Begriff Flashback bedeutet und dass ich aus Angst so lange geschwiegen habe. Aus Angst auch um ihn.

Wie oft hatte ich ihn ermahnt, die Haustür erst zu öffnen, wenn er gesehen hatte, wer draußen stand. Wenn er sich nicht daran hielt, reagierte ich manchmal sehr heftig. Ich war angespannt, wenn er einmal nicht zum vereinbarten Zeitpunkt nach Hause kam, was selten passierte, aber hin und wieder eben doch. Er spürte meine Angst, wusste um meine Schreckhaftigkeit bei ungewöhnlichen Geräuschen.

Dazu kam mein Kontrollwahn, ob auch alle Fenster zu waren, wenn wir aus dem Haus gingen. Meine Panik, wenn ein Auto langsam unsere Straße herunterrollte. Reine Paranoia? Der Krake hielt auch meine Familie fest im Griff, egal, ob ich das wollte oder nicht. Alles, was irgendwie ungewöhnlich war, versetzte uns in Aufregung. Raphael akzeptierte das alles, ohne die Gründe dafür zu kennen. Er akzeptierte mein Schweigen.

In den Tagen nach dem eigenartigen Telefonat gelang es mir nicht, mich durch Arbeit abzulenken. Hatte ich, hatten wir »Mädchen vom Jasmin« eine Verantwortung, die über unser eigenes Leben hinausging? Es gab so viele ungeklärte Fragen. Und für die wenigen Antworten, die wir nach unserer Befreiung hätten geben können, hatte sich nie jemand interessiert. Warum sollte sich das nun geändert haben, nach den vielen Jahren? Wollten sie nur herausfinden, was wir wussten, um uns bei Bedarf mundtot zu machen? Nein. Das musste eine Falle sein. Und wenn nicht? Wie viele Mädchen verschwanden eigentlich in Deutschland oder Tschechien, um am Ende auf dem Strich zu landen? Wie viele Jasmins gab es in diesem Land, wie viele Papas und verdienstvolle Herren der Gesellschaft vergnügten sich mit Minderjährigen und kamen straffrei davon, weil sich niemand dafür interessierte?

Je länger ich darüber nachdachte, umso stärker belastete mich mein Schweigen. Es hatte mir nichts genützt, die Dämonen waren geblieben, den anderen Mädchen nicht, niemandem. Nur denen, die damals die Strippen gezogen haben. Einmal Opfer, immer Opfer.

Als das Päckchen von Ginzel kam, traute ich mich kaum, es zu öffnen. Wie eine Briefbombe, die hochgehen würde, sobald ich das Paketband aufschneiden würde. Ich ließ es liegen, stundenlang. Ich hatte Angst vor der Angst, Angst vor meiner Vergangenheit, die mein Leben verschlingen würde wie ein gefräßiges Tier. Und ich verachtete mich dafür. Was war das für ein Kerker, in dem ich hier hockte? *Einer, in den du freiwillig gegangen bist. Nein! Ich konnte doch nicht wissen … Die Mauer war nicht so hoch, als dass du nicht hättest darüber hinwegklettern können. Eine Sklavin bist du, eine Sklavin bleibst du.*

Dabei war nichts anderes drin als ein alter Artikel über Gewalt an einer Schule in Sachsen-Anhalt, ein Hörfunkfeature über einen Mordfall im selben Bundesland und ein Film über Angehörige getöteter Bundeswehrsoldaten – Arbeitsproben, die mir zeigen sollten, wie die beiden an ein Thema herangingen.

Ich riss den weißen Umschlag auf. Den ganzen Abend über war ich nicht ansprechbar, für niemanden. Ich hockte auf dem Sofa und las, dann sah ich mir den Filmbericht an.

Am nächsten Morgen hatte ich eine Entscheidung getroffen.

Ich sagte Wolfgang, dass ich mich auf ein Treffen mit den beiden Journalisten einlassen wolle. Dass ich das Gefühl habe, damit etwas gutmachen zu können. Ich wollte mich nicht länger verstecken, weil ich ahnte, dass mich mein Schweigen innerlich mehr zerriss als eine Konfrontation. Wenn ich das überlebte, hätte ich zumindest meine eigene Angst besiegt. Wenn nicht, hätte das Leben sich einfach ein weiteres Mal gegen mich entschieden.

Ich wollte raus aus diesem Kerker, wollte endlich Namen zu Gesichtern zuordnen, die mich seit Jahren im Traum verfolgten. Ich wollte mich nicht länger verstecken, nicht länger in Angst und Ungewissheit leben, sondern Antworten auf all die Fragen haben, die für andere längst verjährt sein mochten. Ich wollte wissen, warum die anderen Mädchen ihre Aussagen zurückgezogen hatten und mein Anwalt nach der Vernehmung im Jahr 2000 keine Akteneinsicht bekommen hatte. Mit anderen Worten: Ich wollte mein Leben zurück.

Wolfgang war dagegen: »Der Schritt nach draußen ist falsch! Denk an das Risiko, denk an die Kinder.«

Ich dachte jede Sekunde an die Kinder.

Noch am gleichen Abend sprach ich mit meinem Sohn. Es war ein Moment, den ich lange gescheut hatte. Am Ende fiel es mir leichter, als ich gedacht hatte. Ich erzählte ihm von meinen Eltern und davon, dass mich der Tod meines Vaters völlig aus der Bahn geworfen hatte. Dass es verschiedene Arten der Trauer gebe und wie wichtig es sei, darüber zu reden. Dass meine Mutter und wir zwei verbliebenen Schwestern keine Worte gefunden hatten und weggelaufen waren. Jede auf ihre Weise. Dass ich mich zu Hause nicht mehr wohl gefühlt und mir ein neues Zuhause gesucht hätte. Raphael lag in seinem Bett und sah mich mit großen Augen an. So ernst und aufmerksam, dass ich mit den Tränen kämpfte. *Und wie weiter?* Ich wusste es nicht. »Mama, was war denn dann in deinem neuen Zuhause? Waren sie da nicht lieb zu dir?«

Ich stand auf und hob seine Klamotten vom Boden auf.

Den Pullover hatte ich ihm schon vor Jahren gestrickt, viel zu groß war er gewesen, erst jetzt passte er. Ich faltete ihn zusammen und legte ihn in den Schrank.

»Nein, Schatz, da waren sie nicht nett zu mir. Dort waren viele Männer, und die haben mir sehr weh getan. Ich möchte nicht, dass dir so etwas passiert. Deswegen sage ich dir immer, dass du vorsichtig sein sollst und anrufen, wenn es später wird. Weißt du, ich habe bislang nicht viel darüber gesprochen.«

Er sieht so zerbrechlich aus. Alle Wege sind offen. Wohin seiner wohl führen wird?

Seine Ernsthaftigkeit, der feste Glaube an das Gute und Gerechte, machte mich ganz klein. »Mach, dass diese Männer nicht davonkommen! Ich habe keine Angst davor, Mama. Ich werde gut auf dich aufpassen.«

So ein kleiner Kerl und so viel Mut.

Am nächsten Tag wählte ich die Nummer der beiden Journalisten.

»Hallo, hier ist die Mandy. Ich habe die Unterlagen bekommen und durchgesehen. Ich wäre bereit, mich mit euch zu unterhalten«, sagte ich äußerlich gelassen, während in mir die Frage nagte, ob ich wirklich das Richtige tat.

»Oh, das ist großartig, das freut mich«, sagte Herr Ginzel.

Kontrolle, du musst die Kontrolle behalten.

»Aber nur unter den folgenden Bedingungen …«

Gut so. Du bist keine Sklavin, du hast das Heft in der Hand.

»Keiner erfährt meinen Namen, meine Anschrift oder meine Telefonnummer.«

»Kein Problem«, entgegnete er, »das ist für uns selbstverständlich, Journalistenehre, wir geben niemals unsere Informanten preis.«

»Und ich will Namen!«, fügte ich entschlossen hinzu.

Ginzel schwieg eine ganze Weile, dann sagte er: »Ich weiß nicht, ob das geht. Ob wir an die Unterlagen herankommen. Ein Teil der Akten des Verfassungsschutzes ist bereits geschreddert. Die Uhr tickt, der Fall steht kurz vor der Verjährung. Aber … wir wollen letztlich nur, dass die Geschichte, dass Ihre Geschichte nicht in Vergessenheit gerät.« Nichts von dem, was ich erzählen würde, würden sie verwenden, sofern ich es nicht selbst wolle. Keiner von uns hätte damals damit gerechnet, dass die beiden Journalisten eines Tages als »übereifrig« abgestempelt und sich auf der Anklagebank wiederfinden würden. Für einen Artikel im *Spiegel*, zu dem sie nur die Hintergründe des Sachsensumpfs recherchiert hatten, und einen *Zeit-online*-Artikel, den sie recherchiert und verfasst hatten.

*

Wir vereinbarten ein Treffen, bei dem wir alles Weitere klären wollten. Ich hatte zunächst einen neutralen Ort dafür vorgesehen, mich aber im Laufe des Telefonats entschieden, Vertrauen in die beiden Journalisten zu haben. Ich war gesundheitlich nicht auf der Höhe, mein zweiter Sohn war gerade neun Monate alt, außerdem musste ich endlich lernen, meine Angst zu überwinden. Ich wollte die Gespenster verscheuchen, ihnen die Maske vom Gesicht reißen.

Im Juli 2007 lud ich die beiden zu mir nach Hause ein. Es waren die Arbeitsproben gewesen, die akribische Recherche, die mich am Ende davon überzeugten, dass ich die Tür öffnen konnte. Ein Restrisiko blieb.

Ich hatte eine Freundin gebeten, sich während des Interviews um Luis zu kümmern. Den ganzen Vormittag stand ich in der Küche. Kochen lenkt ab, nur nicht nachdenken. Spaghetti bolognese, aber nicht aus der Tüte, sondern richtig italienisch, gut gewürzt und mit viel Gemüse und verschiedenen Fleischsorten. Muss lange köcheln, damit es schmeckt.

Während das Essen auf dem Herd stand, machte ich mich im Bad sorgfältig zurecht. *Ich bin, ich bin heute, ich bin jetzt, nicht nur gestern. Ich bin ein Mensch, kein Objekt, kein Abziehbild, kein Klischee in eurer Vorstellung.* Es war, als würde ich eine Rüstung anlegen. Einen Panzer, undurchdringlich, nach innen, aber so brüchig, dass ich schon Angst hatte vor dem Klingeln an der Tür.

Als es schellte, warf ich einen raschen Blick in den Spiegel, Fassade sitzt, dann öffnete ich. Nach der langen Zugfahrt wirkten die beiden erschöpft, in schlechterer Verfassung als ich. Das machte es mir leichter. Wir hockten uns gemeinsam mit Wolfgang an den Tisch in der Küche, aßen die Spaghetti und unterhielten uns über Belanglosigkeiten. Die Anspannung legte sich langsam, wir waren uns ganz sympathisch. Fast hätte ich vergessen, weshalb die Journalisten gekommen waren.

Ginzel wischte sich mit der Serviette über den Mund.

»Wo wollen Sie denn anfangen?«

Tja. Wo? Wann?

Ich konnte nicht sagen, wann das erste Mal etwas schiefgelaufen war. Der Tod von Matthias vielleicht? Spielte das überhaupt eine Rolle, so klein, wie ich damals gewesen war? Die Hänseleien im Dorf? Der Suff, die Religion, der Tod meines Vaters? Der Umzug, die falschen Leute, keinen Bock auf gar nichts? Gibt sicher noch ein paar mehr Menschen, denen so was passiert, ohne dass sie im Puff landen.

Es dauerte nur ein paar Minuten, schon steckte ich wieder im alten Muster. Diese ewigen Fragen, dieses Stochern im Ungewissen, dieser Hang, sich selbst die Schuld zu geben. Oder den Umständen. Als würde das etwas erklären. Warum konnte ich mich eigentlich nicht hinsetzen und sagen: Da draußen gibt es ein paar Schweine, die haben es auf Mädchen wie mich abgesehen. Die klauben uns von der Straße, wissen genau, welche Knöpfe sie drücken müssen. Das hat System. Nein, stattdessen gab ich mir selbst die Schuld. Notorische Ausreißerin, keiner hat mich vermisst, geschieht mir ganz recht.

Schuld, das war das Thema schlechthin. Ich hatte Lea im Stich gelassen. Mich nicht energisch genug an Kugler vorbeigedrängt nach der ersten Nacht in der »Mädchen-WG«. Ich war doch für sie verantwortlich gewesen, oder nicht? Gekniffen hab ich nach einer Ohrfeige, als ob's die erste gewesen wäre in meinem Leben. Ich hätte das verhindern können, verhindern müssen. Das hat mich all die Jahre über gequält, kaputtgemacht. Ich hätte kämpfen müssen, stattdessen war ich eingeknickt. So fühlte es sich jedenfalls an. Ich hasste mich, weil ich in meinen Augen versagt hatte. Ich hasste mich, weil ich nicht genug gekämpft hatte. Weil ich mich so hatte demütigen lassen.

Hätte ich eine andere Wahl gehabt?

Während ich erzählte, geriet ich immer wieder ins Stocken. Es war das erste Mal, dass ich versuchte, die Ereignisse lückenlos zu schildern, ungefiltert. Das hatte ich bis dahin nicht einmal in der Therapie gemacht. Da war es um mich gegangen, und ich war ja nicht so wichtig. Hier ging es um mehr. Meine Erzählungen waren unstrukturiert, sprunghaft, ohne dass ich in der Lage gewesen wäre, sie zeitlich zu strukturieren. Der Anfang war das Ende, das Ende ein Anfang, alles lief ineinander. Ich heulte und redete und redete und heulte. Je länger, umso leichter fiel es mir, umso mehr Bilder und Situationen drängten nach oben.

Ich erzählte vom Verhältnis der Mädchen untereinander, vom Konkurrenzkampf um Kuglers Zuneigung und Trixis Ausraster, als ich ihr den gut zahlenden Heinz als Stammfreier weggeschnappt hatte. Von der Eiszeit zwischen uns hinterher und den gegenseitigen Beleidigungen. Ich erzählte von der »geschlossenen Gesellschaft«, dem Adventskranz auf dem Tisch und der Schweinemastanlage.

Während ich sprach, blickte ich immer wieder aus dem Fenster, in den Garten. Die Rosen standen in voller Blüte, ebenso die Oleanderbüsche, die ich in den vergangenen Jahren mühsam hochgepäppelt hatte. *Es geht immer weiter, ein einziges Werden und Vergehen. Ein Kreislauf. Stete Angst höhlt die Seele.*

*

Wenn ich heute diese Zeilen schreibe, frage ich mich, welches Gefühl in den vielen Jahren die Oberhand gewonnen hat. Habe ich durch das Aufschreiben, durch die Erzählungen einen Schritt nach vorne gemacht? Einen Schritt zurück, in mein altes Leben, das mir aus der Hand gerissen wurde? Kann ich daran überhaupt anknüpfen? Und will ich das?

Manchmal denke ich, dass ich mir Stück für Stück und Schritt für Schritt verlorenes Terrain zurückerobere. Dass ich einen Teil von mir freilege, der lange verschüttet war. In diesen Augenblicken will ich mich mit dem Opfer nicht identifizieren. Das bin nicht ich, diese Geschichte ist kein Teil von mir. Ich will sie nicht haben, ich will dieses Bild von mir nicht haben, keine Gefangene sein.

War dieses Gespräch jetzt der Befreiungsschlag? Das Mosaiksteinchen, das noch gefehlt hatte? Der Ausbruch aus den Mauern, die mir in den vergangenen Jahren sowohl Schutz gegeben hatten als auch Kerker gewesen waren? Es ist eine Erleichterung, wenn man schwarz auf weiß zu lesen bekommt: Sie haben eine Borderline-Störung, das ist ganz normal bei Ihrer Geschichte. Ach so. Klar, ist halt so. Da kann man sich schon zurücklehnen. Da kann man alles

238

reinpacken, was nicht ins Bild passt. Das ganze emotionale Durcheinander, die Verzweiflung, die Ohnmacht. Schublade auf, rein damit, Schublade zu. Und dann höre ich solche Sätze in einem Songext: »Es ist ein langer Weg nach Gestern, zu oft wird der Weg versperrt von zu vielen Tränen …« Blödes Geschwätz. Du musst den Weg ja nicht gehen. Wie gern wäre ich auf Knopfdruck die selbstbewusste Mandy, souveräne Herrin über jede Alltagssituation. Stattdessen hocke ich nun nach Jahren der vermeintlichen Sicherheit wie eine Maus vor dem Loch und trau mich nicht hinaus. Termin im Kindergarten? Geht nicht. Einkaufen? Nächsten Monat vielleicht. Ein Kuss im Dunkeln? Fass mich nicht an.

Ich möchte schreiben über etwas, das sich nicht zu Papier bringen lässt. Etwas ausdrücken, wofür ich keine Worte habe. Die Zweifel fressen mich auf. Ich sitze an meinem Schreibtisch und würde am liebsten alles in den Papierkorb werfen. Schweigen. Manchmal ist es süß, verlockend, dann wieder bleiern und schwer. »Jeder hat das Recht auf Leben und körperliche Unversehrtheit.« So steht es im Grundgesetz, Artikel 2, Absatz 2. Was ist mit der seelischen Unversehrtheit? Bekomme ich sie wieder, wenn ich anderen mit meiner Geschichte Mut und Kraft gebe? Kann ich das überhaupt? Ich kann mir ja nicht einmal selbst die Kraft geben, die ich für manche Tage bräuchte. Wenn ich morgens nicht einmal aufstehen kann, um Luis einen Tee zu machen.

An manchen Tagen verstehe ich es nur allzu gut, wenn sich die Opfer eines Verbrechens zum Schweigen entschieden haben. Der Weg scheint auf den ersten Blick weniger grausam, weniger steinig. Wer das Schweigen bricht, durchlebt alles ein zweites, ein drittes, ein unendliches Mal. Jeden Schlag, jede Demütigung, jede Vergewaltigung. Mein Therapeut sagt, die Schläge, die Stöße würden mit jedem Mal weniger heftig. Glaube ich ernsthaft daran? Ich weiß es nicht. Das Feuer der Hölle brennt heiß. Jedes Mal wieder.

Und dann wieder denke ich: Es war gut, dass du den Mut gefunden hast, diesen Dämmerzustand aufzubrechen. Das, was dich jahrelang gelähmt und betäubt hat. Der Schritt raus aus dem Gedankenlabyrinth war richtig, lass dich nicht länger um dein Leben bringen. Ein kurzer Moment der Selbstbestimmtheit. Aber die andere Stimme hat längst Luft geholt. Die Stimme, die sagt, dass die »Umstände« nicht einfach so von einem Besitz ergreifen. Dass das Leben nicht autonom handelt, sondern wir es sind, die handeln. Jeder Mensch sitzt sozusagen vor dem Baukasten seines eigenen Lebens. Alle Steine sind schon da, jeder kann sie setzen, so wie er will. *Eins, zwei, drei, vier ...* An manchen Tagen denke ich, dass mir eine böse Macht all die schönen Bausteine aus meiner Kiste geklaut hat und ich nur noch die schlechten und traurigen übrig hatte. An anderen Tagen denke ich, dass ich die guten einfach so aus der Hand gegeben habe. Weil ich sie doof fand, langweilig. Da ist sie wieder, die Stimme, die mir selbst die Schuld geben will.

Nein, ich muss sie wegdrücken. Es waren andere Menschen, die mich um glückliche und schöne Momente betrogen haben, nicht ich habe das getan. Sie sind der Grund für den Schmerz, der bis heute mein Leben bestimmt. Und gleichzeitig hasse ich mich für die Passivität, dieses Ausgeliefertsein. Ich muss lernen, ja und nein zu sagen. Aber das geht nur, wenn man sich selbst ernst nimmt. Wenn man sich achtet, sich liebt. Liebe ich mich? Finde ich mich liebenswert? Wie soll ich mich lieben können, nach all dem, was ich getan und zugelassen habe?

Mag sein, dass man das lernen kann. Wenn man Menschen um sich herum hat, von denen man geliebt wird, die einem immer wieder Mut machen und Vertrauen schenken. Was ist das wert? Kann man das annehmen? Meinen die einen ganz oder nur den Teil, den sie sehen? Die Frau, die ein Unternehmen wuppt und eine Kleinfamilie und eine mehr oder weniger »schwierige« Vergangenheit? Die sehen den Teil doch gar nicht, den ich selbst von mir abgespalten habe. Wie sollen die mich denn ganz lieben, wo ich mich selbst nicht lieben kann?

Ich sehe jeden Morgen in den Spiegel, und das Einzige, was ich sehe, ist eine Fassade. Eine grinsende Maske, Mutter von zwei Kindern, Ehefrau, Geschäftsfrau, lächelnd, witzig, kraftvoll, mitten im Leben stehend. Ein Trugbild. Es ist nicht dieser Teil meines Ichs, der die Oberhand gewonnen hat, der mein Leben bestimmt. Sondern die andere Mandy, die, die nicht erkannt werden will, die sich so lange verleugnet hat. Die eigentlichen Machtverhältnisse sind umgekehrt. Ich funktioniere, um mich zu vergessen. Ich bleibe auf der Strecke, ohne es zu merken, und finde das auch noch richtig. Ich habe es nicht anders verdient, ich habe nicht das Recht, glücklich zu sein. Jede Demütigung, jede Zurückweisung ist gerechtfertigt. Husch, husch, zurück ins Schneckenhaus. Wer keine Bedürfnisse äußern kann, hat auch keine. Wer sich benutzen lässt, muss sich nicht wundern, wenn er benutzt wird.

Ich hätte manchmal gerne einen neuen Satz Bauklötze.

*

Thomas und Arndt brauchten eine Pause. Sie gingen auf die Terrasse, um eine Zigarette zu rauchen. Ich blieb in der Küche sitzen, hatte Mühe, das beklemmende Gefühl auf der Brust loszuwerden. Der Kaffee in meiner Tasse war längst kalt, er schmeckte schal. Ich schüttete den Rest in den Ausguss und packte die Tasse in die Spülmaschine. *Die Nudeln waren ganz gut ... den Rest der Soße vielleicht einfrieren. Dass man aber auch nie den Deckel zu den Tupperdosen findet. Ein einziges Chaos in diesem Schrank.* Wütend knallte ich die Tür zu. *Was nun? Am besten auch raus an die frische Luft.*

Ich öffnete die Tür und trat auf die Terrasse.

Soll ich? Besser nicht.

Vor zwei Jahren hatte ich aufgehört, nicht ganz freiwillig, sondern wegen dem kleinen Schlumpf. Kaum abgestillt, hatte ich zwar wieder angefangen, aber nur bis zur Krebsdiagnose. »Sie müssen Ihren Körper jetzt schonen!«

Scheiß drauf.

»Wer spendiert mir denn mal eine Kippe?«

Einer der beiden hielt mir die Schachtel hin, dann streckte er seine Hand nach vorne. Das Feuerzeug klickte. Der Rauch schoss mir in die Lunge, mir wurde schwindelig. Wie damals auf dem Klo in der Schule. Als Sabine zu mir gesagt hatte: »Na, willste mal probieren?« *Karo*, ohne Filter, weiß ich noch wie heute. Mit durchschlagender Wirkung ...

Meine ganzen Vorsätze waren dahin, aber es tat gut. Wir rauchten, ich fühlte mich sicher bei den beiden und bot ihnen das Du an.

Zurück in der Küche, packte Arndt seinen Laptop aus.

»Meinst du, wir können uns ein paar Bilder ansehen?«

Ich nickte. »Aber nur, wenn ihr mir die Namen dazu sagt.«

Auf dem Bildschirm poppten nacheinander Fotos auf. Einige kannte ich bereits aus dem Ordner, den mir die beiden Polizisten im Jahr 2000 vorgelegt hatten. Sofern ich jemanden wiedererkannte, schilderte ich, welche Ereignisse ich mit diesen Männern verband und wann sie in etwa stattgefunden hatten. Es war schwierig, kostete mich unendliche Energie. Zeit und Raum waren außer Kraft gesetzt, aber die Bilder waren da, ich musste sie nur zu fassen kriegen.

Der Moment, in dem ich Heinz auf dem Bildschirm sah, hat sich eingebrannt. Ich war aufgewühlt, durcheinander.

»Den kenn ich. Ich habe euch doch erzählt, dass ich einem Freier danach überraschend wiederbegegnet bin. Der ist das. Das ist Heinz.«

Ich sprang auf, konnte nicht länger stillsitzen.

Tief Luft holen, beruhig dich, es ist längst vorbei. Bist 'ne süße Maus. Ab heute bin ich dein Heinz.

Küssen is' nicht.

Ich bin vierzehn.

Ich hätte am liebsten laut geschrien. Aber ich sagte nur leise: »Den hab ich später noch einmal gesehen.«

Dann brach ich weinend zusammen.

Am Abend sprach ich mit Wolfgang noch einmal über den Tag. Er saß mir gegenüber, schweigend, die Arme vor der Brust verschränkt. Es war das erste Mal, dass er erfahren hatte, was mir widerfahren war. All die Jahre hatten wir dieses Thema weiträumig umschifft. Mal er, mal ich. Es dauerte, bis er mir sagen konnte, dass es ihn sehr getroffen habe, dass ich offenbar weniger Vertrauen in ihn als in fremde Journalisten habe. Heute weiß ich, dass ich damals zu einem solchen Vertrauen gar nicht fähig gewesen wäre. Zeit, ja, er hatte mir Zeit gelassen, Zeit heilt alle Wunden. Zeit schafft Vertrauen. Für uns beide war die Zeit offenbar nicht lang genug. Letztlich hatten wir keine Chance.

*

Auf den Fotos hatte ich weitere Männer aus dem Jasmin erkannt. Einige von ihnen hatte ich bereits bei der Vernehmung im Jahr 2000 identifiziert. Ohne Folgen. Würde mein Gespräch mit den Journalisten daran etwas ändern? Ich hatte Zweifel.

Das Einzige, was sich änderte, war mein Befinden. Alles, was ich so sorgsam ganz unten in meine Schubladen gepackt hatte, war wieder da. Der Fächer über dem Bett, das Bild des weinenden Mädchens an der Wand, die Tütensuppen. Ich war zurück im Jasmin. Egal, ob ich die Buchführung durchging, ein Pausenbrot für Raphael schmierte oder mit Wolfgang vor dem Fernseher saß. Alles auf Anfang.

Als ich es gar nicht mehr aushielt, vereinbarte ich einen Termin mit meinem Psychologen. Ich erzählte ihm von dem Treffen mit den Journalisten, und dass sie mich immer wieder nach Details gefragt hatten. Einem Leberfleck, einer Tätowierung, einer sexuellen Vorliebe. Irgendeinem Merkmal, das man nur kennen kann, wenn man jemanden nackt gesehen hat. Einem hieb- und stichfesten Beweis.

In meinem Kopf war nichts, ein riesiges weißes Blatt.

Die Schrift darauf war da, fein säuberlich festgehalten jeder Buchstabe, ich konnte die verdammte Schrift nur nicht entziffern. Die Zeilen verschwammen vor meinen Augen, bis nichts übrig war als ein weißes Blatt. Das Gefühl, das mich im Inneren erfasste, war mir nur allzu gut bekannt. Leere und Taubheit, nichts als Taubheit. *Der Fächer über dem Bett, zählen, von eins bis siebzehn, immer wieder, ich bin nicht da.* Das war mein Anker gewesen, mein Halt, der jede Berührung, jeden Schlag, jedes Eindringen in mich unwirklich machte.

»Das ist eine ganz normale Schutzfunktion, eine Teilamnesie. Das ist wichtig in extremen Stresssituationen, da klinkt sich das Gehirn einfach aus. Ein Impuls, der Ihr Überleben sichert.«

Ich musste an die Schafe denken und an das Zählen. Überlebt hatte ich, aber wie sollte es nun weitergehen? Was, wenn die beiden Journalisten recht hatten und es eine Möglichkeit gab, den Prozess wieder aufzurollen? Sollte ich dann da sitzen und sagen: »Weiß leider nichts, Euer Ehren, Teilamnesie, sagt mein Psychologe?«

Bitte schön! Ein gefundenes Fressen für die Gegenseite.

»Was halten Sie eigentlich von Hypnose? Ich meine, ich muss die Schatten ja irgendwie zu greifen kriegen, etwas in der Hand haben, mit dem ich meine Aussage untermauern könnte. Eine Reise zurück … ich weiß auch nicht, wie, aber es muss ja irgendwo in mir drin sein.«

Mein Therapeut rutschte unruhig in seinem Sessel herum. »Mandy, ich bin kein Trauma-Therapeut, ich habe keine Erfahrung mit solchen Dingen. Eine solche Rückführung ohne professionelle Begleitung kann fatale Folgen haben. Wenn Sie das wirklich machen wollen, muss ich Sie an einen Kollegen überweisen, der sich damit auskennt.«

Wenig später hatte ich meine erste Sitzung bei Herrn Wölfel. Wirklich begeistert war ich anfangs nicht, mich auf einen neuen Psychologen einlassen zu müssen. Es fällt mir einfach verdammt schwer, jemandem zu vertrauen.

In der ersten Sitzung umriss ich kurz, worum es ging. Dass ich hoffte, mich mit Hilfe einer Rückführung an bestimmte Eigenheiten oder Körpermerkmale der Täter zu erinnern. Thomas und Arndt hatten mir gesagt, dass es ohne solche »Beweise« nicht gehen würde.

Herr Wölfel war von meinem Wunsch alles andere als begeistert. Ob ich mir im Klaren darüber sei, was eine solche Rückführung unter Hypnose für Folgen haben könnte. Das Ganze könne im schlimmsten Fall zu einer schweren Re-Traumatisierung führen. Gleichzeitig sei ihm aber bewusst, dass ich zurück zum Ausgangspunkt meines Schmerzes müsse, sonst würde ich ihn nie überwinden können. Deshalb sei er bereit, mit mir zu arbeiten. Der Kleiderschrank – jedes Stück einzeln aufheben, ansehen, zusammenlegen, einräumen. Hätte ich gewusst, welche Qualen mir dieses »Aufräumen« in den nächsten Jahren bereiten würde, ich weiß nicht, ob ich mich jemals darauf eingelassen hätte. So viel Schmerz, so viel Wut, so viel Angst, so viel Ohnmacht. Und es ist immer noch nicht vorbei.

Am Pranger

Ja, an manchen Tagen sah ich nur sie, ganz genau.
Ganz verzweifelt nur? Ja, genau sie.
Die graue Luft, der schwarze Tag und doch?
Sie veränderte sich, sagte, bleib oder flieh.
In all diesen Jahren und Tagen wagte ich es nie, sie zu fragen,
wusste ganz verzweifelt nicht, wie.
Weil ich fürchtete, kläglich zu versagen,
nicht zu ertragen des Wahrheitslebenstrauerspiel.
Nur an jenen Tagen, an denen ich wagte zu fragen,
erschien sie und sprach, um mir zu sagen,
dass mit jedem Verzagen und Fragen auch die Hoffnung fiel.

Wir gingen zügig zum Auto, der Kies knirschte unter unseren Schritten. Ich setzte mich nach hinten, igelte mich ein. Die Stimmen meines Mannes und meines Anwalts Jens nahm ich nur aus der Ferne wahr. Ich war froh, sie an meiner Seite zu wissen, alleine wär ich nicht in der Lage gewesen, die lange Strecke von Dresden zurück nach Hause zu fahren.

Ein paar Tage zuvor, passend zu Weihnachten, hatte ich einen Brief erhalten. Einen braunen Umschlag, in dem eine Vorladung steckte. Die Aufforderung, im Januar 2008 zur Oberstaatsanwaltschaft im Amtsgericht Dresden zu kommen, zu einer Zeugenvernehmung in einem Ermittlungsverfahren gegen hochrangige Persönlichkeiten. Ein Versuch offenbar, den sogenannten Sachsensumpf trockenzulegen.

Dieses Gewirr aus Korruption, Immobilienspekulationen, Schießereien und Verwicklungen bis in höchste Kreise, das seit 1992 nicht gelöst worden war.

Dass die Vorfälle im Jasmin fünfzehn Jahre später noch einmal die Öffentlichkeit erregten, ist geheimen Recherchen des sächsischen Verfassungsschutzes zu verdanken. Dieser hatte von 2003 bis 2006 die organisierte Kriminalität im Freistaat beobachtet. Die Beamten trugen Informationen aus ganz Sachsen zusammen, dokumentiert auf insgesamt 15 000 Aktenseiten. Die Fälle reichten teilweise bis Anfang der neunziger Jahre zurück. Es ging um Immobilienschiebereien, Rotlicht-Affären, Korruption, um Rocker und die italienische Mafia. Und immer wieder um den Verdacht, dass öffentlich Bedienstete gemeinsame Sache mit Kriminellen gemacht hatten und in Abhängigkeiten geraten waren. Allein die Verfassungsschutz-Recherchen zu Leipzig füllten zahlreiche Bände und liefen unter dem Code-Namen »Abseits III«. Die Erkenntnisse stammten von mehreren Informanten. Unter ihnen waren, wie man heute weiß, Beamte aus Polizei und Justiz, aber auch immer noch geheim gehaltene Quellen aus dem engen Umfeld der Verdächtigen.

2006 musste der Verfassungsschutz die Beobachtung der organisierten Kriminalität einstellen, die Akten drohten, geschreddert zu werden. Doch inzwischen hatten einige engagierte Politiker und Journalisten mitbekommen, welch politischer Sprengstoff da insgeheim entsorgt werden sollte. Im Frühjahr 2007 enthüllte *Der Spiegel* Details aus den Verschlusssachen des Verfassungsschutzes. Die Story unter dem Titel »Sächsischer Sumpf« drehte sich vor allem um Leipzig. Die Spanne der Vorwürfe reichte weit. Meist ging es um Grundstücksgeschäfte. So sollen nach dem blutigen Anschlag auf einen Manager der städtischen Wohnungsbaugesellschaft Ermittlungen verschleppt worden sein.

Jahrelang blieben die Hintermänner unbehelligt. Gar nicht aufgeklärt wurde der Mord an einer Justizangestellten, die von Amts wegen mit Immobilien beschäftigt war.

Schließlich wurde auch das Jasmin genannt – als Minderjährigenbordell, in dem höchste Kreise der Leipziger Gesellschaft verkehrt und sich damit erpressbar gemacht haben sollen. Der »Sachsensumpf«-Skandal alarmierte die Öffentlichkeit und drohte die CDU-geführte Landesregierung in eine tiefe Krise zu stürzen. Eilends wurde Aufklärung versprochen und die Dresdner Staatsanwaltschaft beauftragt, ohne Ansehen der Person zu ermitteln. Doch bevor diese die Akten des Geheimdienstes überhaupt vollständig prüfen konnte, erklärte die sächsische Landesregierung die Vorwürfe plötzlich zu »heißer Luft«. Eine übereifrige Verfassungsschützerin und ein frustrierter Kriminalkommissar hätten sich eine Verschwörungstheorie zusammengereimt – beide wurden öffentlichkeitswirksam als Erfinder des »Sachsensumpfes« hingestellt. Zeugen erinnerten sich auf einmal nicht mehr, Beamte distanzierten sich von früheren Ermittlungsansätzen. Neugierige Journalisten sahen sich zunehmend Strafverfahren ausgesetzt.

Eigentlich sollten die Vorgänge im Jasmin den Schwerpunkt der Ermittlungen zu Leipzig bilden. Doch das Verfahren lief von Anfang an merkwürdig ab. Zunächst wurden in Leipzig hoch angesehene Personen befragt. Sie waren in den Verfassungsschutz-Akten als mutmaßliche Freier des Jasmin genannt worden, bestritten aber jeden Kontakt zum Rotlicht-Milieu. Auch Kugler, der ehemalige Bordellbetreiber, wurde vernommen. Er stritt die Vorwürfe ab. Kugler widerrief sogar brisante Aussagen, die er der Polizei zwischenzeitlich zweimal zu Protokoll gegeben hatte. Wir, die Opfer, die Mädchen, die im Jasmin zur Prostitution gezwungen worden waren, blieben weitgehend außen vor. Die Staatsanwälte in Dresden interessierten sich kaum für uns, sahen zunächst keine Notwendigkeit, uns als Zeuginnen zu befragen. Dabei wären unsere Erinnerungen doch entscheidend gewesen.

Stattdessen fühlte sich der Chef der Dresdner Staatsanwaltschaft mitten in den ansonsten streng geheim gehaltenen Ermittlungen bemüßigt, die verdächtigten Leipziger Honoratioren öffentlich in Schutz zu nehmen. In Interviews klagte er, diese »völlig unbescholtenen« Persönlichkeiten seien Opfer einer »regelrechten Hexenjagd« geworden, ihr Ruf auf Jahre beschädigt.

Erst als die beiden freien Journalisten Arndt Ginzel und Thomas Datt Kontakt zu mir und anderen ehemaligen Jasmin-Mädchen aufgenommen hatten, luden sie mich und die anderen vor. Ein halbes Jahr nach Beginn der Ermittlungen wurden wir nach Dresden bestellt, um zu schildern, woran wir uns erinnern. Aber die Ermittlungsverfahren gegen die verdächtigen Leipziger Honoratioren wurden eingestellt.

Wir warteten gemeinsam im Flur des Gerichtsgebäudes, bis ich ins Vernehmungszimmer gerufen wurde. Die Tür ging auf, ein auf den ersten Blick sympathischer älterer Herr trat heraus und gab jedem von uns die Hand. Er stellte sich als Oberstaatsanwalt Wilhelm, leitender Ermittler in Sachen Sachsensumpf, vor. Er war verwundert, dass mein Anwalt mich begleitete. Es handle sich doch nur um eine Zeugenvernehmung, dafür sei kein Rechtsbeistand nötig. Jens entgegnete lächelnd, er sei in erster Linie als moralische Stütze für mich hier. Arndt und Thomas hatten mir geraten, nicht allein zur Vernehmung zu gehen. Mit ihnen hatte ich kurz über das, was in Dresden wohl auf mich zukommen würde, gesprochen. Die beiden kannten die Faktenlage so gut wie kaum ein anderer Journalist, und ich vertraute ihnen, weshalb ich ihren Rat annahm, ohne weiter nachzufragen. Während sie daran zweifelten, dass diesmal

249

wirklich eine lückenlose Aufklärung erfolgen würde, war ich voller Hoffnung. Zum Abschied hatten sie mir mit auf den Weg gegeben, ich solle mich nicht verunsichern lassen. »Es gibt nichts, mit dem man mich verunsichern könnte, solange ich die Wahrheit sage. Alles erzähle, was ich weiß, alles, woran ich mich erinnere, und klar sage, woran nicht. Die Wahrheit kann man nicht verbiegen, und beugen kann man sie auch nicht.« Naiv, ich war vollkommen naiv.

Nachdem geklärt war, dass mein Mann später ebenfalls kurz vernommen werden sollte, da er mich 1994 zur Verhandlung gegen Kugler begleitet hatte, betrat ich mit Jens das Vernehmungszimmer. Dort stellte uns der Oberstaatsanwalt seinen Kollegen, Staatsanwalt Müller, vor. Er saß hinter einem Schreibtisch und wirkte beschäftigt.

Bevor die Befragung begann, äußerte der Oberstaatsanwalt seinen Unmut darüber, dass er die Jasmin-Akte noch einmal hatte öffnen müssen. Er lief im Zimmer auf und ab und meinte, der Zuhälter sei damals rechtskräftig verurteilt worden und habe seine Strafe verbüßt. Man könne in Deutschland nicht zweimal wegen des gleichen Vergehens angeklagt werden, das sei Strafklageverbrauch. Und überhaupt, der ganze Wirbel sei letztlich nur »übereifrigen Journalisten« zu verdanken. Meine Zuversicht bekam einen ersten Knacks. *Vielleicht war er einfach nur überarbeitet und hatte einen stressigen Tag gehabt?*

Ich musste zunächst Fragen zu meiner Person und meinem beruflichen Werdegang beantworten. Ich erzählte, dass ich nach meinem Schulabschluss Büroassistentin und Buchhaltung auf einer Abendschule gelernt und von 1997 bis 2000 die Geschäftsleitung in der Firma meines Mannes übernommen hatte. Danach sei ich fünf Jahre lang in einem medizinischen Labor tätig gewesen, inzwischen sei ich freischaffende Künstlerin.

Nach der Belehrung über meine Rechte und Pflichten –

die Wahrheit, nichts als die Wahrheit zu sagen, nichts weg-
zulassen, nichts hinzuzufügen – begann die eigentliche
Befragung, über die ich striktes Stillschweigen bewahren
sollte. Vor dem Gericht warteten jede Menge Journalisten,
ich solle der Presse gegenüber bitte keinerlei Äußerungen
machen. Für mich ging das völlig in Ordnung; umso er-
staunter war ich, als einige Tage später Details aus meiner
Vernehmung in der Zeitung standen, die nur ein winziger
Kreis an Personen kennen konnte.

Wilhelm fragte mich, ob ich damit einverstanden sei,
nicht direkt in ein Aufnahmegerät hineinzusprechen. Ich
solle einfach erzählen und seine Fragen beantworten, er
würde dann eine Zusammenfassung auf Band diktieren.
Mein Anwalt nickte, wir machten uns darüber keine großen Gedanken und stimmten zu.

Der Oberstaatsanwalt wollte als Erstes wissen, ob ich
einen Journalisten namens Thomas Datt kennen würde.
Ich bejahte und schilderte, wie ich ihn und Arndt Ginzel
kennengelernt hatte. Ich erzählte von dem Anruf, von
meiner erschrockenen Reaktion und meinem Misstrauen.
Von ihrer Suche nach mir, dem Zufallstreffer dank unserer
Firmenhomepage, ihren Arbeitsproben und unserer ersten
Begegnung bei mir zu Hause. Ich war klar in meinen Aussagen und strukturiert.

Als ich später das Vernehmungsprotokoll lesen konnte,
stellte ich mit Erschrecken fest, dass einige meiner Aussagen dort den Eindruck von Unsicherheit erweckten, obwohl ich mich bei der Vernehmung gar nicht unsicher gefühlt hatte. Und meine Ausbildung als Büroassistentin war
unter den Tisch gefallen, ich mutierte zur »Hausfrau ohne
Beruf«. Im Vergleich zu den ganzen Ungereimtheiten und
Demütigungen, die während der mehr als vierstündigen
Befragung noch folgen sollten, waren das allerdings zwei
Kleinigkeiten.

Im Protokoll steht, ich hätte erzählt, mein Name sei in den Akten des Jahres 1994 falsch geschrieben worden. Damals trug ich noch meinen Mädchennamen, ich war mit meinem Mann noch nicht einmal verheiratet, wie also hätte ich Kopp heißen können? Ich war schließlich erst 17 Jahre alt, besuchte ein katholisches Internat, und meine Mutter hätte nie ihre Einwilligung zu einer Heirat vor meinem achtzehnten Lebensjahr gegeben.

Während der weiteren Vernehmung wurde ich mit vermeintlichen Widersprüchen in meinen Aussagen konfrontiert. Bei der ersten Befragung unmittelbar nach unserer Befreiung stand ich noch so unter Schock, dass ich zu einigen Dingen nur vage Angaben machen konnte. Bei der zweiten Vernehmung im April 1993 hatte ich sehr viel detaillierter Auskunft geben können. Ich hatte von der Imbissbude erzählt, von Schwarte, der Fahrt in die Merseburger Straße, dem Getränk, das mich völlig benebelt hatte. Bei all diesen Aussagen hatte ich immer wieder darauf hingewiesen, dass mir im Jasmin das Zeitgefühl abhandengekommen war, dass sich Erinnerungsfetzen nur langsam zusammenfügen lassen.

Nun musste ich mir den Satz vorhalten lassen, warum dies oder jenes nicht im Protokoll aus dem Jahre soundso stünde.

»Wie erklären Sie sich diese Widersprüchlichkeiten, Frau Kopp?«

»Ich kann nur das wiedergeben, was mir in Erinnerung geblieben ist. Ich lebe seit 15 Jahren mit diesen Einzelheiten. Seit 15 Jahren sind das genau die Situationen, die mich immer belastet haben und bis heute noch belasten, die immer wieder hochkommen und immer wieder dieselbe Intensität haben. Das kann man sich nicht aus den Fingern saugen.«

Auf andere, viel größere Ungereimtheiten wurde nicht näher eingegangen. Zum Beispiel auf die Frage, was nach meiner Befreiung protokolliert worden war und was nicht; ich habe kein entsprechendes Protokoll gesehen. Oder dass im April-Protokoll des Jahres 1993 meine Schilderungen nur sehr verknappt wiedergegeben worden waren.

*

Dann gab es eine kurze Unterbrechung für mich, während der Wolfgang über die Gerichtsverhandlung 1994 befragt wurde. Mein Mann konnte sich nur vage an die Verhandlung erinnern, er hatte Kugler die meiste Zeit angestarrt und Mühe gehabt, seine Wut im Zaum zu halten.

Nach der Pause führte Wilhelm die Befragung allein fort, Müller hatte den Raum verlassen, um Trixi zu vernehmen. Auch sie war in Begleitung ihrer Anwältin erschienen.

Der Oberstaatsanwalt wollte wissen, ob ich früher schon einmal, also vor meinem Gespräch mit Ginzel und Datt, zu den Vorfällen im Jasmin befragt worden war. Ich bejahte und erzählte von der mysteriösen Vernehmung am See im Jahr 2000. Auf die Frage, warum diese Vernehmung nicht auf einer Polizeidienststelle stattgefunden habe, hatte ich selbst keine Antwort. Außer, dass die Beamten mir damals gesagt hatten, dies diene meiner Sicherheit, konnte ich nichts weiter dazu sagen. Der Oberstaatsanwalt legte mir das Protokoll jenes Tages vor. Ich hatte es nie zuvor gesehen, es auch nie unterschrieben. Ich war erstaunt, dass es gerade einmal dreieinhalb Seiten lang war und insgesamt nur vier Fragen umfasste. Es war einfach unglaublich.

Ich erzählte dem Oberstaatsanwalt, dass die Vernehmung stundenlang gedauert und mir drei Mappen mit Fotos und Zeitungsausschnitten vorgelegt worden waren, auf denen ich einige Personen eindeutig als Kunden des Jasmin identifiziert hatte. Selbst den letzten Satz der beiden Polizisten erwähnte ich: »Wenn Sie irgendwann in der Zeitung lesen, ›Zwei Polizisten im See ertränkt‹, wissen Sie, warum.«

Im 2000er-Protokoll hingegen war nur von den Bildern des »offiziellen Teils« die Rede, nicht aber von den darüber hinaus vorgelegten. Außerdem wurde mir vorgehalten, dass ich bei meiner Identifizierung unpräzise gewesen sei, Jasmin und Ines den »falschen Kunden« zugeordnet und zwei der Männer verwechselt hätte. Ich war wie vor den Kopf gestoßen, erzählte noch einmal detailliert, wie das Treffen am See abgelaufen war, welche Personen ich erkannt hatte und welche Erinnerungen ich mit diesen Männern verband.

Der Oberstaatsanwalt hakte nach: »Frau Kopp, haben Sie überhaupt eine Ahnung, welches Ausmaß, welche Bedeutung Ihre Aussage hat? Sind Sie sich sicher?«

»Ja«, sagte ich bestimmt, »es gibt Gesichter, die vergisst man nie.«

Dies findet sich ebenso wenig im Protokoll wie die Tatsache, dass die Existenz mehrerer Lichtbildmappen in Frage gestellt wurde.

Aber die Bemerkung, die mir an jenem Tag richtig den Boden unter den Füßen weghaute, war Folgende. Der Oberstaatsanwalt sagte tatsächlich zu mir: »Frau Kopp, was Sie getan haben, ist nichts Schlimmes. Prostitution ist nicht strafbar, Sie haben nichts Schlimmes getan.«

Ich habe etwas *getan*? Nicht *sie* haben uns etwas *angetan*?

Es war vollkommen absurd, ein schlechter Witz, ein verdammt schlechter. Wo um Himmels willen war ich hier?

Diese »Prostituierten-Nummer« war etwas, das sich durch sämtliche Verfahren und Vernehmungen zog. Aber jedes Mal traf sie mich, als wäre es das erste Mal. Als ich 2009 vor dem Parlamentarischen Untersuchungsausschuss aussagte, sprach ich diese Demütigung explizit an: »Zum Schluss möchte ich noch ganz deutlich sagen: Die

Staatsanwaltschaft Dresden bezeichnete uns öffentlich als Ex-Prostituierte. Ich fühle mich als Opfer schwerster sexueller Gewalt und Ausbeutung. Mit der Bezeichnung Ex-Prostituierte wird uns mehr oder weniger unverhohlen unterstellt, alles freiwillig getan zu haben. Damit verhöhnt man uns und andere Opfer, würdigt uns auf das Unerträglichste herab, verletzt unsere Menschenwürde. Mit solchen Demütigungen setzt man das Werk der Täter auf andere Weise fort.«

Die Worte des Oberstaatsanwalts klangen mir die ganze Fahrt über in den Ohren. Hämisch, zynisch, verachtend. Nur langsam, wie in Zeitlupe, sickerte die Bedeutung der Worte in mein Bewusstsein ein, eine alles zersetzende Säure.

Ich sah aus dem Fenster nach draußen in die Dunkelheit, Tränen stiegen mir in die Augen. Die Lichter der entgegenkommenden Autos verschwammen, sie spiegelten sich in meinen Tränen. Wie Perlen reihten sie sich auf meinem Handrücken auf, kleine glitzernde Kugeln. Mein Freund Pierre hat später ein Lied darüber geschrieben, über das traurige Glitzern in meinen Augen. »Das Glitzern, das ich immer in deinen Augen seh, funkelnde Sterne in einem See.«

In den Tagen danach hatte ich einen schweren depressiven Schub. Ich schwankte zwischen Wut und Verzweiflung, in die sich Ohnmacht und Angst mischte. Mein Anwalt beantragte gleich nach der Vernehmung Zeugenschutz für mich. Abgelehnt, ohne Begründung. Ein einziger Satz, der ganz unten auf einer neuerlichen Vorladung stand, angesetzt für den 19. Februar 2008.

Mein Therapeut war entsetzt, er wollte mich am liebsten aus gesundheitlichen Gründen für vernehmungsunfähig erklären. Die erste Befragung hatte die alten Wunden wieder aufgerissen und mir neue zugefügt. Gleich bei unserer ersten Sitzung nach Dresden war ich in Tränen ausgebrochen, hatte immer wieder gesagt, wenn man mir nicht glaube und so wenig Interesse an der ganzen Wahrheit habe, würde ich für immer die Prostituierte bleiben, als die man mich hinstellte.

Ich erlitt eine Re-Traumatisierung, schlief kaum noch, verbrachte die Nächte in meinem Lesezimmer oder starrte stundenlang auf das Feuer im Kamin. Ich brachte keinen Bissen herunter, mein Arzt verordnete mir hochkalorische »Astronautennahrung«. Er verschrieb mir auch Tranxilium, ein starkes Beruhigungsmittel, damit ich nach den Flashbacks schneller zur Ruhe kommen würde. Ich nahm das Mittel nur, wenn es gar nicht mehr anders ging und ich völlig erschöpft war. Ich wollte einen klaren Kopf behalten und meinen Alltag irgendwie meistern, was mir allerdings schwerfiel. Es war alles zu viel. Die Krebsdiagnose, die Probleme in meiner Ehe, die Auseinandersetzung mit meiner Vergangenheit.

Ich kreiste stundenlang um die Frage, ob ich erneut aussagen sollte. Hatte Zweifel, dass ich damit den richtigen Weg beschritt. Fallen und wieder aufstehen.

Ich wusste, dass mich jede neuerliche Konfrontation an meine Grenzen bringen würde. Aber schweigen? Nein, das konnte und wollte ich nicht mehr. Ich hatte mir schon einmal vorgeworfen, versagt zu haben. Mein Schweigen wäre ein erneuter Triumph für meine Peiniger. Wenn ich redete, wenn die Welt da draußen von den Mädchen vom Jasmin erfahren würde, stünde ich nicht mehr allein. Ich weiß, dass sich das Rad des Lebens für einige von uns dauerhaft in die falsche Richtung gedreht hat. Die in diesem elenden Sumpf stecken geblieben sind, verloren, weil sie die Wirklichkeit nicht ertragen konnten. Es ist schwer, das Leben, so wie es ist, auszuhalten. Ich wäre vielleicht denselben Weg gegangen, wenn ich nicht erkannt hätte, dass ich mein eigenes Trauma nur dann würde besiegen können, wenn ich mich damit auseinandersetzte.

*

Um fünf Uhr morgens brach ich gemeinsam mit meinem Anwalt nach Dresden auf. Sieben Stunden Fahrt. Ich sprach nur wenig. Meine Gedanken kreisten um meine Familie. Ich wusste, dass die Gegenseite sämtliche Protokolle einsehen konnte. Jens war entsetzt gewesen, dass nicht nur mein Name, sondern auch meine Anschrift ungeschwärzt zu sehen waren. »Zeugenschutz?«, hatte der Oberstaatsanwalt gefragt, »wozu das denn?« Abgelehnt, auch in Trixis Fall. Hätten sie dem stattgegeben, wäre das ein offizielles Eingeständnis gewesen, dass wir uns mit unseren Aussagen einer gewissen Gefahr aussetzten. Anonymität gab es nicht mehr, die Staatsanwaltschaft selbst hatte sie aufgehoben. Die Angst war sofort wieder da. Wenn ein Auto langsam an mir vorbeirollte oder jemand länger hinter mir herging, geriet ich in Panik. *Kein Wort zu den Bullen. An dem Tag, an dem du mich wiedererkennst, bist du tot!* Ich hatte ihn wiedererkannt. Seine Worte haben sich in meine Seele gebrannt, ebenso sein Gesicht. *Klick. Klick.* Die Vorstellung, dass sie meinen Kindern etwas antun könnten, machte mich an manchen Tagen fast wahnsinnig.

Wir kamen auf den letzten Drücker in Dresden an, es blieb kaum Zeit, um zu verschnaufen. Nur für eine hastige Zigarette reichte es noch. Seit dem Treffen mit Arndt und Thomas hatte ich wieder damit angefangen. Während wir vor dem Eingang des Gebäudes standen, sah ich Trixi, die mich weder grüßte noch Notiz von mir nahm. Selbst als ihre Anwältin zu uns kam, um sich vorzustellen. Trixi sollte, wie schon beim ersten Mal, parallel zu mir vernommen werden. Ob sie etwas ausgesagt hatte und wenn ja, was, erfuhr ich erst viel später.

Ich war nervös, hatte Angst, während der Befragung einen Zusammenbruch zu erleiden. Angst davor, dass mich die Bilder und Erinnerungen überwältigen würden, dass ich den Bezug zum Hier und Jetzt verlieren könnte. Aber es ist erstaunlich, was ein Mensch alles aushalten kann, welche ungeahnten Ressourcen wir in extremen Stresssituationen mobilisieren können. Gefühle erreichen einen dann nicht mit so einer Heftigkeit, sie sind eher eingefroren, bleiben zurück, während der starke Teil unseres Ichs die nächsten Schritte geht. Erst hinterher kommt das zerbrechliche, hilflose Ich mit aller Kraft zurück, lähmt einen, dominiert alles.

Oh Lilith, in einer meiner schwersten Stunden hieltst Du meinen gebrochenen Körper, während Du meine Seele streicheltest. Wie könnte ich je ohne Dich leben.

Diese Zeilen schrieb ich vor vielen, vielen Jahren, ohne mir ihrer Bedeutung ganz bewusst zu sein. Zwei Teile, die zusammengehören und ein Ganzes bilden. Mein Ganzes, das ich lange nicht erkennen konnte. Abspalten, ausgrenzen, wegdrücken. Erst heute bin ich vielleicht so weit, dass ich akzeptieren kann, dass es beide Teile in mir gibt und dass sie nicht länger miteinander kämpfen müssen.

Nachdem wir das Vernehmungszimmer betreten hatten, wollte ich mich, wie ich das seit Jahren tue, auf einen Stuhl an der Wand setzen. Ich fühle mich sicherer, wenn ich alles im Blick habe, sich niemand von hinten nähern kann. Noch bevor ich Platz nehmen konnte, sagte der Oberstaatsanwalt: »Setzen Sie sich doch bitte zwischen uns.« Es klang weniger wie eine Bitte als wie ein Befehl. Ich verspürte ein leichtes Unbehagen, fügte mich aber. Er erklärte, dass er die Befragung dieses Mal auf Tonband aufnehmen würde. Dann zog er seinen Stuhl ganz dicht an meinen heran und setzte sich. Ich kann Nähe nur schwer ertragen, das Gefühl der Einengung noch weniger. Ich fühlte mich regelrecht eingequetscht, in die Ecke gedrängt, bewegungsunfähig.

In diesem Moment dachte ich zum ersten Mal, dass dies eine andere Befragung werden würde als die vergangene. Es war wie ein Verhör, als stünde ich hier unter Anklage.

Noch einmal ging es um die Vernehmung am See. Die beiden Beamten hätten ausgesagt, mir nur eine Mappe mit Bildern gezeigt zu haben. Ich beharrte erneut darauf, dass es drei gewesen seien. Er entgegnete mir scharf: »Wem würde man wohl mehr glauben – zwei ehrenwerten Polizeibeamten oder einer Ex-Prostituierten?« Ich war fassungslos, beharrte aber auf meiner Aussage.

Erst später, das hatte ich ja bereits erwähnt, räumten die beiden Polizisten ein, dass sie mir – wovon im Protokoll nichts erwähnt wurde – weitere Bilder und Zeitungsfotos gezeigt hatten. Hätte ich das Protokoll zu Gesicht bekommen, ich hätte den Fehler sofort bemerkt.

Auch warum damals erneut ermittelt wurde, erfuhr ich erst später, als Akten des Verfassungsschutzes an die Öffentlichkeit gelangten. Aus ihnen geht hervor, dass wenigstens zwei Personen bereits 1993/94 von mehreren Zeugen als Kunden des Jasmin identifiziert worden waren. Warum hatte man damals keine Ermittlungen eingeleitet? Warum war es zu keiner Gegenüberstellung mit mir gekommen, auch nicht, als 2000 dieselben Personen von unterschiedlichen Zeugen erneut identifiziert wurden? Hätte man nicht jeder Spur konsequenter nachgehen müssen?

Ich wurde gefragt, ob meine Angst vor der Leipziger Innenstadt einen Grund habe. Für einen kurzen Moment fragte ich mich, warum die Staatsanwaltschaft das nicht den Akten entnehmen konnte. Dort musste klar und deutlich drinstehen, dass alle Mädchen damals unter Druck gesetzt und mit dem Tod bedroht worden waren. Dass man auf mich und Lea geschossen und wir Anzeige gegen Unbekannt erstattet hatten. Dass ich danach aus Leipzig weggebracht worden war, um mich zu schützen.

»Soll das heißen, Sie haben eine neue Identität bekommen?«

Wollten die mich jetzt für dumm verkaufen? Ich hatte sämtliche Dokumente, die mir zur Verfügung standen, bereits bei der ersten Befragung an die Staatsanwaltschaft übergeben, auch meine Jugendamtsakte mit dem Decknamen »Caroline Kirchner«.

Der Oberstaatsanwalt konterte: In den Polizeiakten fände sich weder eine Anzeige noch ein Protokoll unserer Aussagen bezüglich der Schießerei. Aber aus den Jugendamtakten geht hervor, was geschehen war. Warum stand also nichts in den Polizeiakten?

Und so ging es munter weiter, ein vermeintlicher Widerspruch reihte sich an den nächsten.

»Wie erklären Sie sich das?«, fragte der Oberstaatsanwalt immer wieder. Ich hatte keine Erklärungen, konnte nur das sagen, was mir in Erinnerung geblieben war.

Kurz vor der Pause, als es um unterschiedliche Aussagen der Mädchen ging, sagte er plötzlich: »Wer lügt?«

Ich entgegnete ihm, dass ich niemandem unterstellen würde zu lügen. Und dass es ganz normal sei, dass sich nicht jeder an die gleichen Details erinnern würde. Dann fragte ich ihn, welchen Grund wir hätten, eine Aussage zu machen, die nicht der Wahrheit entsprechen würde.

»Meines Erachtens gibt es drei Erklärungen für eine falsche Aussage, die da wären: Erstens, eine der Zeuginnen lügt, zweitens, eine der Zeuginnen irrt sich, und drittens, eine der Zeuginnen wurde manipuliert. Was gilt in Ihrem Fall?«

Ich machte ihm klar, dass in meinem Fall nichts dergleichen gelte. Ganz im Gegenteil, ich hatte nur eine zusätzliche Belastung zu schultern. Alles würde wieder aufgewühlt, das sei für mich und meine Familie eine schwere Bürde. Ich fühlte mich unverstanden von diesem Mann. Weiß er, dachte ich, wie oft ich nachts schweißgebadet aufwache, weil diese Kerle im Traum wieder auf mir gelegen sind? Weiß er, wie oft ich in all den Jahren daran gedacht habe, mich umzubringen? Wie viel Kraft es mich kostet, mit dieser Vergangenheit zu leben? Nein, das weiß er nicht. Und ich wage zu behaupten, dass sich auch die Freier selbst generell keine Gedanken darüber machen, was sie ihren »süßen Mäusen« antun. Haben sie ein schlechtes Gewissen? Manche vielleicht. Aber nur kurz, dann locken Unschuld und Apfelbrüste.

Der Staatsanwalt meinte, wir bräuchten vielleicht alle eine Pause.

Nach der Pause ging es mit unverminderter Heftigkeit weiter.

»Kann es nicht sein, dass Sie sich irren? Es ist über fünfzehn Jahre her.«

Es war ein Muster, das sich immer wieder wiederholte. Wenn ich mich an etwas nicht erinnern konnte und das auch genauso sagte, wurde mir daraus ebenso ein Strick gedreht wie im umgekehrten Fall. In den Augen der Staatsanwaltschaft machte ich mich – übrigens ebenso wie Trixi – dadurch verdächtig, dass ich mich an manche Szenen mit einer extremen Detailgenauigkeit erinnern konnte. Wer sich mit traumatisierten Menschen ernsthaft beschäftigt, der weiß, dass es bei ihnen eine Mischung aus Amnesie und fast fotografisch exaktem Gedächtnis gibt. Und dass auch der Verlust des Zeitgefühls typisch ist. Ob man in Dresden diese Ernsthaftigkeit aufgebracht hat? Von einem psychologischen Gutachten oder der Hinzuziehung von Experten gar nicht zu reden. Ein paar traumatisierte Nutten, wen juckt das schon. *Wem wird man glauben, Frau Kopp?*

Ja, wem wird man glauben? Als ich sagte, dass ich jederzeit bereit sei, ein Gutachten über meine Glaubwürdigkeit erstellen zu lassen, gab der Oberstaatsanwalt nur ruppig zur Antwort, dass allein das Gericht über eine solche Notwendigkeit entscheiden würde.

Beim Thema Identifizierung von Freiern erreichte die Befragung einen unschönen Höhepunkt. Ich beharrte auf meiner Aussage aus dem Jahr 2000, sagte mehrmals, dass ich mir hundertprozentig sicher sei, definitiv.

Irgendwann rastete er aus, rannte schnaubend umher und brüllte mich an: »Hören Sie endlich auf mit Ihren hundert Prozent und definitiv!«

Ich schrie zurück: »Wenn Sie wollen, dass ich lüge, dann sagen Sie hier ins Mikrofon, dass ich lügen soll, und dann tue ich es – für Sie!«

Er wurde ganz still und setzte sich erschöpft vor seinen Computer.

Mein Anwalt versuchte, die Situation zu entschärfen. Vielleicht würde man ja Klarheit erlangen, wenn man von den vermeintlichen Freiern alte *und* neue Fotos vergleichen würde. Am Ende einigten wir uns darauf, dass meinem Anwalt per Mail die entsprechenden Unterlagen zugesandt werden sollten. Was nie geschah.

In den nächsten Tagen erhielt Jens einige Anrufe, bei denen man ihm durch die Blume zu verstehen gab, dass man mich wegen vermeintlicher Ungereimtheiten in meinen Aussagen auch als unzurechnungsfähig erklären könnte. Jens, mit dem ich seit Jahren befreundet war, ging die ganze Sache so nah, dass er das Mandat niederlegen wollte. Ich war einverstanden und beauftragte jenen Anwalt, der bereits

2000 vergeblich versucht hatte, nach meiner Vernehmung am See Akteneinsicht zu erhalten. Ich war froh, dass er sich dafür entschied, mir juristisch beizustehen. Er hatte weder an meiner Glaubwürdigkeit noch an der Richtigkeit meiner Aussagen den geringsten Zweifel.

Abgesehen von ihm konnte ich mit Thomas und Arndt am besten über meine Gefühle und über die vielen Widersprüche beim Thema Sachsensumpf reden. Wir telefonierten regelmäßig, sie kannten die Akten und waren die Einzigen, die mir zumindest einige der vielen tausend Fragen, die ich hatte, beantworten konnten. Sie ermutigten mich, häppchenweise und sehr vorsichtig, Stück für Stück zurückzugehen. Jedes noch so kleine Puzzlestück meiner Erinnerung aufzubewahren, damit ich es eines Tages zu einem Ganzen zusammensetzen könnte.

Bei einem unserer Telefonate erzählte ich ihnen von einer Wohnung. Jener Wohnung, in der das russische Roulette stattgefunden hatte. Sie wollten alles wissen. Wie lang in etwa der Weg vom Jasmin gewesen war, wie der Hausflur ausgesehen hatte, wie die Tür, die Wohnung an sich. Ich weiß nicht, wie die beiden es angestellt haben, aber nach ein paar Monaten riefen sie mich an, um mir mitzuteilen, dass sie einen Treffer gelandet hatten. Die Wohnung hatte eine ältere Prostituierte angemietet, die Kugler »angelernt« hatte, zwischenzeitlich war dort ein Puff für gutsituierte Kunden untergebracht gewesen.

Den nächsten Treffer landeten sie, nachdem ich ihnen von der Schweinemastanlage erzählte hatte. Von jener schwarzhaarigen, älteren Frau, die ich noch heute in meinen Alpträumen am Haken hängen sehe.

»Christl hieß sie, soweit ich mich erinnere, vielleicht aus dem Revier in der Rocherstraße, aber das weiß ich nicht sicher.« Dieses »Revier« gehörte eigentlich einem anderen Zuhälter.

Die beiden baten mich, die Frau so genau wie möglich zu beschreiben. Für mich war das, als hätten sie mich gebeten, direkt in die Hölle zu fahren. Das Hallen der Schritte, die Rinne am Boden, der Strick mit dem geschundenen Körper am Haken. Das Knallen der Tür hinter mir, meine Panik, als ich mit meiner Hand nackte Haut, Fleisch, ertastete. *Tot, tot, sie ist tot. Christl, flieg.*

»Mandy? Halloooo? Bist du noch dran?«

Es dauerte, bis ich wieder in der Gegenwart angekommen war.

Die beiden Journalisten versprachen mir, mich anzurufen, sobald sie etwas herausgefunden hätten.

Diesmal ging es sehr viel schneller. Noch am gleichen Tag riefen sie zurück und erzählten mir von einem Gespräch mit einer ehemaligen Polizeireporterin, die sich in der Szene auskannte und sicher war, dass es sich nach meiner Beschreibung nur um Christel Meinert handeln konnte. Leider war sie zu keinem Gespräch bereit.

Das Schweigen ist das Schlimmste, auch wenn ich es verstehen kann. Lea hat nach unserer Befreiung nur noch ein einziges Mal ausgesagt. Die Sache sei damit für sie erledigt, sie wolle und könne sich nicht erinnern und werde ihr Wissen mit ins Grab nehmen. Ich habe sie nach meiner Flucht aus Leipzig noch ein Mal gesehen. Vor dem Gerichtsgebäude in Dresden, kurz vor meiner ersten Befragung. Wolfgang parkte gerade ein, als ich eine junge Frau in Begleitung einer älteren Dame die Treppe herunterkommen sah. Mein Herz raste. Ich kannte diesen Gang, dieses Gesicht, diese ganze Gestalt. Fünfzehn Jahre, wie weggewischt. Ihr Lachen, ihre frechen Antworten, ihre Lebendigkeit, mit der sie mich immer angesteckt hatte. Der Morgen, an dem ich verzweifelt versucht hatte, sie zu wecken. *Kuglers Liebling. Lea und du, ihr müsst das richtigstellen. Der ist nicht verkehrt. Du bist verantwortlich für sie, du hast sie im Stich gelassen. Sie hat ein Kind mit ihm. Warum hast du sie eigentlich nie angerufen, hattest doch die Nummer? Sie lässt Ihnen schöne Grüße ausrichten, es geht ihr gut.*

Wie oft hatte ich mir vorgestellt, wie es wäre, wenn wir uns wiedersehen würden. Dass es durch die Scheiben eines Autos sein würde, hatte ich mir allerdings nicht ausgemalt. Ich hieb mit der Hand dagegen, mein Atem ließ die Scheibe beschlagen. *Lea!* Sie hörte mich nicht, verschwand hinter der nächsten Straßenecke.

Auch Ines schwieg, ebenso Jasmin.

Die Einzigen, die offenbar bereit waren, sich mit all dem zu konfrontieren, waren Trixi und ich. 2008 waren wir Einzelkämpferinnen, keine konnte auf die andere zugehen. Wir sahen uns an und blickten in einen Abgrund. Ein Spiegelbild, das wir nicht sehen wollten. Eine Fratze, die uns angrinste, unerträglich, quälend.

Heute, vier Jahre später, ziehen wir gemeinsam an einem Strang – und sitzen gemeinsam auf der Anklagebank. Und das ist eigentlich die zynischste Wendung in unserer Geschichte. Es schert bis heute kein Schwein, was uns damals alles angetan wurde. *Da waren Minderjährige im Jasmin? Frau Kopp, also bitte, Sie waren doch alle geschminkt, wie hätte man das merken sollen? Sie bezichtigen hier ehrbare Männer, wissen Sie eigentlich, was das bedeutet? Sie sind unglaubwürdig! Wie können Sie sich an einen Gürtel mit einer besonderen Schnalle erinnern, wenn Sie nicht einmal wissen, wie lang Sie im Jasmin waren? Schläge und Misshandlungen – das hätten Sie doch wissen müssen, dass das dazugehört.*

Fressen oder gefressen werden.

Verkehrte Welt

Aufgewirbelt, so viel Staub und Dreck
Weggetragen mit dem Winde
Die Wahrheit hier in meinen Wunden steckt
Und nach dem Sturm ich endlich Ruhe finde

Nach dieser zweiten Vernehmung hatte ich es satt, gefressen zu werden. Sollten sie doch an mir ersticken, ich wollte die ganze Scheiße nicht länger herunterschlucken. Ich wollte nicht länger hinnehmen, dass man in der Presse oder auch vor Gericht von uns als »Prostituierten« sprach, dass man uns diffamierte als »selbst schuld, war doch alles freiwillig«, dass Zitate auftauchten, die aus dem Zusammenhang gerissen wurden, nur um uns in ein schlechtes Licht zu rücken. Ich wollte nicht länger akzeptieren, dass gesellschaftlicher Rang, Anzug und Schlips darüber entschieden, wer die Wahrheit sprach und wer angeblich nicht. Vor Gott und dem Gesetz sind alle Menschen gleich, heißt es so schön.

Ich wollte von nun an mit offenem Visier kämpfen, auch wenn ich dabei zugrunde gehen sollte. Ich wollte ihnen mit allem, was ich habe, entgegenschreien: Verdammt noch mal, meine Herren, ICH stehe! Verkriecht euch doch hinter euren Seilschaften, schickt eure Spitzenanwälte vor, mauschelt, so viel ihr wollt, ich lasse mich nicht unterkriegen, nicht von euch. Ich werde es schaffen. Ich hatte immer schon ein Problem damit, wenn jemand zu mir gesagt hat, das schaffst du nicht.

Wenn ich diese Zeilen heute schreibe, muss ich an die letzten Worte meines Vaters denken. »Mandy, hör nie auf an dich zu glauben. Sag nie, du kannst etwas nicht, wenn du es nicht versucht hast«, hatte er zu mir gesagt, kurz vor seinem Tod. Diese Worte geben mir Kraft, wenn ich mal wieder an der Richtigkeit meines Tuns zweifle. Wenn ich in der Zeitung wieder verzerrte oder einseitige Berichte lese, wenn ich höre, dass selbst die Pressefreiheit in unserem Land mit Füßen getreten wird. Oder wie sonst ist es zu verstehen, dass Thomas und Arndt am 1. April 2010 vor Gericht gezerrt wurden wegen ihrer Recherchen und Veröffentlichungen im Sachsensumpf? Sie wurden in erster Instanz zu einer Geldstrafe in Höhe von je 2500 Euro verurteilt – wegen einer einzigen Frage, die sie zwei Polizisten bei ihren Recherchen gestellt hatten. Ein Urteil, das kritischem Journalismus die Grundlage entzieht, Meinungs- und Pressefreiheit außer Kraft setzt. Thomas und Arndt legten Berufung ein – genau wie die Staatsanwaltschaft, denen das Urteil zu milde war.

Vaters Worte geben mir Kraft, wenn ich davon erfahre, dass die Sondereinheit des Verfassungsschutzes zur organisierten Kriminalität in Sachsen aufgelöst wurde. Wenn der sächsische Landtag zwar einen Untersuchungsausschuss einberufen hat, die Regierung aber die Herausgabe wichtiger Akten blockiert. Wenn Richter, die in laufenden Verfahren eingesetzt werden, in ihrer »Freizeit« Artikel verfassen, die jede Objektivität vermissen lassen. Artikel, in denen die Rede davon ist, dass »selbsternannte Aufklärer« sich des Falls angenommen hätten, Menschen auf »infame Weise bloßgestellt« und als »Kinderschänder« gebrandmarkt hätten. Ja, darf man »angesichts solcher Vorwürfe nicht auch emotional reagieren? Ich meine schon.«

Das ist der letzte Satz jenes Artikels.

Dumm nur, dass die Emotionen der Opfer in diesem Fall

kaum berücksichtigt wurden. Die Ermittlungen gegen einige Beschuldigte wurden übrigens nach den Befragungen von Trixi und mir im Jahr 2008 eingestellt. Für die damals unter Verdacht stehenden Herren hatte das keine rechtlichen Konsequenzen. Für uns als Zeugen schon, ebenso für Arndt Ginzel und Thomas Datt. Verkehrte Welt.

Wir fanden uns auf der Anklagebank wieder. Der Vorwurf: Verleumdung und Rufschädigung. Mein Anwalt machte mich darauf aufmerksam, dass mir jedes Mal von neuem eine Strafe wegen Verleumdung drohen würde, wenn ich an meiner Aussage festhielt. Eine ganz perfide Art, jemanden zum Schweigen zu bringen.

Ist es genau diese Angstmache, die so viele Opfer zum Schweigen verurteilt? Weil sie fürchten müssen, im Zweifelsfall mit einem Bein im Knast zu stehen? Sie werden zermürbt, immer wieder vorgeführt, müssen sich anhören, dass das, woran sie sich erinnern, nicht richtig sein kann, weil bla, bla. *Wem wird man glauben, Frau Kopp?*

Nein, ich will das nicht hinnehmen. Ich will nicht hinnehmen, dass die eigentlichen Opfer es nicht wagen, ihre Stimme zu erheben. Ich informierte meinen Anwalt darüber, dass ich an meinen Aussagen festhalten würde – egal, ob vor dem Untersuchungsausschuss, bei einer Befragung oder vor Gericht. Ich will die Kraft aufbringen, meine Stimme erheben, für die Wahrheit kämpfen. Und für meine Würde. Ich will nicht mein Leben lang Opfer sein, auch wenn ich das in gewisser Weise bleiben werde. Weil mir die Erinnerungen und Bilder niemand nehmen kann. Aber ich will Gerechtigkeit.

Das Kainsmal tragen wir, die Mädchen aus dem Jasmin. Und dieses Mal hat sich tief eingebrannt. Seit zwanzig Jahren. Und es wird auch nicht so einfach weggehen, wir werden es auch in Zukunft behalten. Während die Herren

Freier im Zweifelsfall als anerkannte Mitglieder der Gesellschaft die Nase über diese »Prostituierten« rümpfen.

*

Ermutigt von Thomas und Arndt begann ich, mich dem zu stellen, was mich all die Jahre über innerlich zerfressen hat. Ich las alles über das Thema Sachsensumpf und Jasmin, was ich in die Finger bekommen konnte. Tausende Seiten von Akten, Protokollen, Zeugenaussagen und Zeitungsberichten. 2009 reichte mein Anwalt eine Beschwerde beim Oberlandesgericht Dresden ein und forderte eine Wiederaufnahme des Verfahrens unter anderem gegen Kugler. Er wies auf die vielen Widersprüche hin, auf Spuren, die nicht verfolgt worden waren, und kritisierte die Behandlung der Opfer. Die Wiederaufnahme wurde abgelehnt.

Ich wollte nicht länger hinnehmen, dass wir in der öffentlichen Wahrnehmung von Opfern zu Prostituierten gemacht wurden und von Prostituierten zu Täterinnen. Die Medien hatten sich über Jahre hinweg wie Wölfe auf uns gestürzt, wir waren wie hilflose Hasen hocken geblieben, hatten noch nicht einmal gemerkt, wer den Käfig geöffnet hatte. Ich entschied mich, zwei längere Interviews zu geben, in denen ich meine Sicht auf die Dinge schilderte. Und 2011 wagte ich es zum ersten Mal, mich mit den Orten zu konfrontieren, die mein Leben so nachhaltig verändert hatten. Gemeinsam mit meinem Lebensgefährten Pierre fuhr ich nach Leipzig, wir gingen die Lütznerstraße entlang, standen vor dem Haus in der Merseburger Straße. Es war ein schwerer Gang, aber auch einer, der mich noch einmal mehr ermutigt hat, nicht länger zu schweigen.

In den Tagen danach saß ich nächtelang am Schreibtisch, versuchte das zu Papier zu bringen, was zwanzig Jahre meines Lebens dominiert hat. Ich weiß nicht, ob ich mir damit meine Erlebnisse tatsächlich »von der Seele« schreiben kann. Manche Passagen in diesem Buch waren für mich so quälend, dass ich tagelang unfähig war, meinen Alltag zu bewältigen. Noch einmal meiner Würde beraubt, noch einmal geschlagen, gedemütigt, misshandelt. Die Angst wurde wieder zum Dauerzustand.

In diesen Phasen half mir ein Satz, den ich bereits an anderer Stelle dieses Buches niedergeschrieben habe. *Stetes Wasser höhlt den Stein. Stete Angst höhlt die Seele.* Ich weiß nicht, ob meine Seele eines Tages wieder heil sein wird. Die Narben werden bleiben. Genau wie das dunkle Gedankenlabyrinth, in das ich mich immer wieder verirre. Das Gefühl, vom Leben betrogen worden zu sein.

Für mich ist es ein langer Lernprozess, der noch nicht abgeschlossen ist. Die Fähigkeit zu erlangen, mir selbst zu vertrauen und mich anderen gegenüber zu öffnen. Meine eigenen Bedürfnisse zu erkennen – und sie wichtig zu nehmen. Die Tür zu meinem Inneren aufzuschließen, nicht ein Leben lang eine Gefangene des Traumas zu bleiben. Sondern endlich wieder unbeschwert lachen und lieben zu können.

Vielleicht hilft meine Geschichte dabei auch denen, die schweigen, eine Stimme zu geben. Denen, die die Kraft verloren haben, zu kämpfen. Denen, deren Hoffnung auf Gerechtigkeit und Verständnis zerplatzt ist wie eine Seifenblase. Wenn dieses Buch dabei helfen kann, dass sich Opfer und deren Angehörige ein bisschen weniger einsam fühlen, bin ich dem, was ich mir wünsche, ein großes Stück näher gerückt. Und wenn es mit gelänge, dass sie aufhören, sich selbst dafür zu hassen und für das verantwortlich zu machen, was ihnen widerfahren ist, wäre das ein großer Sieg.

Jede Kinderseele, der das, was ich erlebt habe, erspart bleibt, ist diesen Kampf wert.

Mich schickt dieser Kampf nun noch einmal durch die

Hölle. Gemeinsam mit Trixi stehe ich unter Anklage. Über sieben Stunden saßen wir unserem einstigen Zuhälter gegenüber, mussten ihm in die Augen sehen und uns anhören, was er alles von sich gab. Am Abend erlitten wir beide einen Nervenzusammenbruch, wegen Prozessunfähigkeit wurde das Verfahren vertagt. Wegen dieses schwebenden Verfahrens konnte ich nicht alles, was vorgefallen ist, benennen. Ich hoffe dennoch, dass wir eines Tages Gerechtigkeit erfahren werden.

Dass Thomas und Arndt am 10. Dezember 2012 vom Vorwurf der üblen Nachrede und Verleumdung freigesprochen wurden (übrigens von jenem Richter, der einst von »Sumpfgequake« gesprochen hat), macht mir Mut. Ich bin bereit, diesen Weg zu Ende zu gehen. Ich gehe ihn erhobenen Hauptes und Tausende namenlose Opfer gehen ihn mit mir. Ich kenne die Hölle und weiß um ihre Feuer.

Mehr verbrennen kann ich nicht.

Dank

Ich danke meinem Rechtsanwalt Christian Braun, der mich seit mehr als zwölf Jahren begleitet und mich als Opfer aus Überzeugung vertritt. Auch dem Verein Karo e. V. und namentlich Cathrin Schauer. Ohne ihre Unterstützung während der Prozesszeit und darüber hinaus wäre vieles für mich nicht zu schaffen gewesen. Danke, dass ihr an meiner Seite steht und diesen schweren Weg mit mir geht.

Den beiden Journalisten Arndt Ginzel und Thomas Datt möchte ich ebenfalls danken. Dafür, dass sie so viele dunkle Ecken dieses Falles ausgeleuchtet haben. Von Herzen sage ich danke für euren Mut, an meiner Seite für die Wahrheit zu kämpfen. Und für die wertvolle Erfahrung, die ich durch euch machen durfte: nämlich, dass wir Opfer nicht allein sind.

Den Ullstein Buchverlagen gilt mein Dank dafür, dass ich meine Geschichte veröffentlichen konnte und dadurch die Möglichkeit habe, viele Menschen zu erreichen. Ich hoffe, dass ich mit meiner Geschichte auch den Betroffenen eine Stimme verleihen konnte, die nicht den Mut hatten aufzustehen. Dass ich andere Menschen vielleicht dazu bewegen kann, nicht wegzuschauen. Einer allein kann nicht viel bewirken, aber gemeinsam sind wir stark.

Von Herzen bedanken möchte ich mich bei Bettina Eltner und Heike Gronemeier – für die sehr emotionale und persönliche Zusammenarbeit an diesem Buch. Es hat mir trotz des schweren Inhalts Spaß gemacht, mit euch zu arbeiten. Und zu guter Letzt möchte ich all jenen danken, die mich in den letzten zwanzig Jahren auf meinem Lebensweg begleitet haben.